# 土地储备驱动全民所有自然资源资产多元价值实现的创新模式研究

TUDI CHUBEI QUDONG QUANMIN SUOYOU
ZIRAN ZIYUAN ZICHAN DUOYUAN JIAZHI
SHIXIAN DE CHUANGXIN MOSHI YANJIU

柴　铎　著

中国农业出版社
北　京

图书在版编目（CIP）数据

土地储备驱动全民所有自然资源资产多元价值实现的创新模式研究 / 柴铎著. —北京：中国农业出版社，2024.9

ISBN 978-7-109-31202-9

Ⅰ.①土⋯ Ⅱ.①柴⋯ Ⅲ.①土地管理－关系－自然资源－资产价值－研究 Ⅳ.①F205②F301.2

中国国家版本馆 CIP 数据核字（2023）第 191079 号

土地储备驱动全民所有自然资源资产多元价值实现的创新模式研究
TUDI CHUBEI QUDONG QUANMIN SUOYOU ZIRAN ZIYUAN ZICHAN
DUOYUAN JIAZHI SHIXIAN DE CHUANGXIN MOSHI YANJIU

中国农业出版社出版

地址：北京市朝阳区麦子店街 18 号楼
邮编：100125
责任编辑：闫保荣
版式设计：王　晨　　责任校对：吴丽婷
印刷：北京中兴印刷有限公司
版次：2024 年 9 月第 1 版
印次：2024 年 9 月北京第 1 次印刷
发行：新华书店北京发行所
开本：700mm×1000mm　1/16
印张：15.75
字数：250 千字
定价：68.00 元

　　按照国务院向全国人大报告国有资产管理情况的分类方法，我国国有资产包括国有企业资产、国有金融企业资产、行政事业性国有资产及国有自然资源资产四大类别，其中国有自然资源资产，是国家经济与社会发展的物质基础和代际延续不可或缺的资源保障。对国有自然资源资产进行管理就成为保障人民合法权益的重要抓手和有效途径，随着自然资源部的成立，在自然资源资产管理体制下，政府储备土地作为全民所有自然资源资产的重要组成部分，每年需向同级人大汇报以便为准确掌握全民所有储备土地资产、防范地方政府债务风险提供相关依据。土地储备机制不仅要保障全民所有自然资源资产权益，更要推进土地储备的市场化、集约性、精细化、系统性利用，推进自然资源资产价值的实现。

　　现有研究以对我国土地储备的意义作用和操作模式的研究为主，缺乏土地"两统一"下的所有者权益实现的整体性和全面性的研究，而且内容侧重于对早期土地储备运行实践的研究，缺乏理论与最新土地储备典型案例的综合实践的研究。因此，为适应新形势下生态文明建设和高质量发展，落实"两统一"职责，结合政策文本分析法对土地储备转型发展趋势及其在权益管理中的工作体系进行解构、职能定位进行分析，建立改进的价值网模型，运用案例分析法针对新时期土地储备转型案例中自然资源资产权益实现机理进行研究，归纳演绎得到土地储备转型发展中全民所有自然资源资产的价值实现路径与模式创新，最后通过规范研究得出未来发展的新趋势。

　　结合新时期土地储备转型发展的新方向、新挑战与新使命，对具有代表性的土地储备转型案例中核心目标要素、权益实现关系与公共价值进行分析，得出三种价值实现路径与模式创新，分别为以"资产重组＋权益分享"为核心的自然资源资产经济价值收储实现路径、以"综合收储＋成本分摊"为核心的自然资源资产生态产品价值收储实现路径、以"储保结合＋效益互促"为核心的自然资源资产社会文化价值收储实现路径。在研究对比不同模式的适用场景、运行机理、特征评价和创新与风险后，提出要全面加强国有土地资产统筹管理，完善多元化的资金筹措方式，创新分类补偿和共享的收益分配格局，以便于更好地适应和推进未来土地储备价值实现路径的收储角色由"供给主体"向"统筹主体"转变，收储过程由"独立收储"向"片区收储"转变，收储时序由"固定收储"向"弹性收储"转变，收储成效由"单一价值"向"多元价值"转变的新时代发展趋势。

# 第一章 土地储备的内涵、发展历程与创新趋势

## 第一节 土地储备的概念内涵辨析

为缓解人口和城市压力荷兰最早提出土地储备，美国的 Richard P. Fishmen（理查德·费曼，1975）认为，为了更好地把握城市发展，提前规划与布局，土地储备就成为一种应对未来需求的有效手段[①]。Ann L. Strong（安·谢丽丹，1979）认为在政策需求下土地储备制度应运而生，政府部门将土地的所属权力进行确定或者转移，以待日后开发[②]。在1996年我国为适应经济社会快速发展对土地集约利用的需求，上海首次试点实行。1997年出台的《上海市国有土地使用权收购、储备、出让试行办法》中，第一次明确了土地储备的概念：指市政府对收购、收回的土地进行前期开发，并予以储存的行为。2007年发布、2018年新修订的《土地储备管理办法》将土地储备定义为：指县级（含）以上国土资源主管部门为调控土地市场、促进土地资源合理利用，依法取得土地，组织前期开发、储存以备供应的行为。土地储备工作统一归口国土资源主管部门管理，土地储备机构承担土地储备的具体实施工作。财政部门负责土地储备资金及形成资产的监管。

与土地储备相近含义的土地整备一词于2002年由北京市首次提出，土地整备的学术定义尚不明晰且仍处于探索阶段。2002年北京市设立了17个

---

① Fishmen，R. P. and Gross，R. D. Public Land Banking：A New Piaxis for Urban Growth [M]. Case Western Reserve Law Review，1972（Summer）：897 - 975。

② Ann L. Strong. Land Banking-European Reality [M]. America Porspect，1979：144 - 145.

土地整备分中心，为原市土地整理储备中心对区县一级的土地整备储备中心进行授权，使其承担具体范围内的土地收购和土地一级开发工作，着眼于土地整理与储备工作。深圳市土地整备一词运用较多，2011 年深圳市出台的《深圳市人民政府关于推进土地整备工作的若干意见》中正式提出，"土地整备工作立足于实现公共利益和城市整体利益的需要，综合运用收回土地使用权、房屋征收、土地收购、征转地历史遗留问题处理、填海（填江）造地等多种方式，对零散用地进行整合，并进行土地清理及土地前期开发，统一纳入全市土地储备。"张宇（2012）认为土地整备指政府综合运用规划技术、土地制度等公共政策，实施土地归并、收购、置换、入股等方式进行权属调整及分割，并对调整后的土地以规划为依据实施整体征地拆迁、储备、出让等后续使用管理的过程[①]。岳隽等（2016）认为土地整备工作的实质是将实现储备、整理、重组、再开发、运营等综合管理的过程，目的在于统筹协调解决城市存量土地再开发的难题。

二者相比而言，土地整备目的在于资源腾挪和空间整合，而新时期土地储备则注重落实"两统一"职责，全面加强国有土地资产统筹管理。岳隽（2016）提出深圳土地整备的内涵和工作内容涵盖了土地整理、土地整治和土地储备[②]。刘芳（2016）认为土地整备与土地储备有所区别，土地储备具有拓宽土地财政来源并满足公共基础设施建设的需要，而土地财政显然不是土地整备制度设计的直接目的。土地整备针对土地进行综合利用和开发，进一步优化调整用地结构，将土地资产运营的理念贯穿于全过程[③]。土地储备是主张全民所有自然资源资产所有权、夯实权益监管责任、履行资产管护义务的重要制度工具，也是自然资源资产价值增值的重要程序，更是行使资产调配权利、推动资产价值变现、落实所有者权益的重要机制。新时期的土地储备适应新形势下生态文明建设和高质量发展的需要，进一步发挥土地储备在履行所有者职责、维护所有者权益方面的作用，对产权混乱、权益不清的

① 张宇. 高度城市化区域土地整备运作机制研究——以深圳市为例 [J]. 特区经济，2012 (1)：21-23.

② 岳隽，陈小祥，刘力兵. 整村统筹土地整备中原农村土地利益协调——基于深圳的案例分析 [J]. 国土资源科技管理，2016，33（5）：86-93.

③ 岳隽，戴小平，赖伟胜，罗超英，仝兆远. 整村统筹土地整备中规划土地政策互动——基于深圳的研究 [J]. 城市规划，2015，39（8）：70-74，79.

土地进行产权重构①，实现土地储备创新发展，强化土地要素支撑，促进要素市场化配置。

## 第二节　不同国家土地储备的
## 发展历程与实践比较

土地储备制度最早兴起于西方国家，1896 年荷兰为解决城市与人口的矛盾而提出该项举措，20 世纪初瑞典也随着"住房自由化运动"在斯德哥尔摩开始推行土地储备，随后各国如丹麦、法国、英国、德国、韩国、加拿大等国家为计划长期用地需求，配合城市开发需要也都纷纷实施土地储备举措，成立专门的土地供应管理机构以缓解人地矛盾。随着本国内部发展的阶段性变化与国际形势的演变，后期西方的土地储备制度，强调在法律规范下保障土地的所有权与使用权等权益，以政府主导公益项目与控制规划下的多元主体的共同参与为主，注重废弃土地的利用和系统性的开发而不仅仅着眼于未来规划利用。国外的土地储备已形成较为成熟的运行模式和机制，为我国土地储备制度的搭建提供了经验借鉴与理论参考。

### 一、荷兰的土地收储模式

由于人口密集、土地短缺，荷兰政府统一征用再进行规划配置土地就变得尤为重要，因此荷兰的土地储备制度具有很强的导向型和公益性，推动土地市场有序运作和整个社会福利的提高，荷兰的土地储备于 1896 年从阿姆斯特丹开始。第一，政府利用土地开发公司进行土地的储备，土地开发公司负责选择和资金的筹备，平衡整体的土地流入与流出，其中 50％用于公益事业和市政基础配套。在收购阶段，储备资金主要来源于地方财政收入、中央政府贷款、城市银行贷款和商业贷款四个渠道。荷兰 1922 年将城市信用银行改组为荷兰城市银行，中央政府提供总资本的 1/2，中央银行同意对城市期票贴现，使该银行成为荷兰各城市当局土地资金的主要来源。对原土地

---

① 刘芳，张宇，姜仁荣．深圳市存量土地二次开发模式路径比较与选择 [J]. 规划师，2015，31（7）：49 - 54.

所有者的补偿金除了包括对土地和地上物的补偿外，也包括由于征用引起的其他损失，如搬迁费、安置费、剩余物业贬值费等。在荷兰，国家的强制征地权不能滥用。只有政府在努力尝试用协商的方法无法达成共识后才能运用强制征地权。第二，在征购土地后，土地有一定的储存时期，对土地开展道路、给排水等公共服务和基础设施建设的前期建设，随后进行土地存储，等待地价升值或者目标地块的规划完成。第三，在土地出让阶段，荷兰的土地出让采取出租和出售两种方式。出租既可以减少土地使用权获得者的投资成本又可以保留政府的土地所有权，既满足土地使用者的需求又迎合了政府预期。出售土地的价格取决于土地使用性质。

## 二、瑞典的土地收储模式

20世纪初，瑞典为解决房价过高、人口大量流失的问题，通过土地储备为民众提供更低廉的房价来留住本国的人口。瑞典法律规定政府有土地优先购买权，因此瑞典政府通过从私人土地所有人手上购买土地，从而使得政府拥有大量的土地用于市政设施建设，改善人居环境。瑞典的斯德哥尔摩成立不动产委员会为土地收储机构，确定目标地块与收储成本，筹措收储资金，指导后续地块的综合开发和使用，进行住宅的区位分配和选择。在土地购买费用的资金筹集方面，瑞典斯德哥尔摩市政府主要通过政府税收、政府贷款、国家养老保险基金、银行贷款及瑞典国家银行发行的公债来筹集土地购买费用，同时还利用土地银行的出租和出售土地的收入来购买土地。在购买后，同荷兰的土地储备方式类似，并非直接出售而是存储，等待时机。在符合经济发展和规划的情况下，瑞典同样通过出售和出租两种方式进行土地供应。在出售上，价格由市场的供需决定而非成本，政府购买的土地数量与出让的土地数量通常保持一定的比例；在出租方面，年限也不尽相同，住宅用地的出租年限为60年，工业用地的出租年限为50年，商业用地的出租年限为26年。为使土地储备顺利实施，瑞典的立法机构制定了许多相关的法律法规来配合土地储备的开展。瑞典1949年颁布的征收法案和1967年颁布的优先购买权法案，保证政府的土地征收环节；规定在规划编制期内的土地2年内禁止交易与建设建筑，以便于更好地完成预期土地规划；斯德哥尔摩市的资本收益税可以调节土地的储备时间，储备时间越久，税赋越少；斯德哥尔摩市政厅于 1907 年通过远期开发土地可出租给农林业主的法案，保护农业和林业的发展。

## 三、法国的土地收储模式

法国土地储备实践开展周期长，从客观条件而言，法国用地零散，利用效率不高，不能满足人口的需求。再加之二战后，由于战争破坏和殖民地居民涌入，加剧了房屋资源紧缺程度。在这种背景下，法国开始了土地储备的实践，在 1958—1974 年间开展了六个土地储备项目，核心目标是解决城市住房困难的问题，其次才是解决市政设施不足、区域发展和土地投机问题。法国的土地储备制度是建立在土地私有制之上的，但其最大特点却是公共权力干预力度大和高度的中央集权体系。政府可以出于公共利益目标征用私人土地，同时也拥有先买权。法国在土地的高效利用和城市规划上规定了不同层级。通过将所规划的发展区分为优先发展区、未来发展区、集中发展区等不同类型，在不同地区有不同的储备控制形式，形成一种层次分明、相互协调的土地储备结构体系。优先发展区是为抑制土地投机而兴起；未来发展区是基于抑制地价的需要而划定的，当区内的土地储备已无法满足开发使用时这些储备替代即可释放出来；集中发展区是用于替代早期的优先城市化区，相当于城市更新区。土地储备融资上采用多元化途径，包括银行等金融机构贷款、国家银行组织发行的公债、中央政府提供的贷款、中央土地开发和城市规划基金补助、土地储备机构将土地进行出租和出售所取得的收入以及部分税收等多种途径。

# 第三节　我国土地储备工作的发展历程分析

土地储备制度是我国土地市场建设的重要基础性制度，自 2001 年国务院印发《关于加强国有土地资产管理的通知》（国发〔2001〕15 号）提出"为增强政府对土地市场的调控能力，有条件的地方政府要对建设用地试行收购储备制度"以来，经过 20 多年的发展和实践探索，土地储备制度逐步完善，建立了涵盖机构、业务、资金管理的制度体系，形成了政府主导、专业机构实施的运行模式。结合不同时期土地储备发展状况，大致可划分为

"探索阶段-建立阶段-发展阶段-完善阶段-创新阶段"五个阶段。

## 一、探索阶段（1996—2001 年）

为深化国有土地有偿使用制度改革，增强政府对土地市场的调控能力，1996 年 8 月，上海成立了我国第一家土地储备机构——上海市土地发展中心，受市政府委托实施城市土地收购储备工作。1997 年 8 月，杭州成立了杭州市土地储备中心，1999 年 3 月，杭州市政府制定《杭州市土地储备实施办法》，是我国首部关于土地储备的地方政府规章，同年 6 月，国土资源部向全国转发《杭州市土地储备实施办法》，推广杭州经验。随后，江苏南通、山东青岛、湖北武汉等城市相继成立土地储备机构。2001 年 4 月，国务院印发《关于加强国有土地资产管理的通知》（国发〔2001〕15 号），首次明确提出"为增强政府对土地市场的调控能力，有条件的地方政府要对建设用地试行收购储备制度。市、县人民政府可划出部分土地收益用于收购土地，金融部门要依法提供信贷支持"。随后，全国各地相继成立 2 000 多家土地储备机构，开展土地储备工作。

## 二、建立阶段（2002—2007 年）

2002 年，国土资源部印发《招标拍卖挂牌出让国有建设用地使用权的规定》要求严格实行经营性用地招拍挂出让，实行土地集中统一供应，供应的土地应达到产权清晰，具备动工建设条件，从源头防止土地供应环节产生腐败，进一步加快了土地储备的发展。同时，为解决土地储备资金问题，2006 年国务院印发《关于规范国有土地使用权出让收支管理的通知》（国办发〔2006〕100 号）明确要求"为加强土地调控，由财政部门从缴入地方国库的土地出让收入中，划出一定比例资金，用于建立国有土地收益基金……国有土地收益基金主要用于土地收购储备""国土资源部、财政部要抓紧研究制订土地储备管理办法，对土地储备的目标、原则、范围、方式和期限等作出统一规定，防止各地盲目储备土地。要合理控制土地储备规模，降低土地储备成本"。按照 100 号文要求，2007 年 11 月，国土资源部、财政部、中国人民银行联合印发《土地储备管理办法》（国土资发〔2007〕277 号）。同年，财政部、国土资源部印发《土地储备资金财务管理暂行办法》（财综

〔2007〕17 号），2008 年，财政部印发《土地储备资金会计核算办法（试行）》（财会〔2008〕10 号）。上述文件的出台，标志着土地储备制度框架体系基本建立。土地储备制度的确立，使市县政府土地供应和管理方式发生重大变革，从多头供地转变为集中统一供地；从"毛地""生地"供应转变为"净地""熟地"供应；逐步形成了"一个口子进水，一个池子蓄水，一个龙头放水"的土地储备和供应机制。

## 三、发展阶段（2008—2013 年）

2008 年，国务院印发《关于促进节约集约用地的通知》（国发〔2008〕3 号），提出"完善建设用地储备制度，土地储备必须符合规划计划，并将现有未利用的建设用地优先纳入储备。储备土地出让前，完成必要的前期开发……经过前期开发的土地，依法由市、县人民政府国土资源部门统一组织出让"。2012 年 9 月，国土资源部印发《关于规范土地登记的意见》（国土资发〔2012〕134 号），对储备土地登记内容进行了明确规定。同年 11 月，国土资源部、财政部、中国人民银行、银监会联合印发《关于加强土地储备与融资管理的通知》（国土资发〔2012〕162 号），提出建立土地储备机构名录制和融资规模控制卡制度，规范储备机构设置，加强融资风险防控。

## 四、完善阶段（2014—2018 年）

2014 年 9 月，国务院印发《关于加强地方政府性债务管理的意见》（国发〔2014〕43 号），提出建立规范的地方政府举债融资机制。有一定收益的公益性事业发展确需政府举借专项债务的，由地方政府通过发行专项债券融资，以对应的政府性基金或专项收入偿还。可以说，43 号文对土地储备融资方式产生了重大而深远的影响。2015 年 1 月 1 日起新的《中华人民共和国预算法》（以下简称《预算法》）实施，明确地方政府举债只能通过发行地方政府债券方式筹措。为贯彻落实中央文件精神，2016 年，财政部、国土资源部、中国人民银行、银监会印发《关于规范土地储备和资金管理等相关问题的通知》（财综〔2016〕4 号），规定从 2016 年 1 月 1 日起，各地土地储备机构不得再从事新增土地储备贷款业务，明确调整土地储备机构职能和融资方式，开启土地储备重大转型期，规范土地储备运行，防范债务风险。2017 年 5 月，财政部、国土资源部联合印发《地方政府土地储备专项债券管理办法》(财预〔2017〕62 号)，明确提出设立和发行地方政府土地储备专项债券，以合法规范的方式保障土地储备项目的合理融资需求，这是土地储备制度建设的一项创新举措。2018 年 1 月，国土资源部、财政部、中国人民银行、银监会联合修订印发《土地储备管理办法》(国土资规〔2017〕17 号)。同期，财政部、国土资源部修订印发《土地储备资金财务管理办法》(财综〔2018〕8 号)。两个办法的修订出台，分别从土地储备机构、业务和资金管理方面做出了系统性规定，推动土地储备持续健康运行。

## 五、创新阶段（2019 年至今）

2018 年 3 月，自然资源部正式组建。同年 8 月，《自然资源部职能配置、内设机构和人员编制规定》印发，明确提出自然资源部"负责自然资源资产有偿使用工作……制定全民所有自然资源资产划拨、出让、租赁、作价出资和土地储备政策，合理配置全民所有自然资源资产"。2019 年 4 月，中办、国办印发《关于统筹推进自然资源资产产权制度改革的指导意见》提出，"研究自然资源资产核算评价制度，开展实物量统计，探索价值量核算。"同年 8 月，自然资源部印发《自然资源部办公厅关于开展土地储备资产负债表试点工作的函》(自然资办函〔2019〕1316 号)，组织在石家庄、杭州、宁波等 8 个城市开展土地储备资产负债表编制试点。同时，启动储备土地资产清查专项工作。2022 年 4 月，自然资源部印发《关于升级土地储备监测监管系统的通知》(自然资函〔2022〕676 号)，明确界定储备土地即尚未设立使用权或使用权已灭失、以国家所有权形态存在的国有建设用地。各级自然资源主管部门要将委托给土地储备机构管理的储备土地以及各类开发区（园区）管委会、国有平台公司、基层政府或相关单位依法承担具体实施工作的储备土地纳入统计范围，进行全口径统计管理，土地储备迈出新一轮转型创新的步伐。

土地储备制度经过二十多年的发展，经历了土地资源配置方式由计划配置向市场配置转变，土地管理由资源管理向资源资产管理转变的过程（表 1-1）。在这一过程中，土地储备成为落实国土空间规划的重要载体，促进节约集约用地的重要环节，对发挥市场配置资源的决定性作用，保障国家重大产业项目、民生项目落地，促进经济社会高质量发展发挥了积极作用。

表 1-1 土地储备政策汇总

| 时间 | 文件名称 | 主要内容 |
|---|---|---|
| 2001 年 5 月 | 关于加强国有土地资产管理的通知（国发〔2001〕15 号） | 对土地实行统一管理，地方政府对于土地进行统一供应，各地根据情况有条件地试行土地收储，市县级政府收购土地可以使用部分土地收益，在土地收储过程中，金融机构提供信贷方面的支持，首次公开说明了土地储备的资金问题 |
| 2002 年 5 月 | 招标拍卖挂牌出让国有土地使用权规定（国土资源部令第 11 号） | 从 2002 年 7 月 1 日起，正式停止经营性项目国有土地使用权协议出让，要求各地政府加强国有土地资产管理，实行招标拍卖挂牌交易 |
| 2006 年 12 月 | 关于规范国有土地使用权出让收支管理的通知（国办发〔2006〕100 号） | 明确国有土地使用权出让总价款全额纳入预算，实行"收支两条线"管理，并抓紧制订土地储备管理办法、土地储备资金财务管理办法、会计核算办法，建立健全土地储备成本核算制度，但国家层面未进行统一设计 |
| 2007 年 11 月 | 关于印发《土地储备管理办法》的通知（国土资发〔2007〕277 号） | 界定土地储备概念，并对储备计划与管理、土地储备范围与程序、土地开发利用、土地供应、资金管理等内容进行了明确规定。土地储备机构在申请担保贷款时，应该持有财政部门和同级人民政府的书面资料，从国家层面确定了土地储备的地位 |
| 2012 年 11 月 | 关于加强土地储备与融资管理的通知（国土资发〔2012〕62 号） | 明确要建立土地储备机构名录，列入名录的土地储备机构可以向银行业金融机构贷款，土地储备机构所筹集的资金要进行统一的债务管理并遵循政府的债务管理政策，金融机构的贷款不能超过五年，所筹集的资金只能用于土地储备项目，土地储备贷款开始受到限制 |
| 2014 年 9 月 | 关于加强地方政府性债务管理的意见（国发〔2014〕43 号） | 地方政府的债务要有规模控制，并且实行预算管理，对于政府的举债融资机制要科学规范，对于实际情况中需要政府发行专项债券的，通过政府基金和专项收入进行债券的偿还 |

（续）

| 时间 | 文件名称 | 主要内容 |
| --- | --- | --- |
| 2016 年 2 月 | 关于规范土地储备和资金管理等相关问题的通知（财综〔2016〕4 号） | 明确新土地储备项目只能由纳入名录内的土地储备机构实施，其他机构禁止从事土地储备相关融资工作。新增土地储备项目所需资金必须通过国有土地收益基金、土地出让收入等财政资金解决，不足部分通过地方政府债券资金筹集。至此，土地储备抵押贷款全面叫停 |
| 2017 年 5 月 | 关于印发《地方政府土地储备专项债券管理办法（试行）的通知》（国发〔2017〕43 号） | 规定了土地储备债券的偿还渠道，应用政府性基金预算管理的国有土地使用权出让收入或国有土地收益基金收入偿还债券本息，若不能到期偿还债券本息，可以发行土地专项债券周转偿还 |
| 2018 年 1 月 | 关于印发《土地储备管理办法》的通知（国土资规〔2017〕17 号） | 结合国发〔2014〕43 号、财综〔2016〕4 号等文件对原有的土地储备管理办法进行了修订。删除了土地储备银行贷款的相关规定，补充了土地储备专项债券的管理规定。编制土地储备三年滚动计划，合理确定未来三年土地储备规模，优先储备空闲、低效利用等存量建设用地；土地储备资金实行专款专用；土地储备机构日常费用，与土地储备资金实行分账核算 |
| 2019 年 5 月 | 关于印发《土地储备项目预算管理办法（试行）的通知》（财预〔2019〕89 号） | 对试点土地储备预算全生命周期管理进行了规定，文件旨在规范土地储备项目预算管理，健全土地储备专项债券项目控制机制，有效防控专项债务风险，限制专项债券的扩张 |
| 2019 年 5 月 | 《中共中央　国务院关于建立国土空间规划体系并监督实施的若干意见》（中发〔2019〕18 号） | 将主体功能区规划、土地利用规划、城乡规划等融合为统一的国土空间规划，实现"多规合一"，将土地储备三年滚动计划与国土空间规划相衔接，统筹安排储备土地规模、结构、布局及建设时序 |
| 2019 年 8 月 | 《全国人民代表大会常务委员会关于修改〈中华人民共和国土地管理法〉的决定》（全国人大常委会第十二次审议） | 明确农业农村主管部门负责宅基地改革和管理；允许集体经营性建设用地直接入市；规范征地程序；强化永久基本农田保护；保障乡村产业发展用地，使得土储面临新的契机与挑战 |

（续）

| 时间 | 文件名称 | 主要内容 |
| --- | --- | --- |
| 2020 年 3 月 30 日 | 《中共中央　国务院关于构建更加完善的要素市场化配置体制机制的意见》（中央全面深化改革委员会第十一次会议） | 建立健全城乡统一的建设用地市场，中央全面推开农村土地征收制度改革，扩大国有土地有偿使用范围，推动土地要素市场化配置和深化土地供给侧结构性改革 |
| 2020 年 11 月 5 日 | 自然资源部关于印发《土地征收成片开发标准（试行）》的通知（自然资规〔2020〕5 号） | 根据《中华人民共和国土地管理法》第四十五条的规定制定了土地成片开发的标准，土地征收成片开发范围内基础设施、公共服务设施以及其他公益性用地比例一般不低于 40% |
| 2022 年 4 月 | 自然资源部办公厅发布《关于升级土地储备监测监管系统的通知》（自然资办函〔2022〕676 号） | 调整填报范围，进行全口径统计和管理。明确填报内容，包括机构名录管理、其他填报单位管理、计划管理、项目管理、地块管理、存量贷款管理、专项债券管理、国有储备土地资产负债表等 |
| 2022 年 12 月 | 自然资源部印发《关于完善工业用地供应政策支持实体经济发展的通知》（自然资发〔2022〕201 号） | 健全工业用地多元化供应体系、优化土地供应程序、明晰土地使用权权能、实行地价鼓励支持政策、严格用途转换和加强履约监管 |

注：资料来自中国政府网。

# 第二章 "两统一"背景下土地储备转型发展的形势与导向

## 第一节 土地储备转型发展的形势与要求："三提高与两矛盾"

我国土地储备制度的建立和运行，探索了土地使用权价格的市场形成机制，深化了土地使用权制度改革，实现了土地资源由计划配置转向市场配置，规范了土地市场运作，加强了土地宏观调控，提升了土地管理水平。但是，在土地和房地产市场快速扩张和"分税制改革"等多重因素的驱动下，诱导地方政府产生"政绩竞争"冲动，产生对"扩大城市规模-大量投入土地资源-获取财政资金-增强城市硬件设施建设-带动地方经济增长"的路径依赖，土地储备逐渐偏离生产要素属性，融资工具属性被异化、过度强化。土地储备融资的政策、法律和实践操作程序不完善，酝酿着诸多风险。土地储备和统一供应被认为是加剧地价上涨、土地财政与地方政府债务风险、征地冲突、农用地和生态空间大量流失等问题的诱因，其合理性、必要性遭受质疑和批评。

特别是，随着《中华人民共和国土地管理法》（以下简称《土地管理法》）修订推动征地制度改革和集体土地入市，以及生态文明建设推动国土空间规划改革逐步深入，中国大城市转向内涵式发展，城市更新行动推广实施，对传统土地储备工作的思维、模式与格局产生系统性影响。与此同时，伴随着中国城镇化与工业化进程步入新阶段，房地产和土地市场供需状况同样发生转变。为适应新的市场需求，中央近年来密集推出建设用地审批权下放、大城市"两集中、三公告"供地方式改革、房地产企业"三条红线、五档管理"融资政策等新型调控政策，对土地市场需求端造成一定压力。2021 年第二批集中供地过程中，大量城市土地出现大面积流拍，显示出土地市场未来运行的不确定性和风险正在上升。

自然资源部成立并行使"两统一"职责以来，将统一清查国有建设用地资源资产、理顺国有建设用地资源权利"委托-代理"机制、规范国有建设用地配置体系作为探索"统一行使全民所有自然资源资产所有者职责"的起步工作。与此同时，"十四五"规划将高质量发展战略摆在核心位置，坚持供给侧结构性改革，构建现代化产业体系，需要土地储备同时增强要素保障和调控杠杆的作用，保障战略性、民生性产业用地需求，调控产业发展结构和布局，引导形成产城融合、职住平衡、生态宜居的新型城镇化格局。

在此背景下，我国不断加大土地储备融资规范化管理力度，2016 年财综 4 号文和《预算法》修订对土地储备的执行机构和融资方式进行了清理规范，《土地储备管理办法》的修订进一步规范了土地储备计划和资金管理。但是，由于土地储备工作的特殊性，其资金占用量大、回收周期长、成本偿还不确定性高，特别是在前述土地收储任务定位提高、工作难度增加、成本上升的局面下，现有财政资金、土地储备专项债券、土地储备基金三类融资渠道难以完全满足新时期土地储备工作开展的融资需求。2020 年入库土地资金来源结构及 2017—2020 年土地储备资金缺口见图 2-1、图 2-2 和表 2-1。

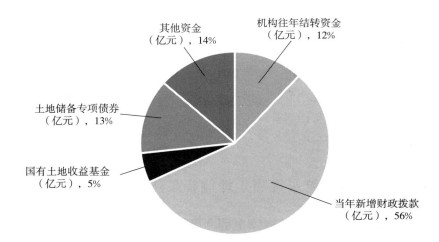

图 2-1　2020 年入库土地资金来源结构分析
注：数据来自自然资源部土地储备监测监管系统数据。

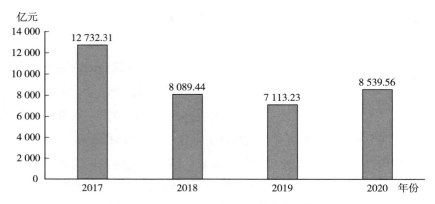

图 2-2　2017—2020 年土地储备资金缺口

注：数据来自自然资源部土地储备监测监管系统数据；土地储备资金缺口＝土地储备总成本－当前自有资金－预计能取得的财政资金－拟申请新增专项债券额度。

表 2-1　2017—2020 年土地储备资金缺口

| 年份 | 土地储备成本（亿元） | 当前自有资金（亿元） | 预计能取得的财政资金（亿元） | 拟申请新增专项债券额度（亿元） | 资金缺口（亿元） |
|---|---|---|---|---|---|
| 2017 | 23 250.44 | 3 001.23 | 11 837.70 | 4 320.80 | 12 732.31 |
| 2018 | 36 635.87 | 2 934.61 | 10 586.03 | 15 971.38 | 8 089.44 |
| 2019 | 38 622.15 | 3 096.37 | 11 009.99 | 17 244.57 | 7 113.23 |
| 2020 | 38 420.59 | 2 830.59 | 9 311.60 | 7 500.00 | 8 539.56 |

综上所述，当前土地储备工作正面临着传统工作模式和格局转变、土地储备需要承载任务不断提升、土地收储成本和工作难度上升、土地储备资金来源渠道收窄、收储土地资产保值和成本偿还面临困难等命题，应对这些挑战需要土地储备规划与计划管理机制、一级开发模式、融资机制等一系列支撑机制的创新，推动土地储备发展转型发展。

## 一、土地制度改革提高土地储备工作难度和收储成本

### （一）征地制度改革、集体土地入市改变新增建设用地收储格局

中共十八届三中全会审议通过的《中共中央关于全面深化改革若干重大问题的决定》，提出建立城乡统一的建设用地市场，在符合规划和用途管制

的前提下，允许农村集体经营性建设用地出让、租赁、入股，实行与国有土地同等入市、同权同价。

2019年8月26日，第十三届全国人大常委会第十二次会议审议通过了关于修改《土地管理法》的决定，新修订的《土地管理法》自2020年1月1日起施行，把党中央关于农村土地制度改革的决策和试点的成功经验上升为法律。坚持土地公有制不动摇，坚持农民利益不受损，坚持最严格的耕地保护制度和节约集约用地制度，依法保障农村土地征收、集体经营性建设用地入市、宅基地管理制度等改革在全国范围内实行。

新修订的《土地管理法》，一是明确农业农村主管部门负责宅基地改革和管理。二是允许集体经营性建设用地直接入市。对土地利用总体规划、城乡规划确定为工业、商业等经营性用途，并经依法登记的集体经营性建设用地，土地所有权人可以通过出让、出租等方式交由单位或者个人使用，改变了过去农村的土地必须征为国有才能进入市场的问题，力求直接增加农民的财产性收入。同时在集体经营性建设性用地入市时，要求必须由村民代表大会，或者村民会议三分之二以上的成员同意才能入市。三是规范征地程序。要求政府在征地之前开展土地状况调查、信息公示，还要与被征地农民协商，必要时组织召开听证会，跟农民签订协议后才能提出办理征地申请，办理征地的审批手续，强化了对农民利益的保护。在征地补偿方面，改变了以前以土地年产值为标准进行补偿，实行按照区片综合地价进行补偿，区片综合地价除了考虑土地产值，还要考虑区位、当地经济社会发展状况等因素综合制定。四是强化永久基本农田保护。纳入国家永久基本农田数据库严格管理，任何单位和个人不得擅自占用或者改变其用途，涉及农用地转用或者土地征收的，必须经国务院批准。五是保障乡村产业发展用地。要求土地利用总体规划应当统筹安排城乡生产、生活、生态用地，满足乡村产业和基础设施用地合理需求，促进城乡融合发展。土地利用年度计划应当对集体经营性建设用地作出合理安排。

## （二）土地二级市场改革改变存量建设用地二次开发收储格局

从城市建成区内部土地二次开发的收储工作看。《中华人民共和国民法典》第三百五十三至三百五十七条、《中华人民共和国城市房地产管理法》

第四十八条确认并放活了出让土地转让、互换、出资、赠与、出租、抵押等权利。为了支撑推动城市更新行动、挖掘城市存量建设用地利用潜能，解决存量建设用地利用低效、闲置浪费等问题，《关于完善建设用地使用权转让、出租、抵押二级市场的实施意见》提出了完善土地二级市场的主要任务。一是完善转让规则，促进要素流通。二是完善出租管理，提高服务水平。三是完善抵押机制，保障合法权益。四是创新运行模式，规范市场秩序。五是健全服务体系，加强监测监管。这一政策激活了原土地使用权人自行转让土地、引入其他主体合作开发土地的市场，对于盘活存量低效国有土地资产具有极大的推动作用。

上述改革对于土地储备工作产生了三方面直观影响：一是压缩了土地储备的工作空间，不仅限制征地情形、缩小征地范围，而且完全赋予并保障了农村集体自主推动土地入市的权利，必然使得未来征地难度变大，导致土地储备中新增建设用地规模下降。与此同时，城市存量建设用地使用权人二次开发自主权提升，可能进一步削弱城区土地更新改造收储的必要性。二是提高了收储成本，由于提高了征地补偿标准、明确了农户补偿安置成本和程序，征地成本上涨，进一步增加了土地储备的资金负担。三是对土地储备提出了新的课题，即探索农村土地入市前储备、一级开发与集中统一供应机制，在此过程中，政府对土地利用条件如周边基础设施建设成本投入需要持续滚动，而农村集体土地入市权益也需要保障，二者的平衡问题即收入分配问题也是一个重要的研究命题。

## 二、城市和产业高质量发展战略提升了土地储备的功能定位

### （一）国土空间规划推动城市转型内涵式发展

经过多年探索，我国在《土地管理法》《中华人民共和国城乡规划法》的支撑下建立了土地利用规划和城乡规划两套规划体制，但长期存在规划类型过多、规划内容重叠冲突、审批流程复杂、周期过长、管理部门权力分割、管理权责脱节、资源错配、空间利用计划衔接错位、规划朝令夕改等问题。

在生态文明建设和新型城镇化战略推动下，自然资源部成立后，整合原相关部委空间规划职能，统一行使所有国土空间用途管制和生态保护修复职

责:一方面,推动"三调"和"双评价"工作,全面摸清自然资源资产现状和利用适宜性;另一方面,推动建立全国统一、责权清晰、科学高效的国土空间规划体系并监督实施,将主体功能区规划、土地利用规划、城乡规划等空间规划融合为统一的国土空间规划,实现"多规合一",划定"城市开发边界、生态红线和永久性基本农田"三条红线,锚固塑造城市发展格局、约束城市无序蔓延,强化国土空间规划对各专项规划的指导约束作用。

## (二)城市更新行动提高了土地储备的功能需求

2021年,全国"十四五"规划《纲要》正式发布,提出实施城市更新行动,力图提高城市治理水平,创新城市治理方式,深化城市管理体制改革;同时,完善城市空间结构,推动城市生态修复和功能完善,强化历史文化保护,塑造城市风貌。在此过程中,加强居住社区建设,推进新型城市基础设施建设,加强城镇老旧小区改造,增强城市防洪排涝能力,加强特大城市治理中的风险防控。推进以县城为重要载体的城镇化建设。完善住房市场体系和住房保障体系,解决住房结构性供给不足的矛盾,完善土地出让收入分配机制。从而建设宜居城市、绿色城市、韧性城市、智慧城市、人文城市,不断提升城市人居环境质量、人民生活质量、城市竞争力,促进城市全生命周期的可持续发展。推动城市开发建设从粗放型外延式发展转向集约型内涵式发展,将建设重点由房地产主导的增量建设逐步转向以提升城市品质为主的存量提质改造,促进资本、土地等要素根据市场规律和国家发展需求进行优化再配置,从源头上促进经济发展方式转变。这既是贯彻落实新发展理念的重要载体,也是构建新发展格局的重要支点,对于扩内需补短板、增投资促消费、建设强大国内市场、形成新的经济增长点、推动解决城市发展中的突出问题和短板、提升人民群众获得感、幸福感和安全感具有重要意义。

## (三)打造高质量现代产业体系需要土地储备提供支撑

"十四五"规划《纲要》提出加快构建支撑高质量发展的现代产业体系,按照供给侧结构性改革的总体工作布局,推动经济体系优化升级。要求把发展经济着力点放在实体经济上,坚定不移建设制造强国、质量强国、网络强国、数字中国,推进产业基础高级化、产业链现代化,提高经济质量效益和核心竞争力。要提升产业链供应链现代化水平，发展战略性新兴产业，加快发展现代服务业，统筹推进基础设施建设，加快建设交通强国，推进能源革命，加快数字化发展。

实体经济、战略性新兴产业发展离不开强有力的要素支撑，土地政策作为我国土地制度下特有的强有力的宏观调控工具，需要在保障现代产业发展用地需求、撬动落后产能淘汰、储备未来发展空间等方面发挥更大作用。

综上所述，贯彻新发展理念，重塑国土空间开发、利用和保护格局，推动城镇化和产业体系高质量发展对于土地储备工作提出三方面重要要求：一是严格按照规划要求科学制定土地收储规划、计划，作为落实"三条红线"的政策工具，服务国土空间开发利用的生态环境保护建设与修复工作需要；二是提升土地储备的"精准性"和"支撑力"，保障城市功能"补短板"的空间需求；三是增强宏观调控能力，推动供给侧结构性改革。

## 三、经济发展和城镇化阶段转换提高了土地储备风险管理难度

随着城镇化率在 2019 年突破 60.6％，第三产业占比在 2020 年突破 54％，我国城镇化与工业化已步入后期。[①] 经济增速换挡、增长方式转变、城镇化已逐步度过快速扩张期。与此同时，随着人口周期变化，房地产市场供需格局也逐渐发生转换，其对于中国城市硬件设施建设、改善居民居住条件的历史使命趋近完成，政策在房地产企业拿地、融资等多方面不断收紧，对于居民购房需求保持高强度"限购、限贷"政策。此外，传统一线城市开启功能纾解、约束城市规模，新区域发展战略驱动中国城市和区域发展格局转换，人口和资本流动呈现新态势。

上述因素综合导致未来土地市场需求的规模、格局显著改变，对土地储备工作的规划、计划科学性与储备土地资产的保值和风险管理提出更加复杂的要求。

### （一）经济增速换挡和增长结构转换可能降低产业用地需求

2021 年上半年，我国 GDP 整体同比增长 12.7％，其中第一产业比上年

---

① 数据来自国家统计局。

同期增长 7.8％，第二产业增长 14.8％，第三产业增长 11.8％。2020 年全年，我国 GDP 增速达 2.3％。国家统计局数据显示，经济增长的"三驾马车"中：2020 年全国货物进出口总额 321 557 亿元，比上年增长 1.9％（2019 年 3.4％）；其中，出口 179 326 亿元，增长 4.0％（2019 年 5.0％），进口 142 231 亿元，下降 0.7％（2019 年 1.6％），对外贸易实现正增长。社会消费品零售总额 391 981 亿元，比上年下降 3.9％（2019 年 8.0％）。规模以上工业增加值比上年增长 2.8％，服务业生产指数与上年持平（2019年 6.9％）。[①]

回顾 2016 年以来我国经济发展的总体趋势，如图 2-3、图 2-4 所示，虽然 GDP 总量的绝对值重新呈现出逐年递增的态势，但是增长速率出现明显下滑，除第一产业外，第二、第三产业增速均明显放缓。一方面是由于贸易摩擦等外部因素影响，另一方面也反映出在经济结构调整和发展方式转型过程中的"阵痛期"。而现代制造业、数字经济、现代服务业等战略性新兴产业发展的用地需求远远比不上传统产业，且随着传统产业逐步淘汰、"腾笼换鸟""退二进三"，存量产业用地空间承载力潜能已经可以容纳大部分新产业的落地需求，新增产业用地需求可能出现萎缩。这一点从 2019 年、2020 年全国固定资产投资增速可以清晰得见。

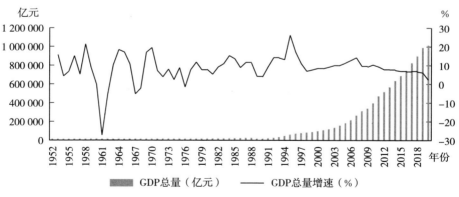

图 2-3　1952—2020 年 GDP 总量情况
注：数据来自国家统计局。

---

① 数据来自国家统计局。

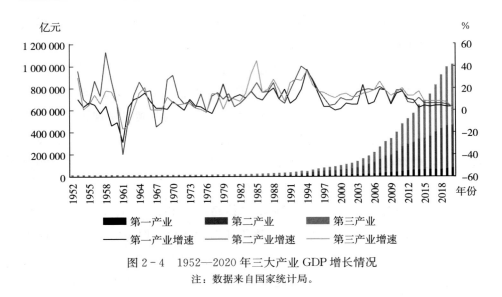

图 2-4  1952—2020 年三大产业 GDP 增长情况

注：数据来自国家统计局。

2019 年，全国固定资产投资（不含农户）551 478 亿元，比上年增长 5.4%（2018 年 5.9%）；其中，基础设施投资增长 3.8%，增速与上年持平；制造业投资增长 3.1%，增速较 2018 年（9.5%）锐减；仅房地产开发投资增长 9.9%，比上年（9.5%）略有回升。2020 年，全国固定资产投资（不含农户）518 907 亿元，比上年增长 2.9%（2019 年 5.4%）；其中，基础设施投资增长 0.9%，增速较上年有所下降；制造业投资下降 2.2%，增速较 2019 年（3.1%）出现明显下降；房地产开发投资增长 7.0%，比上年（9.9%）回落 2.9 个百分点。[1]

## （二）城镇化速率放缓和人口周期转换可能降低居住和生活用地需求

2019 年我国常住人口城镇化率为 60.6%，已经步入城镇化较快发展的中后期，城市发展由大规模增量建设转为存量提质改造和增量结构调整并重，城镇人口增速较前期可能出现较为明显放缓，对于新增居住和生活服务用地需求可能出现下滑（图 2-5、表 2-2）。

---

① 数据来自国家统计局。

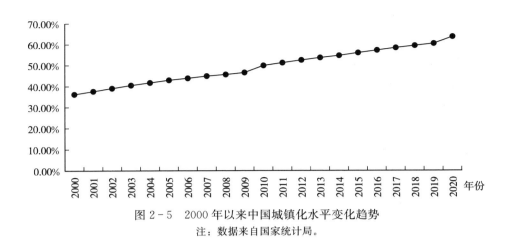

图 2-5 2000 年以来中国城镇化水平变化趋势

注：数据来自国家统计局。

表 2-2 2000 年以来我国城镇化率

| 年份 | 城镇化率 | 年份 | 城镇化率 | 年份 | 城镇化率 |
|------|---------|------|---------|------|---------|
| 2000 | 36.22% | 2007 | 44.94% | 2014 | 54.77% |
| 2001 | 37.66% | 2008 | 45.68% | 2015 | 56.10% |
| 2002 | 39.09% | 2009 | 46.59% | 2016 | 57.35% |
| 2003 | 40.53% | 2010 | 49.95% | 2017 | 58.52% |
| 2004 | 41.76% | 2011 | 51.27% | 2018 | 59.58% |
| 2005 | 42.99% | 2012 | 52.57% | 2019 | 60.6% |
| 2006 | 43.90% | 2013 | 53.73% | 2020 | 63.89% |

注：数据来自国家统计局。

　　另一方面，由于计划生育政策的长期限制，加之抚养教育成本提升，工作压力大等原因，虽然"二孩""三孩"政策不断放开，但近年来我国人口出生率仍持续下降，人口增速放缓（图 2-6）。据北京师范大学等机构预测，到 2027 年，我国将进入深度老龄化社会，65 岁以上老人比例将高于15%；2030 年，我国 60 岁以上老人比例将接近四分之一，65 岁以上老人比例将达到 16.2%。2040 年，我国 60 岁以上老人比例将达到 30%，65 岁以上老人比例将达到约 25%，进入超级老龄化社会。

　　人口规模、年龄结构和家庭结构、居住习惯的变化将深刻影响住房需求和生活服务设施需求，对土地市场增添的影响不确定。

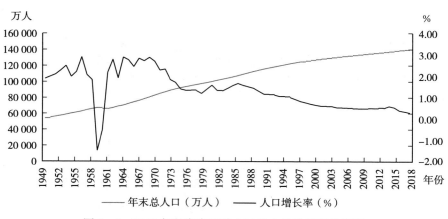

图 2-6　1949 年以来中国总人口及人口增长率趋势图

注：数据来自国家统计局。

## （三）房地产调控政策和疫情等外生冲击叠加削弱开发企业购地意愿

自 2010 年起，"限购、限贷"等措施介入我国房地产市场调控，成为抑制房价上涨的重要工具。党的十八大以来，中央房地产调控的主要导向由"强保障、去库存"逐步转向"房住不炒"和"构建长效机制"（表 2-3）。党的十九大以来，我国房地产调控按照"因城施策"的策略，短期与长效机制建设并举：短期内以"限购、限贷、限售、限商、限价"等措施抑制房价快速上涨，研究制定了"限房价、竞地价/竞配建"等地价控制机制；同时，着力推进租购并举、土地市场改革、税费改革、不动产统一登记等房地产市场长效调控机制建设，构建"多主体供给、多渠道保障、租购并举的住房供应体系"。

表 2-3　党的十八大以来中共中央政治局会议和重要经济工作会议的
房地产市场政策精神

| 会议 | 房地产市场调控政策精神 | 主题词 |
| --- | --- | --- |
| 2013 年中央经济工作会议 | 做好住房保障和房地产市场调控，探索适合国情、符合发展阶段性特征的住房模式，加大廉租房、公租房建设，推进棚改 | 住房保障 |
| 2014 年中央经济工作会议 | 积极稳妥推进城镇化，未专门提及 | — |

（续）

| 会议 | 房地产市场调控政策精神 | 主题词 |
|---|---|---|
| 2015 年中央经济工作会议 | 化解库存，推进以满足新市民为出发点的住房制度改革。一是通过加快农民工市民化消化库存；二是落实户籍制度改革；三是发展住房租赁市场，建立租购并举的住房制度 | 去库存 |
| 2016 年中央经济工作会议 | 坚持"房子是用来住的、不是用来炒的"定位，综合金融、土地、财税、投资、立法手段加快建立房地产调控基础性制度和长效机制。控制房地产泡沫，防止大起大落 | "房住不炒"、长效机制 |
| 2017 年中央经济工作会议 | 加快住房制度改革和长效机制建设。加快建立多主体供给、多渠道保障、租购并举的住房制度 | 租购并举 |
| 2018 年中央经济工作会议 | 要构建房地产市场健康发展长效机制，坚持"房子是用来住的、不是用来炒的"定位，因城施策、分类指导，夯实城市政府主体责任，完善住房市场体系和住房保障体系 | 因城施策 |
| 2019 年中央经济工作会议 | 增加"稳地价、稳房价、稳预期"的表述；强调"全面落实因城施策"，意味着地方政府可能会有更大的自由度 | 全面落实因城施策 |
| 2020 年 4 月 17 日政治局会议 | 坚持"房子是用来住的、不是用来炒的"定位，促进房地产市场平稳健康发展；实施老旧小区改造，加强传统基础设施和新型基础设施投资 | "房住不炒"、实施旧改 |
| 2020 年 7 月 30 日政治局会议 | 坚持"房子是用来住的、不是用来炒的"定位，再提 2019 年 7 月 30 日政治局会议提出的"不将房地产作为短期刺激经济的手段"，促进房地产市场平稳健康发展 | "房住不炒" |
| 2020 年中央经济工作会议 | 增加"解决好大城市住房突出问题"和"住房问题关系民生福祉"提法，将"全面落实因城施策"提法调整为"因地制宜、多策并举"，"高度重视保障性租赁住房建设，加快完善长租房政策" | 因地制宜、多策并举、租赁市场 |
| 2021 年 7 月 30 日政治局会议 | 要坚持"房子是用来住的、不是用来炒的"定位，稳地价、稳房价、稳预期，促进房地产市场平稳健康发展。加快发展租赁住房，落实用地、税收等支持政策 | "房住不炒"、租赁市场、税收 |

注：资料来自中国政府网。

伴随着宏观经济运行的复杂性和压力上升、城镇化和工业化发展速率下降、人口运行趋势深刻变化、城市发展的空间格局和分化态势深度转换；房地产行业发展的三大传统外部红利：经济增速、人口增长和城镇扩张正在收紧。与此同时，我国房地产长效调控政策导向和整体供需态势已彻底转变（表 2-4），在对城市建设用地供应和房地产开发和购房信贷的限制下，房地产行业赢利的三大传统内部红利：空间规划调整、金融杠杆、土地增值也趋于枯竭。2020 年，全国房地产开发企业土地购置面积为 2.6 亿平方米，累计同比下降 1.1%（图 2-7）。[①] 房企购置土地呈现"抑-扬-抑"走势（图 2-8、图 2-9）。土地市场需求的下降对于土地储备出让工作的滚动开展构成威胁，全国拟实施土地储备的项目土地总面积由 2018 年的 667 246.93 公顷下降到 2021 年的 454 710.69 公顷。[②]

**表 2-4　2021 年前三季度主要城市房地产调控政策汇总表**

| 省市 | 限售 | 限购 | 二手住房成交参考价格 | 公积金贷款 | 房屋品质 | 预售监管优化 | 土拍规则优化 | 房地产市场监管 | 严查违规资金 | 限跌 |
|---|---|---|---|---|---|---|---|---|---|---|
| 北京 | | 夫妻离异 3 年限购 | | | 规范设置支付样板 | | √ | 样板间现场核查 | | |
| 上海 | 认购比例高于 1.3，5 年 | 加强赠与管控 | "三价就低" | | | | | 中介机构专项整治 | | |
| 广州 | | | | | 租赁住房 | √ | √ | | | |
| 深圳 | | | | | | √ | √ | | | |
| 天津 | | | | 二套利率 1.1 倍 | 资金监管 | √ | | | | |
| 徐州 | | | | | | | | | | |

---

① 数据来自国家统计局。
② 数据来源 2021 年自然资源部国土整治中心年度全国土地储备计划方案数据汇总。

（续）

| 省市 | 限售 | 限购 | 二手住房成交参考价格 | 公积金贷款 | 房屋品质 | 预售监管优化 | 土拍规则优化 | 房地产市场监管 | 严查违规资金 | 限跌 |
|---|---|---|---|---|---|---|---|---|---|---|
| 武汉 | | "房票制"限制登记数量 | | | | 严格预售许可审核 | | √ | | |
| 无锡 | | | √ | | | | | | | |
| 东莞 | | 连续一年社保 | √ | | √ | | √ | √ | √ | |
| 杭州 | | 连续两年社保 | | | | 资金监管 | √ | 中介机构信息发布监管 | | |
| 成都 | | 加强赠与管控 | | √ | | | √ | | | |
| 大连 | 新房5年，二手房3年 | | | | | 严格控制价格涨幅 | √ | √ | √ | |
| 珠海 | | 外籍人口购房监测 | | | | | √ | 穿透式企业资金审查 | | |
| 合肥 | | 扩大范围 | 热点学校 | | | | √ | √ | | |
| 西安 | 扩大范围 | 夫妻离异1年限购 | | | | | √ | √ | √ | |
| 长春 | | | | 家庭共用公积金贷款 | | | | | | 不低于申报预售价格9折 |
| 温州 | | | √ | | | | √ | 限溢价 | | |

注：资料来自各地政府网站。

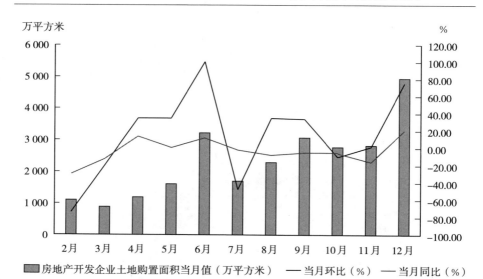

图 2-7　2020 年全国房地产开发企业土地购置面积当月值
注：数据来自国家统计局。

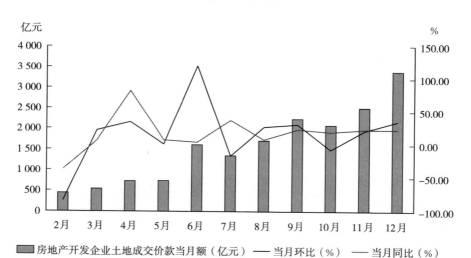

图 2-8　2020 年全国房地产开发企业土地成交价款当月值
注：数据来自国家统计局。

　　2021 年以来，楼市调控政策继续加码，深圳、北京、上海、银川、青岛、银川等城市限购政策进一步收紧（表 2-5）。抑制居民购房需求，重点城市楼市结束了年初的阶段性回暖，房价增速进一步回落，房屋成交面积和金额出现停滞甚至下滑。

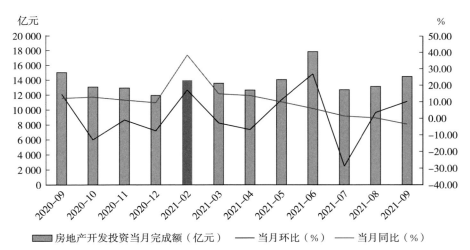

图 2 - 9 2020 年 9 月至 2021 年 9 月全国房地产开发投资完成额当月累计值
注：数据来自国家统计局。

表 2 - 5 2020 年三、四季度"四限一增"调控升级新政

| 省市 | 升级限购 | 升级限贷 | 升级限价 | 升级限售 | 增加税费 |
|------|---------|---------|---------|---------|---------|
| 深圳 | √ | √ | | | √ |
| 南京 | √ | | | | |
| 海南 | | √ | | | |
| 深汕特别合作区 | √ | | | √ | |
| 无锡 | √ | √ | | | √ |
| 东莞 | √ | | | √ | |
| 杭州 | √ | | | √ | |
| 沈阳 | | √ | | | √ |
| 常州 | | √ | | √ | |
| 成都 | | | | | √ |
| 长春 | | √ | √ | | |
| 唐山 | | √ | √ | | |
| 银川 | √ | √ | √ | √ | |
| 宁波 | √ | √ | | | |

注：资料来自各地政府网站。

## （四）新型供地规则和方式进一步打击房地产企业购地能力

2021 年，22 个城市住宅用地"两集中、三公告"供应政策实施，在房企融资"三条红线"的约束下。土地竞价规则不断被修改完善，"限房价竞地价""限品质竞地价""限配建竞地价""限保障房面积竞地价""熔断""一次性竞价"等规则相继推出。

2021 年 7 月 26 日，政策又将重点房企的买地金额纳入到了监管范围当中，买地支出不得超过年度销售额的 40％。为了防止房地产企业通过收并购的方式"绕开"监管，直接明确了收并购支出也包含在买地金额当中。

2021 年第二轮土地集中供应过程中，又提出了"开发商只能用自有资金购地""同一批次竞价投标地块数量限制"等政策。在购房需求受到调控政策抑制的大背景下，加之"三条红线"的政策约束，恒大、富力、蓝光等代表性头部房企甚至出现资金周转困难，行业整体的拿地热情和能力也受到严重影响。土地储备后的出让前景不确定性增加，对土地储备的可持续性提出挑战。

## （五）城市和区域发展新格局改变土地储备出让的空间分化格局

长久以来，我国不同城市的土地和房地产购置需求出现显著分化。地价水平呈现"东南地区城市＞华东地区城市＞西南地区城市≈中部和东北地区城市＞西部地区城市"[①] 的趋势。2020 年东部、中部、西部住宅物业地价均值之比达到 1.88：1.16：1；商业物业地价均值之比达到 1.84：1.12：1。[②]

近年来，除了着眼于国际上的"一带一路"倡议，在区域发展方面，我国先后提出六个重大国家战略，包括：京津冀协同发展、长江经济带发展、长江三角洲区域一体化发展、粤港澳大湾区建设、黄河流域生态保护和高质量发展、推进海南全面深化改革开放。除了传统一线城市外，成都、杭州、重庆、武汉、苏州、西安、天津、南京、郑州、长沙、沈阳、青岛、宁波、东莞、无锡等新一线城市加快崛起，伴随着房地产市场供需矛盾的新局面，深刻改变了我国城市土地市场分化格局。

---

[①②] 数据来自中国地价监测网。

2020 年疫情防控期间，房企拿地更趋谨慎，表现为向一、二线高能级城市"回流"，往年大举进军三、四线城市的情形已成为过去。企业对于在长三角、京津冀、粤港澳大湾区、成渝、长江中游五大城市群拿地的热衷程度明显高于其他地区。全年房地产企业在上述五大城市群的土地购置面积占比合计达到 58.4%。中西部地区 1—11 月成交面积占比达到 38%，其中武汉、西安、重庆、成都等省会城市年内土地成交量较高，而其他城市成交面积有限。[①] 长三角地区城市成交面积占比达 29%，杭州、南京等强二线城市备受青睐，域内城市土地市场较为均衡。

2020 年全国 36 个地价重点监测城市土地出让金增加额排名见表 2-6。至 2020 年底全国 36 个地价重点监测城市中住宅用地成交量和成交价格均恢复至 2019 年水平以上的城市仅占 30.6%，包括上海市、广州市、南京市、沈阳市、长春市、宁波市、长沙市、南宁市、西安市、太原市。成交量恢复至 2019 年水平，但成交价格未恢复的城市占比为 25.0%，包括武汉市、重庆市、哈尔滨市、厦门市、合肥市、南昌市、兰州市、乌鲁木齐市等。成交价格恢复至 2019 年水平，但成交量未恢复的城市占比为 38.9%，包括北京市、天津市、杭州市、成都市、石家庄市、郑州市、福州市等。成交量和成交价格均未恢复的城市占比约为 5.6%，包括青岛市、济南市等（图 2-10）。

表 2-6 2020 年重点城市土地出让金增加额排名

| 序号 | 城市 | 2019 年土地出让金（万元） | 排名 | 2020 年土地出让金（万元） | 排名 | 土地出让金增加额（万元） | 排名 |
|---|---|---|---|---|---|---|---|
| 1 | 上海市 | 2 795 098.00 | 2 | 28 384 181.00 | 1 | 25 589 083.00 | 1 |
| 2 | 广州市 | 1 958 843.77 | 3 | 24 626 741.00 | 3 | 22 667 897.23 | 2 |
| 3 | 杭州市 | 4 022 818.83 | 1 | 25 921 131.79 | 2 | 21 898 312.96 | 3 |
| 4 | 南京市 | 1 126 273.00 | 10 | 20 213 663.00 | 4 | 19 087 390.00 | 4 |
| 5 | 武汉市 | 1 105 206.00 | 11 | 18 675 738.00 | 6 | 17 570 532.00 | 5 |
| 6 | 北京市 | 1 769 500.00 | 5 | 19 121 690.80 | 5 | 17 352 190.80 | 6 |
| 7 | 重庆市 | 1 164 992.75 | 8 | 18 040 511.96 | 7 | 16 875 519.21 | 7 |

① 资料来自各省统计公报和国土资源统计年鉴。

（续）

| 序号 | 城市 | 2019 年土地出让金（万元） | 排名 | 2020 年土地出让金（万元） | 排名 | 土地出让金增加额（万元） | 排名 |
|---|---|---|---|---|---|---|---|
| 8 | 宁波市 | 861 334.32 | 17 | 17 408 018.48 | 8 | 16 546 684.16 | 8 |
| 9 | 成都市 | 936 932.26 | 15 | 14 680 926.71 | 9 | 13 743 994.45 | 9 |
| 10 | 福州市 | 898 104.00 | 16 | 12 027 043.00 | 10 | 11 128 939.00 | 10 |
| 11 | 西安市 | 1 156 536.72 | 9 | 10 302 651.00 | 11 | 9 146 114.28 | 11 |
| 12 | 天津市 | 480 593.73 | 21 | 9 546 988.39 | 14 | 9 066 394.66 | 12 |
| 13 | 郑州市 | 1 070 454.27 | 12 | 9 952 899.96 | 13 | 8 882 445.69 | 13 |
| 14 | 深圳市 | 1 398 400.00 | 6 | 10 195 900.00 | 12 | 8 797 500.00 | 14 |
| 15 | 长沙市 | 1 054 647.00 | 13 | 9 047 471.00 | 15 | 7 992 824.00 | 15 |
| 16 | 长春市 | 244 228.29 | 26 | 7 363 342.82 | 17 | 7 119 114.53 | 16 |
| 17 | 青岛市 | 1 199 666.77 | 7 | 8 110 967.48 | 16 | 6 911 300.71 | 17 |
| 18 | 南昌市 | 271 855.55 | 25 | 6 856 779.34 | 19 | 6 584 923.79 | 18 |
| 19 | 厦门市 | 190 700.00 | 28 | 6 225 100.00 | 21 | 6 034 400.00 | 19 |
| 20 | 沈阳市 | 98 943.85 | 33 | 6 096 874.67 | 23 | 5 997 930.82 | 20 |
| 21 | 贵阳市 | 525 088.25 | 19 | 6 214 430.89 | 22 | 5 689 342.64 | 21 |
| 22 | 济南市 | 1 012 385.15 | 14 | 6 641 934.03 | 20 | 5 629 548.88 | 22 |
| 23 | 合肥市 | 231 881.86 | 27 | 5 622 989.33 | 24 | 5 391 107.47 | 23 |
| 24 | 南宁市 | 163 923.04 | 29 | 5 521 016.98 | 25 | 5 357 093.94 | 24 |
| 25 | 昆明市 | 1 880 143.18 | 4 | 7 173 217.94 | 18 | 5 293 074.76 | 25 |
| 26 | 石家庄市 | 474 068.77 | 22 | 4 509 520.04 | 27 | 4 035 451.27 | 26 |
| 27 | 太原市 | 848 454.80 | 18 | 4 881 223.08 | 26 | 4 032 768.28 | 27 |
| 28 | 乌鲁木齐市 | 275 035.00 | 24 | 3 680 416.59 | 28 | 3 405 381.59 | 28 |
| 29 | 大连市 | 94 179.25 | 34 | 3 217 356.54 | 30 | 3 123 177.29 | 29 |
| 30 | 哈尔滨市 | 157 115.29 | 30 | 3 222 137.95 | 29 | 3 065 022.66 | 30 |
| 31 | 兰州市 | 370 836.04 | 23 | 2 062 905.00 | 31 | 1 692 068.96 | 31 |
| 32 | 呼和浩特市 | 125 920.46 | 31 | 1 379 600.67 | 32 | 1 253 680.21 | 32 |
| 33 | 海口市 | 507 207.92 | 20 | 1 298 648.96 | 33 | 791 441.04 | 33 |
| 34 | 西宁市 | 100 728.28 | 32 | 833 785.66 | 34 | 733 057.38 | 34 |
| 35 | 银川市 | 80 733.14 | 35 | 731 199.53 | 35 | 650 466.39 | 35 |
| 36 | 拉萨市 | 30 322.44 | 36 | 292 562.19 | 36 | 262 239.75 | 36 |

注：数据来自各省统计公报和国土资源统计年鉴。

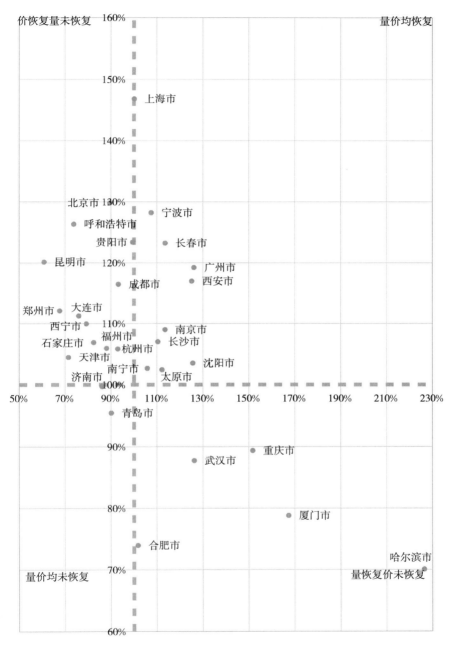

图 2-10　部分重点监测城市住宅用地成交面积及成交价格恢复度

注：恢复度＝2020 年度成交面积或成交价格/2019 年度成交面积或成交价格。

数据来自中指数据库统计中心。

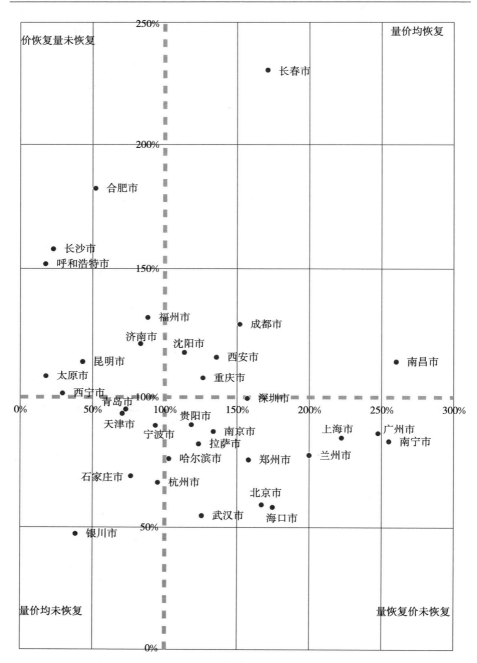

图 2-11　部分重点监测城市商服用地成交面积及成交均价恢复度
注：恢复度＝2020 年度成交面积或成交价格/2019 年度成交面积或成交价格。
数据来自中指数据库统计中心。

到 2020 年底，全国 36 个地价重点监测城市中商服用地成交量和成交价格均恢复至 2019 年水平以上的城市占比约 13.9%，包括重庆市、成都市、沈阳市、长春市、南昌市、西安市等。成交量恢复至 2019 年水平以上，但价格未恢复的城市占比约为 36.1%，包括北京市、上海市、深圳市、广州市、武汉市、南京市、郑州市、哈尔滨市、海口市、南宁市、贵阳市、兰州市等。成交价格恢复至 2019 年水平以上，但成交量未恢复的城市占比约为 22.2%，包括济南市、福州市、合肥市、长沙市、昆明市、太原市、呼和浩特市、西宁市等。成交量和成交价格均未恢复的城市占比约为 16.7%，包括天津市、杭州市、青岛市、石家庄市、宁波市、银川市等（图 2-11）。

综上所述，新的经济和社会形势对土地储备工作的风险管理能力提出了三项要求：一是由重视"规模"向重视"质量"转变，以提升储备土地质量为核心，减少低效储备、避免过度储备，以适应经济社会用地需求变化。二是加强土地储备资产清查、核算、价值保护，密切关注房地产市场形势与政策变化，及时调整收储规划和计划。三是以土地指标配置方式优化为引领，以科学精准的市场预测为依据，根据不同城市、不同区域的土地储备规模、时序、结构和布局需要制定更加合理的规划、计划，在规避风险的同时，保障重点城市用地需求，适应新的土地市场分化格局。

## 四、土地储备资金来源渠道狭窄与收储成本上升矛盾凸显

近年来，为了降低地方政府债务风险，土地储备融资渠道被不断收窄。财政部、国土资源部、中国人民银行、银监会《关于规范土地储备和资金管理等相关问题的通知》（财综〔2016〕4 号）明确自 2016 年 1 月 1 日起，各地不得再向银行业金融机构举借土地储备贷款。土地储备机构新增土地储备项目所需资金，应当严格按照规定纳入政府性基金预算，从国有土地收益基金、土地出让收入和其他财政资金中统筹安排，不足部分在国家核定的债务限额内通过省级政府代发地方政府债券筹集资金解决。

2017 年 5 月，财政部、国土资源部出台《关于印发〈地方政府土地储备专项债券管理办法（试行）〉的通知》（财预〔2017〕62 号），进一步加强了土地储备专项债的规范管理。

2018 年 1 月，国土资源部等四部委出台《关于印发〈土地储备管理办

法〉的通知》（国土资规〔2017〕17 号），结合国发〔2014〕43 号、财综〔2016〕4 号等文件对原有的土地储备管理办法进行了修订。同年，财政部、国土资源部印发《土地储备资金财务管理办法》（财综〔2018〕8 号）再次明确，"土地储备资金是指纳入国土资源部名录管理的土地储备机构按照国家有关规定征收、收购、优先购买、收回土地以及对其进行前期开发等所需的资金"，对土地储备资金的来源、使用和管理做了严格限制。

《预算法（2018 修正）》第九条规定，政府性基金预算应当根据基金项目收入情况和实际支出需要，按基金项目编制，做到以收定支。第三十五条规定，经国务院批准的省、自治区、直辖市预算中必须建设投资的部分资金，可以在国务院确定的限额内，通过发行地方政府债券举借债务的方式筹措……除前款规定外，地方政府及其所属部门不得以任何方式举借债务。

2019 年 5 月，财政部、自然资源部对包括北京、天津、河北、河南、山东、浙江、厦门等 7 省市开展土地储备预算管理试点，出台《关于印发〈土地储备项目预算管理办法（试行）〉的通知》（财预〔2019〕89 号），对试点土地储备预算全生命周期管理进行了规定。文件旨在规范土地储备项目预算管理，健全土地储备专项债券项目控制机制，有效防控专项债务风险。

当前政策下，土地储备资金的来源主要通过三种方式，2017—2019 年土地储备资金来源见图 2-12。

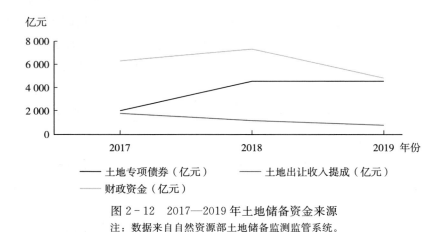

图 2-12　2017—2019 年土地储备资金来源
注：数据来自自然资源部土地储备监测监管系统。

一是财政资金。财政资金为土地储备的前期启动提供了资金支持，作为土地储备的启动资金。土地储备机构于每年第三季度参照本年度土地储备计划，按宗地或项目编制下一年度土地储备资金收支项目预算草案，报送给主管部门审核，后由同级财政部门批复，通过后土地储备机构在需要资金时提出用款申请，报主管部门审核，同级财政部门审批，并按照相关国库集中支付制度进行资金的支付。每年年终，土地储备机构都应向同级财政部门报土地储备收支决算草案，报主管部门、同级财政部门审核。据统计，2020年提供新增财政预算内资金 6 025.58 亿元[①]，2019年土地储备资金来源于财政资金的合计 4 830.61 亿元，比重为 39.28%，较 2018 年有所下降。

二是土地出让收入提成（国有土地收益基金），即从土地出让收入中按照一定比例计提形成的、专项用于未来土地收储的资金池，用于土地储备机构的征地和拆迁补偿费用、土地开发费用等储备土地过程中发生的相关费用。2019年我国土地储备资金来源于土地出让收入提成总计 794.30 亿元，占比 6.46%，较 2018 年有所下降。土地出让提成用于土地储备资金的流程见图 2-13。

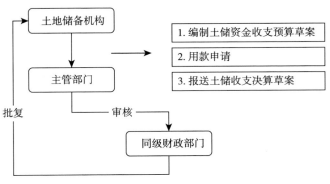

图 2-13 土地出让提成用于土地储备资金流程图
注：资料来自自然资源部土地储备监测监管系统。

三是土地储备的专项债。即为土地储备发行的专项债券，以土地储备项目对应土地出让收入或国有土地收益基金专项用于偿还债务本息的债券，并实行政府性基金预算管理。由省级财政部门和同级的原国土资源部门提出土

---

① 数据来自自然资源部土地储备监测监管系统。

地储备专项债券的需求，由省级政府审核，审核通过后报送财政部，财政部向省级财政部门下达专项债券的额度，以省级政府为发行主体在限额内发行地方土地储备专项债券，各市县收到上级政府的转贷土地储备专项债券收入。土地出让后，各市县财政部门向省级财政部门缴纳承担的本息等资金，省级财政部门到期偿还本息，如果由于土地储备未按照激活出让、土地出让收入未实现，省级政府可以发行土地储备专项债券周转偿还，项目到期后再予以偿还，2019 年通过发行土地专项债券获得收入总计 4 615.06 亿元，占比 37.53％，较 2018 年有所增长，但 2020 年地方政府债券进一步严格了支持范围，明确不得用于土地储备项目，土地储备专项债发行额度为 0。土地储备专项债券运行流程见图 2-14。

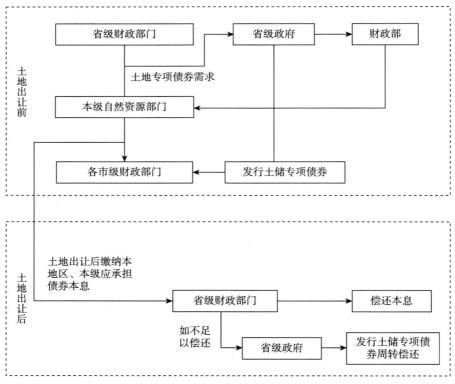

图 2-14　土地储备专项债券运行流程图
图片来源：作者根据政策梳理自绘。

客观来看，土地储备项目资金需求量大、资金偿还周期长、不确定性高，而当前因控制政府新增债务、防范化解财政金融风险的工作要求，国有平台公司直接融资投入土地储备业务存在政策风险，而申请土地储备专项债资金要求高、程序严、时限长、配额少，如何筹集到足够的资金始终是困扰土地储备工作的一项难题。如前所述，《土地管理法》修订推动征地制度改革和集体土地入市，国土空间规划"三条红线"限制和城市更新行动推动城市转型内涵式发展，土地收储成本和一级开发成本不断提高。从实践情况看，上述三项资金难以支撑地方政府土地储备工作开展的实际需要。

## （一）地方政府财政压力加大，难以足额保障土地储备需要

在疫情冲击、国际发展环境不利条件增多的背景下，我国宏观经济运行面临的压力提升：一方面，政府需要通过减税降费鼓励实体经济发展；另一方面，为了拉动经济增长、保障就业和民生，政府财政支出不断增加。以上情况综合导致财政收支压力加大，2020 年全国 31 个省、直辖市、自治区（不含港澳台地区，下同）仅上海、北京、广东一般性政府预算略有盈余，其他省份财政收支缺口不断扩大，各典型城市 2019 年、2020 年债务率及负债率见图 2-15。难以腾出财力支撑土地储备工作。

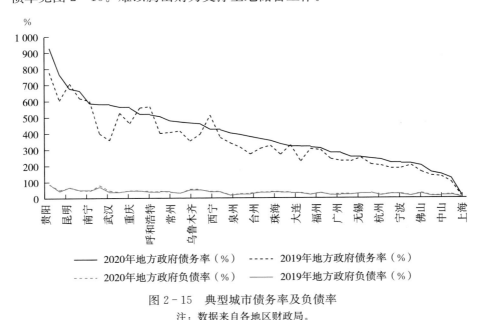

图 2-15　典型城市债务率及负债率

注：数据来自各地区财政局。

## （二）土地出让收入"过载"导致计提土地收益基金的空间有限

从土地出让收入提成来看。按照目前的规定，土地出让收入使用范围包括以下几个方面：一是征地和拆迁补偿支出。包括土地补偿费、安置补助费、地上附着物和青苗补偿费、拆迁补偿费。二是土地开发支出。包括与前期土地开发相关的道路、供水、供电、供气、排水、通讯、照明、土地平整等基础设施建设支出，以及与前期土地开发相关的银行贷款本息等支出。三是补助被征地农民社会保障等支出。四是农村基础设施建设支出。包括用于农村饮水、环境、卫生、教育以及文化等基础设施建设支出。五是农业土地开发支出。六是城市建设支出。包括城市道路、桥涵、公共绿地、公共厕所、消防设施等基础设施建设。七是耕地开发、土地整理、基本农田建设和保护支出。八是城镇廉租住房保障支出。九是土地出让业务支出。十是破产或改制国有企业土地出让收入用于职工安置等支出。

2020 年，中办、国办印发《关于调整完善土地出让收入使用范围优先支持乡村振兴的意见》（以下简称《意见》）和 2021 年《中华人民共和国乡村振兴促进法》相继实施，规定"各省（自治区、直辖市）可结合本地实际，从以下两种方式中选择一种组织实施：一是按照当年土地出让收益用于农业农村的资金占比逐步达到 50% 以上计提，若计提数小于土地出让收入 8% 的，则按不低于土地出让收入 8% 计提；二是按照当年土地出让收入用于农业农村的资金占比逐步达到 10% 以上计提"。综合来看，无论采取哪种方式计提，土地出让收入有 8% 以上是需要投入农村市场的。

在预算收支两条线管理体系下，土地出让收入需要满足的需求不断增加，能够计提国有土地收益基金用于土地储备的份额非常有限。

## （三）土地储备专项债资金来源稳定性不足

2016 年起，多数地方土地储备资金主要通过土地储备政府债券筹集。2020 年地方政府债券进一步严格了支持范围，明确不得用于土地储备项目，土地储备专项债发行额度为 0。

2021 年 2 月，财政部办公厅、国家发展改革委办公厅就联合下达了《关于梳理 2021 年新增专项债券项目资金需求的通知》（财办预〔2021〕

29 号），并且在该份通知中特别强调，"此次梳理的专项债券项目，不安排用于租赁住房建设以外的土地储备项目，不安排一般房地产项目，不安排产业项目。"

## （四）相关资金运行管理政策不成熟

根据财预〔2017〕62 号的要求，"土地储备发债项目应当以项目对应并纳入政府性基金预算管理的国有土地使用权出让收入或国有土地收益基金收入偿还到期债券本金，不得通过其他项目对应的土地出让收入偿还到期债券本金"，由于土地储备项目在开展的过程中具有不确定性，导致项目资金因不可抗力难以变现，到期难以偿还债券本息，财预〔2017〕62 号规定若不能到期偿还债券本息，可以通过发债周转偿还，这会增加地方政府债务，如果不能通过其他项目对应的土地出让收入或财政资金偿还债券本息，又会增加政府资金的使用成本，如粤港澳大湾区在 2017 年以后由于土地储备资金管理政策的限制，年均存在 354.09 亿元资金无法及时使用支付，造成资金的浪费。①

另一方面，土地储备债券的发行和使用要严格对应在项目，在具体土地储备过程中，存在征收、收购以及拆迁安置等，这些过程的不确定性大，导致收储难以按照预期计划进行，容易出现已发债的收储项目由于停滞或者终止使得项目资金无法使用的情况；债券资金严格对应项目，在项目无法进行时，容易造成资金的闲置浪费，也无法真正发挥土地储备专项债券的作用，当土地储备专项债券对应同一地区多个项目集合发行时，部分子项目无法实施会导致整个项目资金不能使用，这有悖于制定土地储备专项债券政策的初衷。

综上所述，如何在土地收储成本上升而融资渠道收紧的双重压力下，寻找到一条既能拓宽土地储备融资来源、又能降低资金风险的有效渠道成为一项重要命题。

---

① 数据来自中国国土勘测规划院资产管理与土地储备部《粤港澳大湾区土地储备监测评估研究》课题。

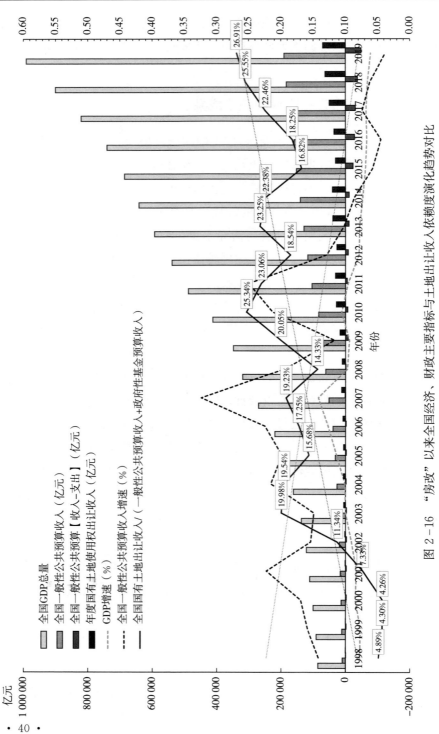

图 2-16 "房改"以来全国经济、财政主要指标与土地出让收入依赖度演化趋势对比

注：数据来自《中国财政统计年鉴》。

## 五、保障土地收入与降低用地成本的矛盾并存

### （一）地方政府土地财政依赖度不断加大

如前所述，近几年地方政府财政压力不断加大，政府债务余额不断攀升。中国一般性公共预算收入增速自 2007 年起步入下滑趋势，一般性公共预算收支差额不断扩大；同期国有土地使用权出让收入则不断攀升，其占政府财政总收入的比重波动上行，由 1998 年的 4.89％增至 2019 年的 26.91％，走势与 GDP、一般性公共预算收入走势分异明显（图 2－16）。可以预见，在外部发展环境变化、新冠疫情防控导致宏观经济下行压力加大的背景下，土地收入对于财政的重要性仍将上升。

2018—2019 年，31 个省份一般性公共预算支出均大于收入，两年中缺口最大的均为四川（－5 796.49 亿元，－6 196.60 亿元），其次为河南（－5 451.71 亿元，－6 135.30 亿元）；最小的均为海南（－938.63 亿元，－1 045.10 亿元）（图 2－17、图 2－18）。除上海、北京、湖北外，2018—2019 年其余省份一般性公共预算缺口均有所扩大，广东扩大了 1 039.16 亿。2018—2019 年各省份平均土地财政依赖度呈现"经济越发达省份土地财政依赖度越高"的规律，与以往认知有所不同：四川（51.05％）、上海（48.91％）、河北（44.87％）、江苏（44.38％）、浙江（41.37％）、福建

图 2－17　2018 年各省份一般性公共预算收支差额

注：数据来自《中国财政统计年鉴》。

（39.77％）、北京（38.97％）、河南（38.13％）、湖北（37.16％）居前 10，吉林（17.82％）、辽宁（17.83％）、宁夏（17.36％）、贵州（14.32％）则最低。2020 年各省土地财政依赖度见图 2－19，2020 年房地产开发投资增速见图 2－20，2014—2019 年全国 31 个省份年末累计政府债务余额见表 2－7。

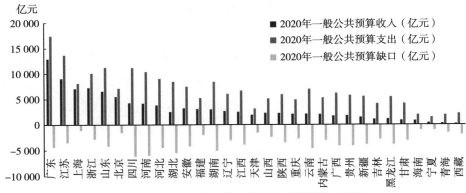

图 2－18　2019 年各省份一般性公共预算收支差额
注：数据来自《中国财政统计年鉴》。

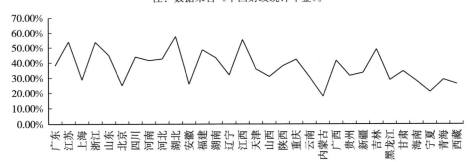

图 2－19　2020 年土地财政依赖度
注：数据来自《中国财政统计年鉴》。

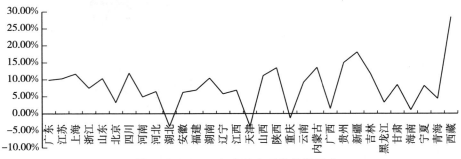

图 2－20　2020 年房地产开发投资增速
注：数据来自《中国财政统计年鉴》。

**表 2-7 2014—2019 年全国 31 个省份年末累计政府债务余额**

单位：亿元

| | 2019 年 | 2018 年 | 2017 年 | 2016 年 | 2015 年 | 2014 年 |
|---|---|---|---|---|---|---|
| 全国 | 213 072.00 | 183 862.00 | 164 706.59 | 153 164.01 | 160 074.30 | 154 074.30 |
| 北京 | 4 964.06 | 4 248.89 | 3 875.59 | 3 741.18 | | |
| 上海 | 5 722.10 | 5 034.90 | 4 694.00 | 4 485.50 | 4 880.00 | |
| 天津 | 4 959.00 | 4 079.00 | 3 424.00 | 2 912.70 | | |
| 重庆 | 5 603.70 | 4 690.60 | 4 018.50 | 3 737.10 | 3 379.20 | 3 250.40 |
| 浙江 | 12 309.82 | 10 794.40 | 9 239.09 | 8 390.80 | | |
| 江苏 | 14 878.38 | 13 285.55 | 12 026.28 | 10 915.35 | 10 556.26 | 10 643.00 |
| 福建 | 7 031.96 | 6 059.06 | 5 467.86 | 4 966.25 | | |
| 山东 | 13 127.50 | 11 435.52 | 10 196.80 | 9 444.40 | 9 059.00 | 9 252.80 |
| 广东 | 11 956.64 | 9 958.17 | 9 023.37 | 8 530.78 | 8 188.00 | 8 808.60 |
| 山西 | 3 550.00 | 2 963.70 | 2 578.56 | 2 290.93 | 2 025.21 | 1 798.90 |
| 四川 | 10 577.00 | 9 298.00 | 8 503.00 | 7 812.00 | 7 464.00 | 7 485.00 |
| 湖南 | 10 174.50 | 8 708.20 | 7 887.29 | 6 753.00 | | 6 599.30 |
| 河南 | 7 909.02 | 6 541.30 | 5 549.10 | 5 524.90 | 5 464.90 | 5 339.80 |
| 河北 | 8 753.88 | 7 278.30 | 6 151.00 | 5 691.30 | 5 309.20 | 5 479.02 |
| 陕西 | 6 532.49 | 5 886.92 | 5 395.43 | 4 917.55 | | |
| 安徽 | 7 936.40 | 6 704.60 | 5 823.40 | 5 320.00 | 5 097.30 | 4 724.70 |
| 辽宁 | 8 884.36 | 8 593.50 | 8 455.00 | 8 526.20 | 8 718.50 | |
| 新疆 | 4 627.83 | 3 842.40 | 3 377.84 | 2 836.90 | 2 633.40 | 2 658.70 |
| 甘肃 | 3 109.80 | 2 499.00 | 2 067.20 | 1 778.44 | 1 588.16 | 1 550.51 |
| 云南 | 8 108.00 | 7 139.80 | 6 736.80 | 6 353.20 | 6 228.60 | 6 419.10 |
| 江西 | 5 351.00 | 4 751.41 | 4 269.08 | 3 956.78 | 3 738.30 | 3 681.20 |
| 吉林 | 4 344.83 | 3 709.92 | 3 193.27 | 2 895.29 | | |
| 黑龙江 | 4 748.60 | 4 116.50 | 3 454.57 | 3 120.30 | | |
| 贵州 | 9 673.38 | 8 849.81 | 8 607.15 | 8 709.79 | | |
| 青海 | 2 102.13 | 1 763.20 | 1 512.17 | 1 339.10 | | |
| 内蒙古 | 7 307.04 | 6 534.91 | 6 155.37 | 5 885.58 | 5 455.21 | |
| 湖北 | 8 040.00 | 6 675.70 | 5 715.50 | 5 103.67 | | |
| 广西 | 6 354.70 | 5 493.45 | 4 836.72 | 4 566.68 | 4 308.85 | |
| 海南 | 2 230.40 | 1 934.00 | 1 719.26 | 1 560.00 | | |
| 宁夏 | 1 658.63 | 1 389.10 | 1 248.40 | 1 175.40 | | |

注：数据来自《中国财政统计年鉴》。

## （二）支持实体经济发展的供地政策可能影响土地储备成本回收

为了支持实体经济发展，降低企业用地成本和居民居住成本，增强企业竞争力，释放居民消费能力，推动"双循环"经济格局建立。我国近年来一方面加强城市地价监测，控制地方债务和土地抵押，规范土地收储；另一方面探索综合评标、双向竞价（如限房价/配建-竞地价，限地价-竞房价）、"熔断"等新型土地出让竞价规则，抑制开发商过度竞争。特别是推出更灵活的土地供应方式，如长期租赁、先租后让、租让结合、弹性年期供地、作价入股等，被视为政府对于企业的让利（表2-8）。但是，采用弹性供地政策供应的土地在收储过程中的成本并未降低，而土地配置收益明显减少或改为分期支付，在作价出资入股等土地配置方式下，土地收益的额度、标准、方式更加复杂，对偿还土地收储成本构成压力。

表2-8　2014年以来土地配置方式创新的主要政策梳理

| 时间 | 法规政策 | 要点 |
|---|---|---|
| 2014年9月1日 | 《节约集约利用土地规定》 | 先租后让、弹性年期出让 |
| 2015年9月18日 | 《关于支持新产业新业态发展促进大众创业万众创新用地的意见》 | 先租后让、租让结合 |
| 2016年8月22日 | 《国务院关于印发降低实体经济企业成本工作方案的通知》 | 工业用地长期租赁、先租后让、租让结合 |
| 2016年10月28日 | 《国土资源部办公厅关于印发〈产业用地政策实施工作指引〉的通知》 | 产业用地供应可采取长期租赁、先租后让、租让结合 |
| 2016年12月31日 | 《关于扩大国有土地有偿使用范围的意见》 | 对可以使用划拨土地的项目，鼓励出让、租赁，支持以作价出资或者入股 |
| 2017年1月11日 | 《关于创新政府配置资源方式的指导意见》 | 创新配置方式，引入市场机制和手段 |
| 2017年6月16日 | 《关于做好2017年降成本重点工作的通知》 | 鼓励长期租赁、先租后让、租让结合 |
| 2018年4月29日 | 《关于做好2018年降成本重点工作的通知》 | 降低企业用地成本，指导地方研究长期租赁、先租后让、租让结合等供地方式 |

（续）

| 时间 | 法规政策 | 要点 |
| --- | --- | --- |
| 2019 年 4 月 14 日 | 《关于统筹推进自然资源资产产权制度改革的指导意见》 | 完善自然资源资产使用权转让、出租、抵押市场规则，扩大竞争性出让 |
| 2019 年 4 月 16 日 | 《国务院办公厅关于推进养老服务发展的意见》 | 探索营利性养老机构土地有偿使用 |
| 2019 年 4 月 24 日 | 《产业用地政策实施工作指引（2019 年版）》 | 产业、科技孵化器用地作价出资或者入股 |
| 2019 年 5 月 18 日 | 《国务院关于推进国家级经济技术开发区创新提升打造改革开放新高地的意见》 | 产业用地弹性出让、长期租赁、先租后让、租让结合 |
| 2019 年 7 月 19 日 | 《国务院办公厅关于完善建设用地使用权转让、出租、抵押二级市场的指导意见》 | 以出让、租赁、作价出资或入股等有偿方式取得的建设用地须符合法律要求 |
| 2019 年 12 月 31 日 | 《国务院办公厅关于支持国家级新区深化改革创新加快推动高质量发展的指导意见》 | 创新"标准地"出让、弹性出让、先租后让等工业用地配置方式 |
| 2020 年 3 月 30 日 | 《中共中央 国务院关于构建更加完善的要素市场化配置体制机制的意见》 | 健全长期租赁、先租后让、弹性年期、作价出资或入股等供应体系。浙江、上海、北京等地广泛探索 |
| 2020 年 5 月 11 日 | 《中共中央 国务院关于新时代加快完善社会主义市场经济体制的意见》 | 完善城镇建设用地价格形成机制和存量土地盘活利用政策 |
| 2021 年 5 月 20 日 | 《中共中央 国务院关于支持浙江高质量发展建设共同富裕示范区的意见》 | 探索通过土地要素使用权、收益权增加中低收入群体要素收入 |
| 2021 年 4 月 21 日 | 《土地管理法实施条例》修订 | 国有土地使用权出让、租赁、作价出资或入股三种有偿配置方式 |
| 2022 年 12 月 | 《关于完善工业用地供应政策支持实体经济发展的通知》 | 长期租赁、先租后让、弹性年限出让 |

注：资料来自中国政府网。

# 第二节　土地储备转型发展的理论研究述评

## 一、中外自然资源资产价值与实现方式相关研究

### （一）自然资源资产价值

自然资源资产具有实物属性、自然属性和公共属性，在当前发展阶段有必要重新理解自然资源资产与发展之间的关系，挖掘自然资源资产的多元化价值。自然资源资产具有价值性这是毋庸置疑的，郭韦杉（2021）等认为自然资源资产的提出背景及自然资源资产有偿使用等制度的现实需求都表明自然资源资产核算已不再局限于生态核算，而是要将其置于整体国民经济运行之下，反映人类社会和自然资源的相互作用[1]。严金明（2019）认为自然资源资产潜力较大，其权益配置和流转关系着社会的资金流动和二次分配问题[2]。Terry（泰利，2000）根据资源与环境价值理论，资源与环境的价值体现在资源的有限性及其满足人类各种需求的能力上[3]。Pearce（皮尔斯，1987）描述了自然资源的现状，强调它们与劳动力和资本具有同等重要性[4]。自然资源资产具有经济价值，González-Val（冈萨雷斯-瓦尔，2018）认为其可促进经济增长，美国和加拿大等国的发展实际上得益于其丰富的自然资源禀赋[5]，Araji（2018）使用面板分位数回归模拟自然资源收入对投资演变的影响以及国内资本投资相对于国际资产投资总额的比率（投资模式），

①　郭韦杉，李国平，王文涛. 自然资源资产价值核算研究——以陕北佳县林木资源为例［J］. 干旱区资源与环境，2021，35（7）：1－7. DOI：10. 13448/j. cnki. jalre. 2021. 178.

②　严金明，张东昇，夏方舟. 自然资源资产管理：理论逻辑与改革导向［J］. 中国土地科学，2019，33（4）：1－8.

③　Terry，L. A.，Donald，R. L. Environ-capital Operation［M］. Beijing：Tsinghua University Press，2000：122－143.

④　David Pearce. Valuing Natural Resources and the Implications for Land and Water Management［J］. Resources Policy，1987（12）：255－264.

⑤　R. González-Val，F. Pueyo Natural Resources，Economic Growth and Geography［J］. FEEM Working Paper（2018）. No. 26，2018.

证实了自然资源租金与国内投资之间存在正相关关系[1]。除了经济价值之外，自然资源资产还具有生态价值，崔久富（2021）认为可持续发展的要求与自然资源资产有关，自然资源对生态环境起调节作用，具有衍生价值，进行价值核算不仅要考虑自然资源的经济价值还要关注其产生的环境生态上的产品价值[2]。朱道林（2019）认为土地的专业价值属性关键在于其具有不可转移性、用途广泛性、使用延续性等特性[3]。夏方舟（2020）认为土地可以撬动资本，而其成本低但面值高的特点与货币投放原理相似，因此土地可以实现资本化的转变，具备类似货币的"乘数效应"[4]。

## （二）中外自然资源资产权益价值实现路径

自然资源资产的经济生态等价值需要通过权利赋予、市场流转和配套制度建设等路径相互配合来实现其价值。Fang（方双秋，2021）认为自然资源资产资本化以产权明晰为基础，以生态技术价值量化评估为支撑，实现生态资源转化为生态资产，进而转化为生态资本，借助市场投资，通过生态产品和服务实现其价值增值[5]。赵亚莉（2020）提出保障自然资源资产的所有者权益需要充分发挥自然资源资产的本身自然属性、市场交易下的资产化属性、全民可获益性[6]。严金明（2019）提出需要从自然资源资产的总体数量、资源品质、系统结构等方面提升自然资源资产的权益价值性，充分显化自然资源资产的价值。郝庆（2019）从国土开发的限制性"短板"要素与综

① Araji S. Natural Resource Revenues: Effect on the Pattern of Domestic Investments Relative to International Assets Investments [J]. International Economics and Economic Policy, 2018, 15 (3): 661 - 682.

② 崔久富，郭贯成，范怀超，李学增. 全民所有自然资源资产核算的中国方案——基于土地分等定级的启示 [J]. 中国土地科学, 2021, 35 (1): 18 - 25.

③ 朱道林，张晖，段文技，杜挺. 自然资源资产核算的逻辑规则与土地资源资产核算方法探讨 [J]. 中国土地科学, 2019, 33 (11): 1 - 7.

④ 夏方舟，杨雨濛，严金明. 城乡土地银行制度设计：一个新型城乡土地资本化制度探索 [J]. 中国土地科学, 2020, 34 (4): 48 - 57.

⑤ Fang Q S, Li H X. The Concept Delimitation, the Value Realization Process, and the Realization Path of the Capitalization of Forest Ecological Resources [C] //Natural Resources Forum. Oxford, UK: Blackwell Publishing Ltd, 2021.

⑥ 赵亚莉，龙开胜. 自然资源资产全民所有权的实现逻辑及机制完善 [J]. 中国土地科学, 2020, 34 (12): 11 - 16, 43.

合承载能力入手，系统考虑各类资源环境要素，通过识别限制性要素及限制程度来确定价值实现最佳路径①。樊杰（2017）需要形成资源环境承载力与空间规划的政策闭环，空间规划要通过部署实施生态修复与综合整治等措施，提高特定区域的承载力②。卢新海（2020）针对 283 个地级市以上城市，通过 SBM 模型测度土地绿色利用效率，认为可以利用统筹发展相邻城市的空间溢出效应，实现自然资源资产的生态效应③。陈水光（2022）应该建立市场化生态要素产权制度，引入市场经营主体发展生态产业，建立"公私合营"的生态产品交易制度，以便推进自然资源资产价值得以可持续实现④。

## 二、中外土地储备创新机制相关研究

### （一）国内外土地储备运行制度

土地储备运行制度是为了通过政府授权的职能在市场经济中从事引导企业经营活动的机制⑤⑥。Meijer（梅杰尔，2020）认为土地储备运行机制需要具有引导发展进程、提供"公益物"的可能性、回收成本的能力和获取价值的能力才能实现土地储备的根本意义⑦。Henry Bain（亨利·卡维尔，2002）认为土地储备政策的执行需要成立政府与私人企业混合合营的机构，再将土地的使用权进行转让⑧。

---

① 郝庆，封志明，赵丹丹，魏晓.自然资源治理的若干新问题与研究新趋势［J］.经济地理，2019，39（6）：1-6.
② 樊杰.资源环境承载力专题序言［J］.地理科学进展，2017，36（3）：265.
③ 卢新海，杨喜，陈泽秀.中国城市土地绿色利用效率测度及其时空演变特征［J］.中国人口·资源与环境，2020，30（8）：83-91.
④ 陈水光，兰子杰，苏时鹏.自然资源资产价值可持续实现路径分析［J］.林业经济问题，2022，42（1）：21-29.DOI：10.16832/j.cnki.1005-9709.20210069.
⑤ 卢新海，杨喜，陈泽秀.中国城市土地绿色利用效率测度及其时空演变特征［J］.中国人口·资源与环境，2020，30（8）：83-91.
⑥ 卢新海，邓中明.对我国城市土地储备制度的评析［J］.城市规划汇刊，2004（6）：27-33，95.
⑦ Meijer R，Jonkman A. Land-policy Instruments for Densification：The Dutch Quest for Control［J］. The Town Planning Review，2020，91（3）：239-258.
⑧ Henry Bain. The New City［M］. Ibid，2002：209-211.

现阶段，各国学者对土地储备的运行机制研究主要集中于土地储备的融资与利益分配方面，认为这两点是破解土地储备转型发展的关键所在。关于土地储备的资金方面的研究，主要是通过银行贷款、土地基金会、债券、信托、证券化等项目筹集资金。温勇鹏（2022）提出突破外部融资渠道单一的瓶颈，与金融机构合作与创新，探索并设计以土地储备现金流为标的、产品收益随土地价值浮动的信托融资产品①。朱晓辉（2021）认为除了建立专项债券资金配套相关比例的财政资金机制，还可以设立收益基金计提比例和累积机制设置滚动资金池②。罗命清（2016）提出"土地财政""经营城市""中转站"三种模式为土地储备的资金主要来源方式③。王成华和汲崇哲（2012）通过对比土地储备融资方式，认为证券化的融资途径是最有效的。在权益分配上，原土地使用权人参与增值利益分享已成趋势④，孙超（2013）认为土地原使用人放弃将其土地权利变现，转而"作价入股"，在此基础上可以构建土地资产证券化产品⑤。何芳等（2014）通过运用Bootstrap与神经网络模型提出上海地区按照先后的交付顺序进行分级利益分享的推广意见，以便于更好地实现土地储备管理⑥。

## （二）土地储备的创新机制

土地储备的创新机制研究，从现有的各地区创新模式分析出发，分析在用地规划下土地储备的集中连片开发与综合开发的不同实施主体和融资方式下的创新模式。胡金燕（2022）以多维分析厘清用地底数，在常州市开展了以城市更新行动引领土地整备计划、以规划创新促进国土空间资源高质量供给的实践探索⑦。裴泽宁（2019）针对军用土地储备创新模式进行分析，提

---

① 温勇鹏. 浅谈土地储备成本管控体系建设——以宁波市为例 [J]. 浙江国土资源，2022（7）：37 - 38. DOI：10.16724/j. cnki. cn33 - 1290/p. 2022.07.027.
② 朱晓辉. 新时期土地储备的转型发展与路径探析 [J]. 砖瓦世界，2021（1）：19.
③ 罗命清. 土地收储融资现状分析与对策 [J]. 中国集体经济，2016（12）：18 - 19.
④ 王成华，汲崇哲. 土地储备融资方寸的最佳选择 [J]. 理论界，2008（5）：66 - 67.
⑤ 孙超. 土地储备融资与土地收益的分配研究 [J]. 经济经纬，2013（3）：41 - 46.
⑥ 何芳，汪丹宁，廖飞，胡文瑛. 城市土地收储利益分配实践梳理 [J]. 城市问题，2014（5）：55 - 60.
⑦ 胡金燕. 常州：城市更新下的土地整备规划创新 [J]. 中国土地，2022（5）：55 - 56. DOI：10.13816/j. cnki. ISSN1002 - 9729. 2022.05.19.

出通过建立军用土地等级，利用指标储备模式进行虚拟储备[1]。胡冬冬（2021）分析了武汉市的各种分类处理模式：重点功能区打包服务、搬迁项目综合更新、成片开发的土地储备创新模式[2]。蒙涯（2020）研究上海的大型居住社区的土地储备制度，提出根据"上海2035"顶层设计规划收储，以大基地实施收储的主要模式[3]。金鼎（2019）分析川道城市的土地储备模式，提出测算开发强度和辐射范围，实施"物业＋轨道"的土地储备模式，建立功能区和商圈，实现由单一功能向综合功能转变的土地储备创新模式[4]。卢俊义（2019）通过对蚌埠市进行分析，提出大储备的创新模式，新增农转地指标由土储中心统一管理开发，存量用地也统一管理，管委会负责拆迁和土地平整等[5]。张颖（2016）分析天津滨海新区在土地储备信息管理系统支持下的用地预申请土地储备模式，一、二级土地联动根据开发难度不同采取阶梯式收储[6]。

## 三、借鉴与启示

根据国外的土地储备研究表明，国外有关土地储备制度的研究起步早，涉及范围广泛，聚焦于土地储备的运行流程和价值实现方式，尤其是土地储备制度的融资渠道和收益配置方面，我国初期的土地储备运行流转也在一定程度上借鉴了国外的收储模式和经验，在起步期可以平稳地推进，后期的相关文献研究也主要以土地的收储计划、资金平衡、机构设置和收益机制为中心，通过早期的实践案例得出规律，利用规律再推广出可复制的模式。但是，我国的独特国情和日益复杂的生产生活环境对现有的土地储备制度研究

---

[1] 裴泽宁，刘潇，周航. 军用土地储备模式创新研究 [J]. 中国军转民，2019（4）：43-46.

[2] 胡冬冬，栾一博，余帆. 武汉市土地储备转型的实践探索 [J]. 中国土地，2021（8）：24-26.

[3] 蒙涯. 上海大型居住社区土地储备工作探讨 [J]. 上海国土资源，2020，41（4）：14-17，33.

[4] 金鼎，郭海. 基于TOD理念的川道城市土地利用模式转型研究 [J]. 都市快轨交通，2019，32（4）：14-18.

[5] 卢俊义，张来凤. 构建土地"大储备"格局——安徽省蚌埠市土地储备工作的探索实践 [J]. 中国土地，2019（7）：51-52.

[6] 张颖，王丽艳，葛秋磊. 新形势下天津滨海新区土地储备机制创新研究 [J]. 城市，2016（9）：19-25.

提出了新的挑战，一方面，需要从"两统一"和要素市场化的角度下分析自然资源资产的收储过程，在新的需求和新的时代背景下研究土地储备的运行机制。另一方面，需要从最新的案例中，总结经验做法，进一步归纳整理新时期的自然资源资产收储经验。因此，本书从保障所有者权益充分实现和自然资源资产价值充分显化的角度出发，研究近期全国的土地储备收储案例，结合系统的理论框架，分析自然资源资产的价值转化、价值置换和价值增值等问题，总结自然资源资产的价值实现路径。

## 第三节　土地储备转型发展的政策导向分析

第一，建立储备土地资产清查统计核算制度。土地储备资产清查统计核算，将显化储备土地资产、价值、所有者权益，是全民所有自然资源资产管理的重要抓手，同时也是土地储备管理工作的集中体现。2019 年 8 月，自然资源部办公厅印发了《关于开展土地储备资产负债表试点工作的函》，在杭州、宁波、济南、成都等 8 个城市部署开展市级土地储备资产负债表编制试点工作，探索建立符合地方实际的土地储备资产负债表编制体系和制度。2022 年 4 月，根据《自然资源部办公厅关于升级土地储备监测监管系统的通知》（自然资办函〔2022〕676）号，明确界定了储备土地即尚未设立使用权或使用权已灭失、以国家所有权形态存在的国有建设用地，各级自然资源主管部门要将各类储备土地纳入统计范围，进行全口径管理。政策的出台为探索编制路径、核算手段，为国家层面建立健全土地储备资产负债表编制体系奠定了基础，也为编制全民所有自然资源资产负债表提供了经验。

第二，完善土地批、征、储、供、用全生命周期信息化管理。2019 年1 月自然资源部办公厅印发了《关于进一步规范储备土地抵押融资加快批而未供土地处置有关问题的通知》（自然资办发〔2019〕3 号），完善土地储备信息系统，加强与财政、金融监管等部门的数据共享与联动，逐步建立储备土地来源、入库、出库全流程监测监管机制。《自然资源部办公厅关于升级土地储备监测监管系统的通知》（自然资办函〔2022〕676）提出升级国有储备土地监测监管系统。升级后将与用地审批备案系统、土地市场动态监测监管系统关联，形成土地批、储、供、用全流程信息化管理链条，实现系统间的关联和数据共享。围绕土地储备规划计划、项目管理、地块管理、入库标准、出库供应等环节，构建土地储备全业务链条信息化管理体系①。

第三，土地储备资金管理专项化与防控风险化。《土地储备管理办法》要求土地储备资金收支管理严格执行财政部、国土资源部关于土地储备资金财务管理的规定，土地储备资金通过政府预算安排，实行专款专用。一是控制债券资金使用主体。按照 2017 年 6 月颁布的《地方政府土地储备专项债券管理办法》有关规定执行，列入名录的土地储备机构是土地储备专项债券资金的使用主体。二是控制债券额度规模。债券额度自上而下进行分解，在市县层级分解时，财政和国土资源部门共同确定分解方案，既确保土地储备债务不突破地方债总额，又保证了土地储备专项债券不受其他种类债券的影响。三是控制债券资金用途。2018 年 1 月，财政部、国土资源部两部委印发《土地储备资金财务管理办法》，再次明确土地资金的来源渠道和适用范围，土地储备专项债券资金只能用于发债项目涉及的取得土地费用、前期开发费用以及项目管理费用。2019 年 6 月 21 日，财政部、自然资源部在《土地储备项目预算管理办法（试行）》中提出，在六省一市先期试点土地储备项目全生命周期预算管理，构建地方专项债及项目全生命周期管理制度体系。健全土地储备资金控制机制，进行资金的用途管制，有效防控专项债务风险。

---

① 杨红．土地储备制度建设历程及思考［J］．中国土地，2022（10）：10-13．

# 第三章 自然资源资产"两统一"管理语境下土地储备的功能定位

## 第一节 新时期自然资源资产化管理的趋势与政策导向分析

自然资源资产化即将各类自然资源作为资产统筹管理，按照其来源与特征进行系统化分门别类、统一规划，做到产权明晰、责权到位，实现自然资源利用率最大化和长期可持续发展①。20 世纪 80 年代城市自然资源出现资产化现象，90 年代，土地资源开始被视为资产进行管理。《中华人民共和国宪法》规定，"矿藏、水流、森林、山岭、草原、荒地、滩涂等自然资源，都属于国家所有，即全民所有；由法律规定属于集体所有的森林和山岭、草原、荒地、滩涂除外。国家保障自然资源的合理利用，保护珍贵的动物和植物。禁止任何组织或者个人用任何手段侵占或者破坏自然资源。"《中华人民共和国矿产资源法》规定，"矿产资源属于国家所有，由国务院行使对矿产资源的所有权。"这些宪法和法律规定了国家对自然资源的管辖权，是国家自然资源管理部门对自然资源进行资产化管理的根本原则。

新时期自然资源资产化管理的趋势和政策导向具有以下几方面：

第一，理顺自然资源资产的产权体系，搭建组织框架。2019 年 4 月中央印发《关于统筹推进自然资源资产的产权制度改革指导意见》，构建了系统完备、科学规范、运行高效的中国特色自然资源资产产权制度体系。适应

---

① 周景行. 关于自然资源资产化管理的思考 [J]. 农业科技与装备，2018（3）：82-83. DOI: 10.16313/j.cnki.nykjyzb.2018.03.034.

自然资源多种属性以及国民经济和社会发展需求，与国土空间规划和用途管制相衔接，推动自然资源资产所有权与使用权分离，构建分类科学的自然资源资产产权体系，着力解决权力交叉、缺位等问题。处理好自然资源资产所有权与使用权的关系，创新自然资源资产全民所有权和集体所有权的实现形式。横向建立相对集中统一的政府资产管理和运行机构架构，纵向建立分层级的产权管理模式架构。

第二，平衡所有者权益保障和资产保值增值的关系。我国自然资源资产所有权呈分级行使，即对全民所有的自然资源资产实行统一所有、分级行使体制[①]，并围绕其展开了各项事权的分配。落实自然资源各级产权代表，自然资源部代表国家统一行使全民所有自然资源资产所有者职责，由自然资源部授权下级管理部门或建立专门的资产管理机构具体行使所有者职能。开展自然资源资产统一管理基础支撑体系研究，设立自然资源资产管理和自然生态监管机构，明晰自然资源的产权关系，建立相应的国有产权管理组织体系，完善国有产权的代理制度，确保国家所有权主体人格化，才能真正承担起国有资产保值增值的责任。同时，遵循自然、经济发展基本规律，建立健全相关市场制度，将自然资源开发和加工的权利逐步推向市场，对自然资源进行有偿开发、使用，并用收益反哺这一产业，从而实现对资源的高效率、有节制开发。

第三，统一对自然资源确权登记和动态管理。完善自然资源统一确权登记等基础性工作，合理确定资产的权利边界，妥善解决历史上的自然资源权利问题，逐步实现自然资源确权登记全覆盖。财政部已试点政府资产报告制度，福建省已经通过科学分类统计自然资源底数，进行自然资源资产的价值计量、林地资产的填报主体和其他各类自然资源资产的评估等，[②] 研发自然资源资产管理信息系统，并及时发现和堵塞管理漏洞，防止国有自然资源资产流失。

第四，促进自然资源资产集约开发利用管理。自然资源资产化管理的核心在于遵循自然、经济发展基本规律，建立健全相关市场制度，既要通过完

---

① 刘宁. 国家公园自然资源资产化管理反思［J］. 南京工业大学学报（社会科学版），2022，21（2）：47－54，111－112.

② 唐文倩. 构建国有自然资源资产化管理新模式［J］. 中国财政，2017（16）：32－34. DOI：10.14115/j. cnki. zgcz. 2017.16.024.

善价格形成机制，扩大竞争性出让，发挥市场配置资源的决定性作用，又要通过总量和强度控制，更好地发挥政府的管控作用。将自然资源开发和加工的权利逐步推向市场，对自然资源进行有偿开发、使用，从而实现对资源的高效率、有节制开发。深入推进全民所有自然资源资产有偿使用制度改革，完善资产价格形成机制，同时引入更多社会资本、民间资本及国外资本，参与自然资源开发与保护。对山体、湿地、海岛、河湖的保护性开发采取公开招投标，择优面向社会采购服务。①

## 第二节　土地储备在自然资源资产权益管理工作体系中的定位

土地储备在土地权力的流转和属性的转化过程中，通过权属在利益相关者之间的变更和流转，从而带来自然资源资产用途的改变和价值的再分配，保障全民所有自然资源资产权益。土地储备在自然资源资产权益管理的工作体系中，从经济学角度分析，是资金和价值的创造和循环过程，通过筹措资金、防范风险、土地的两次增值创造，保障和实现自然资源资产所有者权益。在第一次增值的过程中，政府代表全民实施土地用途管制，限制农村的土地开发权利，赋予城市单独的土地开发权利，将农村的土地征用为城市的土地，筹措资金进行储备，完成第一次权益增值。土地第二次的增值体现为市场性增值，政府垄断土地供应后，土地储备出让通过市场招标、拍卖、挂牌等机制完成竞价，试探市场主体愿意出让的最高价格，占有竞拍者的消费者剩余，完成土地储备权益的二次增值。从产权的角度而言，政府代表全民行使自然资源所有权，授权自然资源部统一履行全民所有自然资源资产所有者职责，促进土地资源的保值增值，保障全体人民公平分享。从公共管理的视角而言，土地储备成为社会收益和财富储备再分配的工具，保障全民所有自然资源资产权益。土地储备不仅可以通过出让用于商业用途，为全民换来经济利益，还可以赋予生态和社会用途，为生态产品价值实现提供物质基础和

---

① 范喜秋，徐洁，王颖.浅析新时代城市自然资源的资产化［J］.中国土地，2021（2）：51-52. DOI：10.13816/j.cnki. ISSN1002 - 9729.2021.02.15.

空间保障，保障国家应急性用地需求的资源基础，成为社会利益再分配的中间枢纽。

"两统一"下的全民所有自然资源资产权益管理工作体系维护所有者权益并合理调节各方利益，督促和激励各方科学保护和利用自然资源资产，完成三类基础性工作，一是摸清资源资产底数并建立明晰、量化、稳定的产权制度，明确所有者和使用者等各方权利；二是明确经济社会目标和需求，统筹制定有效的自然资源资产配置方案、方式，对自然资源生命共同体实施统一安排和管理；三是建立竞争、活跃、规范的市场机制，合理评估、显化并实现自然资源资产的真实价值，促进资源的流转流通和优化配置，保障自然资源配置的公平、公正和公开。在实现自然资源资产价值与权益的过程中，组建归属清晰、权责明确、保护严格、流转顺畅、监管有效的统一行使所有权的机构，集中部署自然资源资产报告、确权、清查、"委托-代理"机制、编制资产负债表、干部审计、生态产品价值实现和损害赔偿等试点工作。土地储备通过在资源资产配置制度安排上创新，推动自然资源资产权益管理在"两统一"背景下建立由传统的"家长式"行政性管理工作体系向现代的"保姆式"工作体系管理的转变，实现"自然资源-资产-资本-资金（各类效益）"的转化（图3-1）。

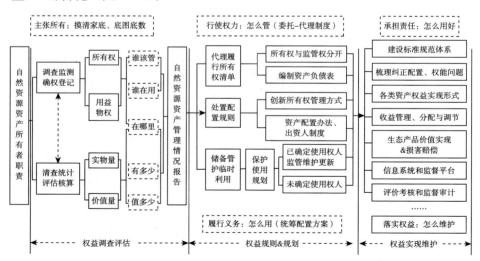

图3-1 "两统一"背景下全民所有自然资源资产权益管理工作体系解构
资料来源：作者自行整理。

# 第三节 近几年典型地区土地储备创新发展的思路概括与要点归纳

土地储备既是土地权利流转过程、经济属性和物理形态转换过程，也是资金循环和财富创造过程。筹措资金、提升土地价值、优化土地配置、维护和实现自然资源资产所有者权益、防控风险是土地储备工作的主线。当前，土地储备工作形势发生深刻变化，征地制度改革、集体土地入市、土地二级市场改革提高了土地收储难度和成本。城市和产业高质量发展战略提升了土地储备的功能定位。经济发展和城镇化阶段转换提高了土地储备风险管理难度。本小节通过梳理近几年典型地区土地储备创新发展思路，分析新型收储模式，归纳各地区在保障所有者权益的前提下，是如何推动收益共享、有效监管风险，形成土地高效收储、高标准供应、高质量利用的良性循环模式（部分地区的收储创新发展分析详见附录）。

## 一、上海市打包收储的土地储备创新发展思路

上海市土地储备管理政策梳理见表3-1。

表3-1 上海市土地储备管理政策梳理

| 上海市 | |
|---|---|
| 规划管控 | 土地储备计划与国民经济和社会发展计划相协调，与土地利用年度计划以及明后年的土地供应计划相衔接。市规划国土资源局应当会同市发展和改革委员会等有关部门，在每年第四季度组织编制下年度的土地储备计划，经市土地管理工作领导小组审核批准后下达 |
| 储备范围 | ①滩涂围垦成陆并经验收合格的土地；②拟转为经营性建设用地的原国有农用地；③拟调整为经营性建设用地的原划拨国有土地；④拟依法征收后实行出让的原农村集体所有土地；⑤土地管理部门依法收回的闲置国有土地；⑥市政府为实施城市规划需要储备的其他国有土地 |
| 前期开发与管护利用 | 储备项目前期开发工作由土地储备中心作为法定主体组织开展，结合储备土地后续管理实际情况，土地储备中心可以委托储备项目所在地镇人民政府实施储备项目的前期开发工作，并由土地储备中心委托工程投资监理单位对储备项目实施全过程进行监管。储备项目前期开发工作分为技术类与工程类两大类。技术类工作由储备中心自行组织实施，同时储备中心可以委托储备项目所在地镇人民政府实施工程类工作 |

（续）

| 上海市 | |
|---|---|
| 资金来源及运行 | 财政拨款（作为启动资金）、银行贷款、自有资金、土地收购补偿费和前期开发费的返回、土地增值部分按一定比例的返回是上海土地发展中心的主要资金来源 |
| 运作机制 | 上海市的土地储备机构采用"1＋19＋4"的架构模式。市、区两级土地储备机构之间没有隶属关系。按照市区两级、以市为主的体制建立土地储备网，建立市、区合作的土地储备工作机制，明确市级土地储备机构和区（县）土地储备机构的分工。市土地储备中心负责储备对于滩涂围垦成陆并验收合格的土地、拟转为经营性建设用地的原国有农用地、市政府实施城市规划需要储备的其他国有土地；市土地储备中心和所在地的区（县）土地储备机构联合储备对于拟调整为经营性建设用地的原划拨国有土地、拟依法征收后实行出让的原农村集体所有土地、土地管理部门依法收回的闲置国有土地 |
| 收益分配 | 储备地块出让所得的价款中，属于土地使用权出让金的部分，由受让人支付给土地管理部门；属于土地前期开发费用的部分，由受让人支付给土地储备机构，并在扣除土地储备的成本开支和管理费后，纳入土地储备专项资金 |
| 监督管理 | 市和区（县）土地管理部门应当定期检查本市土地储备计划的执行情况。财政、审计部门应当对土地储备的成本开支和土地储备机构的财务状况定期进行核查、审计，审计结果应当报送市土地管理工作领导小组 |
| 主要来源政策 | 上海市土地储备办法（沪府发〔2018〕52号）、中国（上海）自由贸易试验区临港新片区土地储备和前期开发工作管理办法 |

注：资料来自《上海市土地储备办法》（沪府发〔2018〕52号）、《中国（上海）自由贸易试验区临港新片区土地储备和前期开发工作管理办法》。

## （一）市区搭建"1＋19＋4"组织分工架构

上海市的土地储备机构采用"1＋19＋4"的架构模式。"1"指市土地储备中心，"19"指下属各区土地储备中心，"4"指为特定项目而专门设立的4家土地储备机构。市、区两级土地储备机构之间没有隶属关系，区级土地储备机构各自隶属于区政府或区自然资源部门，特定区域的土地储备机构受相应的区域管理委员会的领导和管理。按照市区两级、以市为主的体制建立土地储备网，建立市、区合作的土地储备工作机制，明确市级土地储备机构和区（县）土地储备机构的分工，在《上海市土地储备办法》（沪府发

〔2018〕52 号）政策中规定，对于滩涂围垦成陆并验收合格的土地、拟转为经营性建设用地的原国有农用地、市政府实施城市规划需要储备的其他国有土地由市土地储备中心负责储备；对于拟调整为经营性建设用地的原划拨国有土地、拟依法征收后实行出让的原农村集体所有土地、土地管理部门依法收回的闲置国有土地由市土地储备中心和所在地的区（县）土地储备机构联合储备。

### （二）预测收储规模并动态调整编制规划

上海市建立近三年的经营性土地储备库容和大型居住社区土地储备，并构建了土地储备规划实施评估和动态修编机制。上海市的土地储备规划编制工作，通过对中近期土地储备地块的规划结构、布局和时序进行中观研究和"规划落地"，以符合"两规"为基础确保重点项目、突出操作性和可行性以及"自下而上"与"自上而下"相结合，开展科学预测和动态计划编制。一是编制土地储备规划技术规范，对审核储备地块合规性、规模、布局、功能和发展等方面进行了综合性探索。制定《区县土地储备规划技术报告编制要点》《区县土地储备规划图则成果要求》《土地储备规划编制技术口径（一、二）》《土地储备规划审核要点》等规范性、技术性文件，统一储备规划编制的技术路线、成果表达、数据标准等内容；二是摸清区县土地储备底库。梳理进入实质储备但尚未供地的结转地块，对中心城和郊区县结转地块规模、布局、功能及其未能实施完成的原因进行了系统分析；三是形成未来三年全市土地出让"蓄水池"，项目结合前三年储备计划核发情况，预测各区县未来三年需下达的六类经营性用地储备总量；四是通过土地储备规划实施评价、滚动修编和动态调整，深化了储备制度的内涵外延，形成了土地储备实施的一套解决方案。

### （三）土地捆绑联合打包收储

由于城市发展需求，部分农业用地转变为建设用地，上海市明确以建立"市区联手郊区增量土地储备机制"作为该阶段的土地储备战略重点，推动郊区城市化进程。以松江新城、临港新城和朱家角等中心镇为重点，以国家大型项目为契机，带动集镇和一般镇建设。在明确功能定位和完善城镇规划的同时，实施"规划引导、战略控制、联手储备"的土地储备策略。将基础设施建设用地与周边土地捆绑，"联合打包收储"，确保了由政府投资建设重大基础设施带来的土地增值收益最终能够还原到城市建设中。

## 案例一：上海世博会土地储备项目①

上海 2010 世博会是中国首次举办的综合性世界博览会，原世博园区内工业化价值突出且厂区用地占红线内用地的 70%，但是开发程度不高，随着城市的发展，工业用地的腾退已迫在眉睫，且大量岸线被工业用地所占据，阻隔了城市居民的亲水活动休憩。因此，此次土地储备将原有的土地区域从单一使用的工业价值属性通过财政资金和社会资本的介入转化成为规划设计后的国家战略和城市建设主导价值下的场馆、生活、工业元素相互动。世博会建设为了保障收储项目的收支平衡实现价值的置换，将自然资源资产划分成核心区、协调区和辐射区三个区域联动协同建设、打包收储，在区域内部统筹自然资源资产的投资权、建设权、储备权、收益权，用土地开发升值收益预期模型撬动融资开发，实现价值的流转，保障用地需求和多方权益。

## 案例二：北京世界园艺博览会土地储备项目②

与上海世博会土地储备项目类似，2019 年中国北京世界园艺博览会是经国际园艺生产者协会批准并由国际展览局认可的 A1 类园艺博览会，由中国政府主办、北京市人民政府承办，是继 2010 年上海世博会之后，我国举办的级别最高、规模最大的专业类世博会。本次世界园艺博览会用地主要通过土地储备开发模式进行保障，按照公益性和经营性分类对部分项目进行打包捆绑管理。

---

① 案例内资料与数据来自上海市土地储备中心、上海世博土地控股有限公司。
② 案例内资料与数据来自北京市规划和自然资源委员会和北京世园投资发展有限责任公司。

　　世界园艺博览会项目按照公益性和经营性分类管理世园资产，对公益性资产建立发包等机制提升经济效益，对经营性资产整体谋划提高核心竞争力，增强经营性收入对公益性资产的反哺能力。整个围栏区及世园村用地涉及的土地储备开发项目总用地面积约 374 公顷，其中，规划建设用地约 80 公顷（经营性建设用地约 53 公顷），规划建筑规模约 105 万平方米（经营性建筑规模约 60 万平方米），其余用地通过利用原滨河森林公园用地予以保障。预计项目总投资约 75 亿元，开发主体为北京世园投资发展有限责任公司。自 2015 年启动土地储备开发工作以来，各类用地陆续采用招拍挂、划拨、移交等方式进行供应，其中居住用地 19 公顷，商服用地 34 公顷，公共服务配套用地 27 公顷，道路、绿地及水域用地 257 公顷（不含 G 地块），为场馆、展览园、参展人员公寓、酒店等建设及周边公共服务配套提供了用地保障，确保世界园艺博览会如期建设并顺利开园。项目规划公共服务配套用地 24 公顷，市政道路用地 16 公顷，已全部实现供应及移交，有效保障了该区域公共服务配套及市政基础设施建设。

　　北京世界园艺博览会土地储备项目通过捆绑打包和其他方式拉动投资，保障国家战略项目的顺利实施。实现固定资产投资约 170 亿元，其中政府投资约 36 亿元，主要用于场馆建设、园区景观及配套设施等；社会投资约 67 亿元，包括土地取得费用约 40 亿元（含征地、拆迁费用、政府收益税费等），世园村及酒店等投资约 25 亿元，基础设施投资约 2 亿元（表 3－2）。该项目涉及宅基地拆迁约 21 万平方米，集体非住宅拆迁约 2.2 万平方米，国有非住宅拆迁约 3.2 万平方米，被拆迁农（居）民参照经济适用房进行安置，使用该项目前期开发资金约 21 亿元，在进行土地收储的同时也保障农村居民住房安置。同时，在圆满完成世界园艺博览会运营接待工作的同时，为践行生态文明思想留下了宝贵的绿色遗产。根据《2019 年中国北京世界园艺博览会园区综合规划及周边基础设施规划方案》，本次世界园艺博览会涉及总用地约 561 公顷，其中围栏区用地 503 公顷，主要建设内容有公共景观、建筑、展园、道路和市政基础设施等。

**表3-2　北京世界园艺博览会土地储备固定资产投资**

| | 项目内容 | 审定金额（元） |
|---|---|---|
| 一 | 政府投资 | 3 600 000 000 |
| 二 | 社会投资 | 6 700 000 000 |
| | 土地取得费用 | 4 000 000 000 |
| | 世园村及酒店等 | 2 500 000 000 |
| | 基础设施 | 200 000 000 |
| 合计 | | 17 000 000 000 |

注：数据来自北京市规划和自然资源委员会和北京世园投资发展有限责任公司。

## （四）分类管理市区投资资金比例

上海市于 2004 年出台《上海市土地储备办法实施细则》（沪府发〔2004〕41 号），针对市区两级的出资比例进行了明确。对于市土地储备中心和区县土地储备机构联合储备土地的，按照下列规定确定投资比例：一是储备拟依法征收后实行出让的原农村集体所有土地的，市土地储备中心与区县土地储备机构所占比例各为 50%；二是储备前一项以外的土地的，市土地储备中心所占比例为 30%，区县土地储备机构所占比例为 70%，对于市土地储备中心与区县储备机构经协商一致的，可以对投资的比例进行适当调整。根据收储对象，分类划分市区投资比例。

### 案例三：上海市徐汇滨江土地储备项目①

徐汇滨江范围北起日晖港、南至关港、西至宛平南路-龙华港-龙吴路，土地总面积9.4平方千米，岸线长度11.4千米，规划建筑总量约950万平方米，是上海中心城区最为宝贵的"大衣料"，有部分集体土地，采用市、区联合储备方式开展，投资比例50%：50%。自2008年徐汇滨江启动开发建设以来，历经世博会、贯通工程等项目的开发

---

① 案例内资料和数据来自上海市规划和自然资源局、上海市徐汇区土地储备中心。

建设，徐汇滨江作为核心区域基本实现了从以土地收储、基础设施和公共环境建设为主的形态开发阶段向形态开发、功能开发和产业发展并重阶段的转型。

按照"全球城市的卓越水岸"的规划建设要求，通过土地储备项目对徐汇滨江地区实施整体城市更新。上海市徐汇滨江土地储备项目主要由黄浦江两岸综合开发南延伸段B、C、D单元各地块构成，采用市、区联合储备方式开展，投资比例50％：50％，区域内可收储土地面积约272公顷。自2008年启动土地储备工作以来，B、C单元收储手续已基本完成，D单元收储正在实施中。B、C单元收储范围内的开放空间、滨水设施、市政道路等基础设施已基本建设完成，C单元内地块逐步推出供应，龙美术馆、余德耀美术馆、西岸美术馆等一批由保留建筑改造而成的艺术类场馆建成。实施内容包括国有房屋和集体土地征收、国有土地收购、场地整理、管线搬迁等费用，概算成本约为421.47亿元（含资金成本）。同时，按照规划要求，在储备范围内还实施了一些必要的基础设施建设，主要包括道路30.99千米、桥梁8座、公共绿地88.3公顷、道路及广场22.1公顷、亲水平台10.9万平方米，预计概算成本64.83亿元，上述基础设施项目均由市发改委予以立项批复，其投资纳入该项目的储备成本。本项目区域范围内可出让土地60幅，总面积约122.5公顷，规划总建筑面积约354.3万平方米，土地出让预计收入约552.3亿元（70％部分）。基于现有规划条件和当前土地供应政策背景下，该项目能实现整体收支平衡并略有盈余。

徐汇滨江土地储备依法征收实行出让的原农村集体所有土地，确保市区投资按1：1资金比例，减轻区县的储备资金压力，为推动该区域城市功能全面提升做好资金上的合理分配。通过市、区联合储备方式，逐步对该区域实施转型发展，以高品质的基础设施建设为基础，形成了高质量的供地条件以及规划导向的产业引导区域，为吸引和打造文化产业基地、核心商务区开发提供了扎实的工作基础。结合对历史遗存的保护性开发，构建出开放空间整体的故事线索，完成了旧工业的搬迁以及公共开放空间的打造。通过后续开发建设，蕴含滨水特质的文化品牌和文化产业成为徐汇滨江的显著亮点，同时也促进和提升了该区域商业地块的投资吸引力，实现了区域开发的资金平衡，积极推动该地区的经济社会趋向良性发展。

## 二、杭州市优化配套的土地储备创新发展思路

杭州市土地储备管理政策梳理见表 3-3。

**表 3-3　杭州市土地储备管理政策梳理**

| 杭州市 | |
|---|---|
| 规划管控 | 市土地储备中心应根据产业结构调整及城市建设规划和市区土地的实际状况，制定土地储备计划 |
| 储备范围 | ①市区范围内无主地；②为政府带征的土地；③土地使用期限已满被依法收回的土地；④被依法收回的荒芜、闲置的国有土地；⑤依法没收的土地；⑥因单位搬迁、解散、撤销、破产、产业结构调整或者其他原因调整出的原划拨的国有土地；⑦以出让方式取得土地使用权后无力继续开发和又不具备转让条件的土地；⑧因实施城市规划和土地整理，市政府指令收购的土地；⑨土地使用权人申请市土地储备中心收购的土地；⑩其他需要进行储备的国有土地 |
| 前期开发与管护利用 | 1. 前期开发：市土地储备中心在储备土地预出让或招标、拍卖前，完成储备土地地上建筑物及附属物的拆迁、土地平整等前期开发工作<br>2. 土地利用：原土地使用权人交付土地后，储备土地预出让或招标、拍卖前，市土地储备中心可以依法将储备土地使用权单独或连同地上建筑物出租、抵押、临时改变用途 |
| 资金来源及运行 | 市土地储备中心的资本金由市财政拨款，土地储备中心运作后的增值资金也逐步充实资本金。土地储备中心的土地收购资金可以通过收购土地的抵押贷款筹措 |
| 运作机制 | ①确定土地预出让地块。市土地储备中心根据土地储备方案及规划条件，确定拟预出让土地的坐落、四至范围、土地面积及用途；②发布预出让信息。市土地储备中心根据储备土地的实际情况，对条件成熟的土地公开发布土地使用权预出让信息；③审查开发资信。由开发单位提出申请，市土地储备中心对开发单位资信进行审查；④约定开发单位。市土地储备中心与提出申请的开发单位对开发条件、开发补偿费用、资金支付方式、支付期限、交地期限与方式等方面进行协商，约定受让的开发单位；⑤预出让方案报批。开发单位约定后，市土地储备中心填写《国有土地使用权预出让报批表》，将储备土地使用权预出让方案报市土地管理部门批准，其中特殊地块预出让方案还须报市土地收购储备管理委员会批准；⑥签订预出让协议。市土地储备中心与约定的开发单位签订合约；⑦支付补偿费用 |

（续）

| 杭州市 | |
|---|---|
| 收益分配 | 储备土地经市土地管理部门出让后，土地出让金全额上缴财政 |
| 监督管理 | 市计划、经济、建设、规划、财政、房产、土地等管理部门应按各自职责，做好土地储备的相关工作 |
| 主要来源政策 | 《杭州市土地储备实施办法》（杭州市人民政府令第 270 号） |

注：资料来自《杭州市土地储备实施办法》、杭州市规划和自然资源局网站。

## （一）确定收储和做地标准，规范收储流程

明确收储和做地标准，全市建立形成"坚持政府做地、积极靠拢标准、全面纳入收储"的工业用地收储格局。2014 年杭州市出台《杭州市经营性用地做地质量标准指导意见（试行）》（杭土资发〔2014〕32 号），该意见明确"地块权属清晰、场地平整封闭、基础配套完善、影响条件明确、前期手续完备"5 个方面 15 项标准，并配套设计标准化表单和图例，若与标准不符或超过期限，将负责协调处理并承担全部违约责任。2016 年出台的《杭州市经营性用地收储标准》，要求全市 15 家做地主体全部按照该收储标准从前期手续、地块场地、地块权属、环境整治、基础配套等 5 个方面展开工作。2020 年，杭州市出台全国首个工业用地收储标准，《杭州市工业用地收储标准（试行）》，政策兜底使企业拿地后即可开工，提高工业用地做地效率和做地质量，统筹推进全市工业用地做地工作。

### 案例四：京杭大运河土地储备项目[①]

京杭大运河是世界上里程最长、工程最大的古代运河，也是最古老的运河之一，对沿线地区工农业经济的发展起到了巨大的作用。但是，清末民初以来，由于战争、动乱、过度人为干预和缺乏严格保护，运河逐步走向衰落，生态功能退化、景观破坏严重、人居环境堪忧、产业发展落后等问题频发。针对这种情况，杭州自 2000 年就不

---

① 案例内资料与数据来自杭州市土地储备交易中心、运河集团。

断出台综合整治的政策，科学编制大运河储备规划方案，推出专项整治计划，2019 年 1 月，杭州市委十二届六次全会提出，"高标准推进大城北区块建设，成为展示我国城市有机更新成果的重要窗口""加快大运河文化带规划建设，成为展示中华文明影响力凝聚力感召力的重要窗口"，大城北所在的新城区段是大运河文化带建设战略的主要承载区。

京杭大运河的土地储备项目，一是以保护为目标，构建运河综合整治和保护开发的顶层制度和规划设计。杭州首先制定了《杭州大运河世界文化遗产保护条例》，完成了《杭州大运河世界文化遗产保护规划》《京杭运河杭州段（三堡至塘栖）两岸城市景观提升工程规划》两项规划的编制。按照"城市设计、示范区策划和规划、控规修编、文化标杆项目建筑设计"四位一体、并联开展的方式推进大城北示范区的策划规划和文化标杆建设工作。二是以政府为主导，构建运河综合整治和保护开发组织保障新体制。杭州市成立市级领导小组和专职协调推进机构杭州市大城北地区规划建设指挥部办公室，运河集团作为市级实施统筹主体，通过市区联动、以市为主的开发模式负责大城北核心区和核心功能性、引领示范性项目的开发建设。三是以收购储备为引擎，构建土地储备运营的杭州模式。根据杭州市土地储备模式。根据规划设计，2007 年，杭州市政府明确以杭州市土地储备中心为主平台，由市运河集团作为京杭运河（杭州段）综合整治和保护开发区域的做地主体，负责具体实施区域整体规划、征地拆迁、基础配套建设和资金筹措等具体工作，区域内出让地块收入扣除国家、省市计提规税费后，核拨市运河集团用于京杭运河（杭州段）综合整治和保护开发建设投入。以大城北为例，根据目前测算，预计投入资金为 721 亿元，可出让土地收入 1 000 亿元，出让收入核拨市运河集团用于综合整治和保护开发资金投入资金达 685 亿元，基本实现资金平衡。

杭州市土地运营"运河模式"的精髓，即制定了以"还河于民，申报世界文化遗产和打造世界级旅游产品"为目标的土地收储方案，坚持保护优先的方针，以科学、求实、创新的顶层设计，把生态、人文保护与开发利用统一起来（图 3-2）。通过编制科学的土地储备机制，分片区、分阶段、分类别实施土地收储和出让，与城市有机更新、城乡结构调整、产业结构调整结合起来，从而实现人与自然相和谐、历史与现实相和谐、保护与开发利用相和谐，实现生态、社会、经济等三大效益的协调和可持续发展。

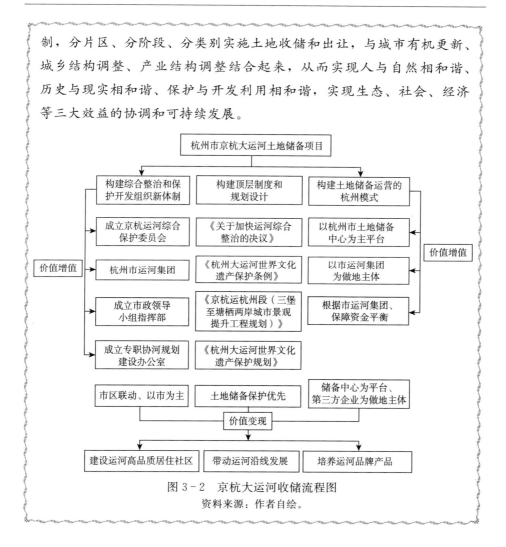

图3-2 京杭大运河收储流程图

资料来源：作者自绘。

## （二）强配套做优地，严考核提质量

杭州市打造区域"优地"来适应城市发展需求，在土地储备中关注做地质量，以制定相关标准为基础，同时强调基础配套设施的建设与建立土地储备考核机制推动"做优地"。一是完善收储周边配套"硬"设施。根据浙江省人大颁布的《杭州市城市房地产开发经营管理若干规定》（杭州市第十二届人民代表大会常务委员会公告第50号），杭州市建设主管部门进一步加强经营性地块出让前的基础设施、公共设施配套的审查。二是完善收储周边配套

"软"设施。以公益性为导向，合理利用储备土地。杭州市编制了《2014—2016年主城区利用储备土地建设公共停车场选址规划》，提供近400亩*暂不出让的政府储备地块用于"错峰限行"临时停车场，因地制宜保障公共停车场建设实施，积极解决群众关切的"停车难、住房难、上学难"等问题。提供千余亩土地用于配套教育、绿化、市政等公益性设施建设。三是建立考核机制促"优地"，要求主城区完成做地地块，在提交土地出让前全部由土地储备中心按照《杭州市经营性用地收储标准》进行业内资料检查和外业实地踏勘，符合做地标准的地块才能编制土地出让方案，进入土地出让程序。此外，储备土地做地完成情况纳入全市综合考评，年底将通过第三方考评机制核查年度做地完成的质量情况。

## （三）编制计划引领，统一把控出让、储备和做地执行

杭州市以计划为引领，对主城区通过年度"三个计划"对出让、收储和做地进度进行统一把控，要求各地、各做地主体高度重视计划编制和执行，根据区域经济发展、做地进度、供应规模、库存数量、资金平衡等实际情况，科学合理编制年度出让、储备和做地三个计划。严格经营性用地计划的刚性管理，统筹点与面、近与远、储与供、商与住等各类问题，为后续各项收储工作的开展指明方向。在2019年收储计划方案的编制中，强调"全市一盘棋"，并以"3＋X"方式将特殊用途土地单列计划，即"三个计划＋轨道交通地上地下空间综合开发利用用地计划、轨道交通筹资地块计划、停车场库用地计划等"方式进行编制，以多类型填报表单区别不同用途的地类信息，突出计划的侧重点与区分度。

> **案例五：西溪片区（西溪模式）土地储备项目**①
>
> 西溪片区位于杭州市西湖区，总面积21.88平方千米，以天目山

---

\* 1亩＝1/15公顷。

① 案例内资料和数据来自杭州市土地储备交易中心、杭州市规划和自然资源局网站、杭州市西湖区人民政府网站。

路为界分为南北两大区块。西溪湿地是国内罕见的集城市湿地、农耕湿地、文化湿地于一体的次生湿地，历经了东晋发轫、唐宋发展、明清全盛、民国衰落的演变过程。但是西溪湿地存在湿地面积锐减、生态功能退化、景观破坏严重、人居环境堪忧、产业发展落后等问题。

为改善西溪湿地，杭州市政府、西湖区政府积极推进做优地，在地块上先进行生态保护，后发展产业，以生态保护推进城市有机更新的思路，保证西溪片区土地储备质量。项目以政府为主导，构建西溪区片保护开发组织保障新体制，按照浙江省国土资源厅《关于撤村建居集体土地权属处置的意见》（浙土资发〔2003〕117 号）相关要求，市土地储备中心通过对蒋村区域内已撤村建居村的 11 个村社 499 公顷土地实施收购而实现对该区域土地的保护。在南区块，考虑到湿地环境、文化已被严重破坏，急需保护的实际，2004 年 2 月，经杭州市政府批准，率先启动西溪湿地土地收购储备工作，2008 年 9 月，西溪国家湿地公园基本成形，强配套促"优地"，基础设施、公共设施完善，整体区片环境得到极大提高。在北区块，严考核促"优地"，在土地准入阶段建立考核机制，在企业进入阶段进行严格考察。2008 年，杭州市和西湖区提出浙大科技园的强园扩园计划，运用土地收储机制，通过区域整体开发建设，打造集聚智慧产业和信息经济的西溪谷，确定"高新科技航母、生态文化长廊、创新创意高地"的功能定位。

西溪片区的南区和北区通过"做优配套、做严考核"的优地建设方式，充分发挥政府整体开发的优势。高起点规划，高标准建设，将空间规划各项配套建设切实落地，完善片区配套，实现整体区域规划效率和运行效益的最大化。同时，实现了区域产业从低散向高精的转型升级，仅核心区的年税收就从原先的 3 亿多元增长到了现在的 30 多亿元，经济带动效果明显。

## 三、宁波市智慧收储的土地储备创新发展思路

宁波市土地储备管理政策梳理见表 3-4。

表 3-4　宁波市土地储备管理政策梳理

| 宁波市 | |
| --- | --- |
| 规划管控 | 市城市土地储备中心应根据产业结构调整、城市规划的要求和市区土地的实际状况，拟定土地储备计划，报市土地储备管理委员会批准后执行 |
| 储备范围 | ①市区范围内的无主地；②为政府带征的土地；③因单位搬迁、解散、撤销、破产、产业结构调整或者其他原因停止使用的原行政划拨土地；④土地使用期限已满被依法收回的土地；⑤被依法收回的荒芜、闲置的土地；⑥被依法没收的土地；⑦以出让方式取得土地使用权后无力继续开发和又不具备转让条件的土地；⑧土地使用权人申请市城市土地储备中心收购的土地；⑨因实施城市规划或土地整理的需要，市人民政府指令收购的土地；⑩市人民政府认为其他需要储备的土地 |
| 前期开发与管护利用 | 市城市土地储备中心对收购储备的土地可以通过下列方式进行土地前期开发利用：<br>1. 前期开发。在储备的土地使用权出让前，完成地上建筑物及附着物的拆迁、土地平整等前期开发工作<br>2. 土地利用。在储备的土地使用权出让前，依法将储备的土地使用权单独或连同地上建筑物出租、抵押、临时改变用途<br>市城市土地储备中心对储备的土地使用权进行前期开发利用的，应持有关用地批准文件及《国有土地使用权收购合同》，依法到有关部门办理审批或登记手续 |
| 资金来源及运行 | 市城市土地储备中心的资本金由市财政拨款。市城市土地储备中心可以以储备土地作抵押向金融机构申请贷款，筹集土地收购储备资金 |
| 运作机制 | 市城市土地储备中心应对拟出让的储备土地的收购、前期开发成本进行测算，做好储备土地出让前的准备工作。储备土地使用权用于房地产开发、商业、旅游、娱乐等经营性项目建设的，必须通过招标、拍卖确定开发单位。用于前款规定的项目建设以外的其他储备土地使用权，可以通过招标、拍卖确定开发单位，特殊情况下也可以通过协议约定开发单位。招标、拍卖出让储备土地使用权的，在市城市土地储备中心做好储备土地出让前的有关准备工作后，由市土地行政主管部门按照有关法律、法规、规章的规定组织土地使用权招标、拍卖。协议约定出让储备土地使用权的，市城市土地储备中心应将方案报市土地行政主管部门批准 |
| 收益分配 | 招标、拍卖出让储备土地所得价款中相当于土地开发补偿费的部分应直接支付给市城市土地储备中心 |
| 监督管理 | 市城市土地储备中心受市人民政府委托，在市城市土地储备管理委员会的领导下，实施土地收购、储备以及出让的前期开发准备等工作 |
| 主要来源政策 | 《宁波市城市土地储备办法》（市政府令第89号） |

注：资料来自《宁波市城市土地储备办法》。

## （一）运行机制推进多计融合的实施

2013年9月，市政府印发《关于进一步规范和加强我市土地储备工作的通知》（甬政发〔2013〕101号），实行土地储备和一级开发年度计划管理，建立健全"一库四计划"运行机制。建立市区统一的储备土地信息库，市下辖六区政府、各管委会储备土地统一入库管理，做到"一个池子蓄水"。市下辖六区政府、各管委会确定年度做地计划、收储入库计划、出让计划和资金计划等四个年度总计划，报市土地储备管理委员会讨论通过，经市政府批准后实施。同年11月，市府办印发《关于建立土地储备"一库四计划"制度的实施意见》（甬政办发〔2013〕243号），明确县市也要按要求编制"四计划"，并报市土地储备管理委员会办公室备案。随着实践的深入，宁波市加强和改进了土地储备计划的编制，对具有储备潜力的区块进行可行性研究，探索三年滚动计划编制、分年度下达，构建起"中远期规划、三年滚动计划、年度计划"三级体系。同时，围绕城市更新划出重点区块进行收储开发。2015年，宁波市跳出"以计划管控收储"的思维，率先提出了"多计融合""双向调控"等概念，率先与国有建设用地供应计划实现"双计融合"，实行同步编制、同步调整、同步实施。2016年进一步拓展了与财政预算、新增建设用地计划的融合。同时，创新土地储备"双向调控"，根据房地产市场形势及调控方向科学编制年度计划，一方面在收储端把牢土地储备库源头，科学统筹谋划土地收储的规模、空间、结构和时序；另一方面严格实行经营性用地出让预研判制度，对未纳入土地储备库的经营性用地一律不得进行公开出让。

### 案例六：宁波市现代化土地储备模式[①]

宁波市陆域总面积9 816平方千米，建设用地总量1 851平方千米，自然资源资产开发强度18.88%，带来的价值显化程度低。而且在城市发展过程中，2019年前列入宁波市区年度土地储备计划且继续

---

① 案例内资料和数据来宁波市自然资源和规划局、宁波市自然资源整治储备中心、宁波市自然资源和规划大数据中心。

在做地的项目共有 274 宗、面积 1 310 公顷，其中做地超过三年未纳入储备库的项目共有 121 宗、面积 625 公顷，占总面积的 47%，土地储备结项难、效率低、周期长，无法跟上城市发展的用地需求，使用权未充分利用，形成"堰塞湖"效应，未能带来价值收益。

为有效解决市级统筹力不足、传统管理模式低效等问题，搭建新的现代化管理体系，利用信息技术更好地配合"一库四计划"，建立"资产流"与"资金流"的土地储备"双向调控"，推进自然资源资产的价值提升。市级土地储备统筹范围由原三江片 80 平方千米逐步拓展至市六区及前湾新区 4 339 平方千米，将低效、混乱的土地通过使用权的回收和再出让实现空间规划和现代化统一管理升级为智慧化、系统化、高效化的储备用地。利用科技赋能助力自然资源资产的价值转化和价值增值。以成熟土地出让费用为收储主要资金支持，建立了土地储备"预算管理-做地资金管理-成本管控-决算管理"的资金管理路径。从前期谋划到项目实施构建了"资产流"体系，对土地价值量从预算管理到成本管控构建了"资金流"体系，从而进一步提升土地的价值增值效应。"资产流"与"资金流"相互协同衔接，初步搭建了发改、财政、资规、住建等各政府职能部门协同谋划的土地资源闭环管理系统，促进了国土空间资源配置更加精准高效，促进自然资源资产的市场化配置和价值变现，防止国有自然资源资产的流失。

## （二）收储对象从增量为主转向存量为主

宁波加快转变收储思路，从单纯地追求数量转为质量和效益并重，收储对象从"增量为主"向"存量挖潜"转变。宁波市工业用地有将近 60 万亩，占城镇建设用地总面积的比例已超过 40%，但工业土地利用效率不高。因此，宁波储备抓住建设"中国制造 2025"试点示范城市以及开展全国土地二级市场试点等重大机遇，加大存量工业用地的收储。2016 年宁波市国土资源局印发了《2016 年宁波市土地储备工作要点》，强调要加快盘活存量建设用地，加大对存量闲置低效土地和"三改一拆"后土地收储，促进节约集约利用土地，推动经济转型升级和民生持续改善。

## （三）收储方向从注重效益转变为质量效益并重

宁波立足于城市更新，坚持质量与效益并重。在收储端，宁波已经开始尝试对新收储的地块进行可行性论证。如宁波市收储的原供销社地块，从项目背景、概况、研究范围、近期收储范围现状分析、发展定位、用地方案、效益评估和指标控制及环保可行性等方面做深入细致研究，给地块收储提供了有效的依据和重要的参考。在供应端，要求"土地储备到哪里，城建基础配套设施建设到哪里"，提高土地的附加值。收储端与供应端双管齐下，提高土地收储效率，实现土地的多种功能定位。

## （四）储备地临时共享利用

2014 年宁波市印发《宁波市国土资源局关于加强和规范储备土地管理的实施意见（试行）》的通知，将储备土地的临时利用定位于公共服务，缓解短期用地需求，解决土地储备库存日常管护问题。如将储备土地临时用于停车场，有效缓解停车难矛盾；建设绿化等临时用地，美化城市、服务公共建设。宁波市一方面采用属地化、巡查式管护，另一方面主动出击，改变原有静态的管护模式，代之以"共享理念"，在保证所有者权益的情况下，高效利用土地提供公共服务，同时推动部分储备存量地块和文保（历史）建筑的有效利用。宁波全市土地储备库存约有 5.7 万亩，日常管护压力大。

## 四、佛山市挂账收储的土地储备创新发展思路

佛山市土地储备管理政策梳理见表 3-5。

**表 3-5　佛山市土地储备管理政策梳理**

| 佛山市 | |
| --- | --- |
| 规划管控 | 南海：①区自然资源管理部门根据区国民经济和社会发展规划、国土空间总体规划等，编制土地储备三年滚动计划，合理确定未来三年土地储备规模，对三年内可收储的土地资源，在总量、结构、布局、时序等方面做出统筹安排，优先储备空闲、低效利用等存量建设用地。②区自然资源管理部门应会同区财政部门于每年第三季度，组织编制完成下一年度土地储备计划，报区人民政府批准后，提交省级自然资源主管部门备案 |

（续）

| 佛山市 | |
|---|---|
| 规划管控 | 顺德：区土地储备发展中心根据经济和社会发展规划、城乡规划，结合村级工业园升级改造、道路交通、产业发展等专项规划，制订土地储备中长期规划（包括五年中期计划、三年滚动计划等）和土地储备年度计划，报区政府审定实施 |
| 储备范围 | 南海：①依法收回的国有土地；②收购的土地；③行使优先购买权取得的土地；④已办理农用地转用、征收批准手续并完成征收的土地；⑤依法收回的闲置土地；⑥城镇规划区范围内的无主土地；⑦其他依法取得的土地<br><br>南海里水：土地整备，是指镇政府依据法定的程序和批准权限，对闲置、产出低、碎片化的用地进行整合、清理、土地前期开发并参照土地储备管理办法对整备土地予以备用的行为。整备土地包括：①征收、租用农村集体经济组织所属的土地予以备用；②收购土地所有权性质为国有用地的土地使用权并予以备用；③托管、合作开发农村集体或国有用地使用权并予以备用 |
| 前期开发与管护利用 | 南海：前期开发。区属储备土地，由土储中心负责组织实施或委托属地镇（街道）、有关部门组织实施（区属国有企业参与出让收入分成的区属储备土地，由区国有资产管理部门负责组织实施）；镇（街道）属储备土地，由属地镇人民政府（街道办事处）负责组织实施<br><br>管护利用。土储中心对纳入储备的土地采取自行管护、委托管护、临时利用等方式进行管护。区内储备土地实行属地管理，由储备土地所在镇（街道）负责日常管护和临时利用。跨镇（街道）的储备土地由土储中心指定镇（街道）接管。区属国有企业参与出让收入分成的区属储备土地由所属企业管护<br><br>区属储备土地临时利用取得的收入纳入南海区财政"收支两条线"管理，由各镇（街道）财政局和管护单位纳入财政年度预算申报，并将收入全部缴入区级财政，区财政全额返还给各镇（街道）和管护单位作为管护经费 |
| 资金来源及运行 | 南海：①资金来源：土地储备资金通过财政预算安排，实行专款专用。涉及使用专项债券资金的，按财政部及国土资源部印发的相关政策规定执行。其中对于区属储备土地，其土地储备所需资金由区财政预算安排。对于镇（街道）属储备土地，其土地储备所需资金由镇（街道）财政负责安排解决。②资金运行：对于区属储备地，由区财政拨付给区土储中心，再由区土储中心拨付给相关主体；对于镇街属储备地，由镇财政拨付给相关主体或者镇财政拨付给镇属公司再由公司补偿相关主体<br><br>顺德：对于经批准纳入区土地储备计划的项目，相关费用由区、镇（街）按批准方案承担，区土地储备发展中心负责核拨 |
| 运作机制 | 南海：<br>1. 增量收储：由土储机构作为申请单位，征收工作具体由征收部门统筹或直接由土地所在街道负责实施开展，项目征收完成后由自然资源部门纳入储备管理。对于已办理农用地转用、征收批准手续并完成征收的土地，由属地镇（街道）、开发区到土地储备机构办理入库储备手续<br>2. 存量收储：对于评估收储的，由区土地储备机构与土地使用权人根据土地评估 |

（续）

| 佛山市 |
| --- |

| 运作机制 | 结果协商收储补偿金额，经自然资源部门审核后报政府批准后签订收储协议并完成收储手续<br>对于"三旧"项目挂账收储的，收储补偿标准按照市、区有关出让价款分成文件执行，补偿方案经自然资源部门审核后报政府批准，再签订收储协议并完成收储手续<br>顺德：成立区土地储备领导小组，作为全区土地储备工作的统筹决策机构 |
| 收益分配 | 南海：<br>1. 以挂账收储方式实施储备的，旧厂改造项目，其中属国有土地工改工的，按公开市场成交价的60%补偿土地原权属人，属集体土地工改工的，土地出让价款全额补偿村集体；工改商的，项目规划容积率3.0（含）以下部分，按公开市场成交价的60%补偿，容积率3.0以上部分，按30%补偿；工改居的，项目规划容积率2.5（含）以下部分，按公开市场成交价的50%补偿，容积率2.5以上部分，按公开市场成交价的5%补偿。政府分配部分，计提专项提留资金后，由区、镇（街道）按40%：60%分成<br>2. 旧村改造项目，土地出让价款计提专项提留资金（16%）后，余额由区、镇（街道）和村（居）集体经济组织按10%：20%：70%的比例分配<br>3. 旧城镇改造项目，认定建筑面积2.2倍及以下的部分的建筑面积按成交价100%补偿给原土地权属人；2.2倍以上部分原权属人不参与分配。政府分配部分，计提专项提留资金后，由区、镇（街道）按40%：60%分成 |
| 监督管理 | 南海：储备土地属于区、镇政府（街道办）的资产，如发生侵害储备土地行为、形成事实侵权的，属地镇（街道）应组织相关行政执法部门对侵害储备土地及地上（下）建（构）筑物的行为进行处理，并按侵害前的原貌恢复再纳入日常管理<br>顺德：每个土地储备项目均须进行结算审计。由区土地储备发展中心聘请中介机构进行，审计结果报领导小组 |
| 主要来源政策 | ①《佛山市南海区土地储备管理实施细则》（南府〔2020〕9号）；②《佛山市南海区储备土地管护及临时利用管理办法》（佛自然资南通〔2020〕19号）；③《佛山市南海区土地储备工程建设管理办法》（试行）（佛自然资南通〔2019〕29号）；④《佛山市南海区里水镇土地整备试行办法》（里府办〔2020〕13号）；⑤《关于将区储备土地出租收入和广告收入纳入区财政"收支两条线"管理的批复》（南府复〔2019〕381号）；⑥《南海区城市更新（"三旧"改造）实施办法的通知》（南府办〔2019〕9号）；⑦《南海区城市更新（"三旧"改造）实施办法的补充规定》（南府办〔2020〕4号）；⑧《关于进一步完善全区土地储备统筹管理机制的指导意见》（顺府办函〔2019〕259号） |

注：资料来自《佛山市南海区土地储备管理实施细则》《佛山市南海区储备土地管护及临时利用管理办法》《佛山市南海区土地储备工程建设管理办法（试行）》《佛山市南海区里水镇土地整备试行办法》《关于将区储备土地出租收入和广告收入纳入区财政"收支两条线"管理的批复》《南海区城市更新（"三旧"改造）实施办法的通知》《南海区城市更新（"三旧"改造）实施办法的补充规定》《关于进一步完善全区土地储备统筹管理机制的指导意见》。

## （一）"挂账收储"土地储备模式

挂账收储模式是在广东省全面推进"三旧"改造的背景下，经地方探索实践形成的一种缓解土地资金压力，活化存量土地储备模式。主要是由政府统筹，在项目实施方案通过土地权属人同意（涉及集体用地的，经农村集体经济组织表决同意）后，由政府土地储备机构与土地权属人签订挂账收储协议（涉及集体土地的，先由农村集体经济组织申请将集体土地转为国有），政府暂不支付补偿款，待土地整理完成后通过公开交易方式出让土地，政府按挂账收储有关政策规定和协议约定标准向原土地权属人支付土地补偿。由于挂账收储是土地出让后才支付原权属人补偿款，因此通过挂账方式实施收储可以有效减轻政府财政资金压力。

### 案例七：佛山（顺德）龙江万洋众创城案例[①]

佛山（顺德）龙江万洋众创城位于顺德区龙江镇西北核心区域。项目地块现状为村级工业区，开发强度低、建设标准差、环境污染大、经济效益差，农村集体经济组织申请以挂账收储模式改造为现代化产业园。项目总规划用地约1 518亩，分三期开发，总建筑面积约270万平方米。其中首期规划用地153亩，建筑面积约28万平方米，预计引进上百家中小微企业，提供近5 000个就业岗位。项目主要引入智能家居制造、通用设备制造、专用设备制造以及其他相关产业，将规划建设成集生产制造、科技研发、物流仓库、生活配套为一体的新一代绿色生态智造产业园。由政府统筹，在项目实施方案经村集体表决同意并申请将集体土地转为国有后，由政府土地储备机构与村集体签订挂账收储协议，土地整理完成后通过公开交易方式出让土地，政府按挂账收储有关政策规定和协议约定标准向村集体支付土地补偿。

---

① 案例内资料和数据来自佛山市自然资源局网站、中国国土勘测规划院资产管理与土地储备部《粤港澳大湾区土地储备监测评估研究》课题。

　　该模式具有以下特点：一是政府主导并深度参与，有利于推进连片改造及快速推进土地整理；二是土地转为国有，社会资本接受程度高，利于招商；三是利用"三旧"改造政策办理集体转国有手续，无需落实留用地、社保审核等，避免征地问题；四是挂账收储土地出让收入的98%返还给村集体，充分保障了集体收益，提高村集体的改造积极性；五是土地整理成本由集体负责，合理控制了改造成本。

　　一方面，对政府而言，改造后龙江镇的低效用地得以利用，产业发展空间将进一步拓展，随着低端、高污染产业的淘汰与升级，区域人居及生态环境也将得到改善。另一方面对于村居而言，收益比改造前大幅提升。按照挂账收储补偿标准，村居集体可以获得不超过土地公开市场成交价的98%收储补偿，同时按协议约定，仙塘村还将获得开发商3万平方米的配套物业返还，村集体收益得到长远保障（图3-3）。既实现了社会、业主、企业、村集体和村民多方共赢，也通过村级工业园改造实现龙江高质量发展。

图3-3　佛山（顺德）龙江万洋众创城项目改造前（左图）与改造后（右图）

## （二）创设片区统筹储备制度

　　佛山市南海区为加快推进土地权属结构优化，进一步提升村（居）集体经济组织参与城市更新的积极性，构建片区统筹土地储备制度。即100亩以上集体"三旧"改造用地全部集体转国有，保证集体收益不降低的前提下，由村（居）集体经济组织负责片区土地前期整理，并要求移交的公益性用地不得低于片区总规模的25%。形成净地后，保留部分经营性用地给村集体自行开发或引入市场改造主体开发，分配给村集体的经营性用地占所有可出让土地（即净地）的比例为52%。公益性用地和其他经营性用地的支配权和收益权完全交给政府，实际上是将"分钱"改为"分地"。片区统筹整备的本质是丰富原权属人参与土地增值收益分配的路径，即允许原权属人选择货币分成，也允许选择土地开发权益的分成，从而调动村集体参与城市更新的积极性。

## （三）"大储备"构建集体土地储备制度

针对集体建设用地量大分散、利用低效、配套设施不足的现状，在不改变集体土地所有权的前提下，村集体自愿申请将一定期限内的土地使用权委托给集体土地整备中心或政府，集体土地整备中心或政府代表村集体负责土地整合、土地清理及前期开发，统一规划、统一开发、统一招商，实现集体土地的统筹综合利用，提升土地利用效率，集体土地的"大储备"制度既能实现储备目的但又有别于传统储备的制度性创新，是对传统储备模式的发展与深化。

> ### 案例八：佛山市南海区九江镇河清片区土地征收项目[①]
>
> 为促进产业转型升级，推动区域经济发展，加快九江镇临港（国际）产业社区项目的实施，九江镇政府对涉及河清四村上区股份合作经济社的土地，采取联合开发、统筹整备的模式，开发总面积约216亩，政府征收60%的土地（约129.79亩）前提下，40%的土地（约86.54亩）"只转不征"，保留集体性质。
>
> 自2015年初启动项目方案的磋商工作，确定征地补偿安置标准为16万元/亩（含土地补偿费、安置补助费），包括土地补偿费和安置补助费。实物留地的86.54亩留用地中，41.54亩由政府返租统一开发，

---

① 案例内资料和数据来自佛山市自然资源局网站、中国国土勘测规划院资产管理与土地储备部《粤港澳大湾区土地储备监测评估研究》课题。

按 1 万元/(亩·年)的起始租金，每五年递增 10％收取租金，租期 30 年；剩余 45 亩由村集体自行开发。青苗补偿费按 5 000 元/亩进行补偿；社会保障按规定缴纳被征地农民的养老保险费用。此外，还对被征地农村集体经济组织进行生活发展扶持金、精神分明扶持金、基础设施建设等补贴。随后，按程序实施征地。依法依规按照镇人民政府确定初步补偿安置方案，镇法制、国土、征拆、规划、维稳等部门进行合规性审查、可行性分析、维稳风险评估，镇人民政府发布土地征收申请及发布通告、发布征地补偿安置方案预公告，农村集体经济组织进行民主表决，镇人民政府与农村集体经济组织签订征地协议、公示，支付征地补偿款，征地审核报批，市人民政府发布征地公告，镇人民政府与农村集体经济组织进行土地交付及确认等程序。

佛山市南海区九江镇河清片区土地征收项目实现了多重效益。一是土地联合开发，带动区域经济发展。九江镇政府与村集体签订租赁协议，将 129.79 亩征收土地与 41.54 亩留用地进行连片开发，由区、镇两级政府统一运营，实现国有土地与集体土地的联合开发，并充分发挥政府产业用地的统筹作用，使得用地综合效益提升并带动河清四村上区周边共同发展。二是多元开发留用地，提升用地综合效益。为避免村集体的土地开发经验不足，导致留用地闲置、利用效率不高的问题，村集体 86.54 亩征地留用地中，将 41.54 亩留用地返租给政府进行开发。另外 45 亩留用地作为村集体自行发展用地，可以由村集体成立独资公司进行开发，也可以通过入市进行流转，或是进入集体土地整备中心，依托政府统筹开发和招商引资的优势，进行土地整备、统一招商，在丰富留用地利用方式的同时，也能给村集体带来持续的经济收入。三是改善和美化村容村貌，助力乡村振兴战略。项目实施过程中，九江镇政府为了改善经济社的环境、方便村民出行，由经济社提供土地，修建了一条宽 6 米，长 333 米的村路；为美化村容村貌，修建了一条宽 8 米、长约 335 米的河涌，保持农业农村经济发展旺盛活力，实现乡村振兴（图 3-4）。

图 3-4　南海区九江镇河清片区土地征收项目开发现状图

## 案例九：南海瀚天科技城土地储备案例[①]

瀚天科技城位于佛山市南海区桂平路及佛山一环交汇处，前身是一片凌乱的废旧钢铁市场及低矮厂房，整体容积率不足 0.5，建筑密度高达 70%，旧北约村所属。招租企业基本属于劳动密集型的传统产业，每年产值不足 1 亿，税收不足 100 万。整个片区环境比较脏、乱、差，基本没有任何绿化及环境配套工程。

瀚天科技城项目地块采用政府统租模式进行集体土地整备开发，即村集体将土地出租给政府（租期 25～30 年），由政府统筹规划、连片开发、集聚产业、统一配套，并且在土地租赁期内由政府向村组按合同约定支付租金，待租赁期满后，物业无条件移交村组。由政府统一租地进行连片开发的方式满足了村民不愿意卖地但希望有长期稳定收益的想法，迎合了村集体想改变该区落后面貌、租金收益低下的需要，同时免去了村集体自行改造的麻烦，这是能够推动片区改造的基本条件。整个改造过程中，政府的统筹力度十分大，向村集体租地进行连片改造，引导资金的聚集，建立公共设施配套等，促进了集体存量建设用地的开发利用。

---

① 案例内资料和数据来自佛山市自然资源局网站、中国国土勘测规划院资产管理与土地储备部《粤港澳大湾区土地储备监测评估研究》课题。

改造后,瀚天科技城 A 区容积率达到 2.5,建筑密度只有 35%,而租金由原来的个位数提升至目前均价 30 元/平方米。2019 年,园区实现总产值 60 亿元,税收约 2 亿元,并吸纳中高端人才约 8 000 人。如今,瀚天科技城已成为"国家级科技企业孵化器"和"国家环境服务业华南聚集区核心区"。目前已有 400 多家企业落户瀚天科技城,主要以大数据互联科技型企业、节能环保企业、前沿科技企业及电商、科技服务企业为主。未来园区将加大力度引入工业 4.0、互联网+等科技含量高的企业,以及智能制造、工业机器人、跨境电商、互联网+佛山制造、AR/VR 等科技企业。瀚天科技城的建设和运营实现了土地利用集约化,带动了产业提升、环境再造、区域增值和城市转型,成为广东省"三旧"改造与都市型产业发展相结合的成功案例(图 3-5)。

图 3-5　瀚天科技城中心区改造项目改造前(左图)与改造后(右图)

## (四)引入公有企业参与土地一级开发

2015 年,南海区人民政府出台《佛山市南海区人民政府关于印发佛山市南海区公有企业参与土地前期整理开发管理暂行办法的通知》(南府〔2015〕56 号)、《佛山市南海区人民政府关于印发佛山市南海区公有企业参与土地前期整理开发管理暂行办法实施细则的通知》(南府办〔2015〕55 号),鼓励区镇两级公有企业积极参与政府一级开发整理工作。根据暂行办法可知,土地前期整理项目由区土地储备中心根据年度土地储备计划、年度国有建设用地供应计划以及土地开发的实际需要制定，后报区人民政府批准。经区政府批准后可委托全资公有企业（经批准的区、镇两级政府属下）负责该项目的征地拆迁、青苗、安置、土地整理、用地手续等具体实施工作，并与之签订土地前期整理开发委托合同。合同中通过明确土地前期整理开发内容、设立土地前期整理开发项目、明确委托事项、明确土地前期整理开发项目资金来源、明确公有企业的投资收益、明确项目资金需纳入政府财政预算，更好地完成土地的一级开发整理。

## 五、东莞市 1.5 级开发的土地储备创新发展思路

东莞市土地储备管理政策梳理见表 3-6。

**表 3-6　东莞市土地储备管理政策梳理**

| | 东莞市 |
|---|---|
| | 由市土地储备中心牵头，根据国民经济和社会发展规划、国土空间规划，组织编制土地储备五年中期规划、三年滚动计划和年度土地储备计划，统筹土地收储整备规模、空间布局和实施时序，编制完成后均报市府审批。 |
| 规划管控 | 1. 土地储备五年规划主要是摸排新增建设用地、存量可储备土地储备潜力，重在确定土地储备的规模、结构、布局、时序，并确定重大储备区块（片区），同时作为国土空间规划体系的专项规划管理；<br>2. 三年滚动计划主要是明确土地储备项目实施区块、产业结构、用地布局、开发时序，合理确定未来三年土地储备规模，在总量、结构、布局、开发时序、资金投放等方面统筹安排土地储备项目滚动实施；<br>3. 年度土地储备计划主要是合理确定年度土地储备规模，对每年度收储、前期开发、入库、供应的土地资源做出总量、结构、布局、时序等方面的统筹安排，优先储备空闲、低效利用等存量建设用地 |
| 储备范围 | ①依法应当收回的国有土地；②根据城市发展需要，为实施土地整理协商收购的土地；③根据法律法规规定，行使政府优先购买权收购的土地；④已办理农用地转用、征地批准手续并完成征收的土地；⑤其他依法应当收储整备的土地 |
| 前期开发与管护利用 | 1. 前期开发：储备土地前期开发可由属地镇街（园区）或具有代建条件的市属国有全资企业实施，或采取公开招投标的方式确定实施单位。①由镇街（园区）具体承担的，市镇联合收储地块建设资金可按照项目概算评审结果预拨给属地镇街（园区），据实结算。②由代建部门具体承担的，建设项目资金纳入土地储备资金预算，在编制预算时列明用款单位、具体项目和金额，预算批复后由财政部门按照预算及国库集中支付有关规定办理预算下达和资金拨付手续。<br>2. 管护利用：①在储备土地供应前，可采取自行管护、委托管护等方式进行保护管理。②在储备土地供应前，可通过出租、临时使用等方式对储备土地加以利用 |

（续）

| 东莞市 | |
|---|---|
| 资金来源<br>及运行 | 1. 资金来源：土地储备项目所需资金应当严格按照规定纳入政府性基金预算，从国有土地收益基金、土地出让收入和其他财政资金中统筹安排，不足部分可依法通过发行土地储备专项债券筹集解决。国有土地收益基金按土地出让成交总价的1%计提，且计提资金允许累计。①市级主导的土地收储整备资金由市镇共同出资或一方单独出资。②市镇联合的土地收储整备资金由市镇共同出资或一方单独出资。③镇街主导的土地收储整备资金由属地镇街全额出资。<br><br>2. 资金运行：属市级资金的，由市财政拨付给市土储中心，由市土储中心拨付给镇财政，再由镇财政拨付给相关权益人；属镇街资金的，直接由镇街财政拨付给相关主体 |
| 运作机制 | "一个平台＋两级联动"的土地收储整备机制。即市土地储备中心统一承担全市土地收储整备工作，建立全市统一的土地储备库。各镇街政府依市土地储备中心委托负责组织实施本辖区内土地收储整备工作，并接受市土地储备中心业务指导和监管。<br><br>依据不同的收储范围，可进一步划分出市级主导、市镇联合、镇街主导三种收储方式。①市级主导收储由市土地储备中心编制实施方案，经市政府审定后由市土地储备中心统筹指导属地镇街具体落实并监督实施；土地收储整备资金由市镇共同出资或一方单独出资，收储整备后的土地作为市级储备土地，由市土地储备中心主导供地，土地出让收入扣除计提资金、相关税费、土地收储成本等资金后，由市、镇按照一定规则进行分成。②市镇联合收储由市土地储备中心会同属地镇街编制实施方案，经市政府审定后由市土地储备中心统筹指导属地镇街具体落实并监督实施；土地收储整备资金由市镇共同出资或一方单独出资，收储整备后的土地作为市级储备土地，由市土地储备中心与属地镇街协商供地，土地出让收入扣除计提资金、相关税费、土地收储成本等资金后，由市、镇按照一定规则进行分成。③镇街主导收储由属地镇街编制实施方案并具体实施；土地收储整备资金由属地镇街全额出资，收储整备后的土地纳入市土地储备库，由属地镇街主导供地，土地出让收入经市级扣除计提资金后全部归属地镇街所有 |
| 收益分配 | 对于各种实施方式的土地收储，其利益共享按照《东莞市人民政府办公室关于进一步完善土地收储整备补偿和利益共享机制的意见》（东府办〔2020〕17号）执行。<br><br>1. 对规划为经营性用地项目：①市级主导、市镇联合收储，土地收储整备重点地区内，土地出让收入扣除计提资金及土地收储整备成本后，由市级全额出资的，市、镇按4∶6比例分成；由镇街（园区）全额出资的，市、镇按2∶8比例分成；市、镇各自出资的，镇街（园区）分成比例为60%＋镇街（园区）出资比例×20%。②市镇联合收储的，除土地收储整备重点地区外，土地出让收入扣除市级计提资金及土地收储整备成本后，由市级全额出资的，市、镇按3∶7比例分成；市、镇各自出资的，市给予建设用地规模指标的折算为市级出资成本，占用镇街（园区）建设用地指标或镇街（园区）通过购买获得建设用地指标的折算为镇街（园区）出资成本计算收益，镇街（园区）分成比例为70%＋镇街（园区）出资比例×30%。 |

（续）

| 东莞市 | |
|---|---|
| 收益分配 | ③镇街主导收储的，土地出让收入扣除市级计提资金后，全部归属地镇街（园区）所有。④村集体获得的增值共享按照不低于镇街所得土地出让纯收益的 20％且不高于 50％进行核算，以支农补贴等形式补偿出让宗地原所属农村集体经济组织。<br>2. 对规划为产业用地项目：①市级主导、市镇联合、镇街主导收储的，对规划为工业用地（含新型产业用地）、仓储用地、科研用地等产业项目的，土地出让收入扣除市级计提资金及土地收储整备成本后，全部返还镇街。②村集体获得的增值共享按照镇街所分得土地出让纯收益的一定比例进行核算，对于普通工业用地项目和不可分割销售的新型产业用地、科研用地项目，原则上按照 100％进行核算；对于可分割销售的新型产业用地、科研用地项目，原则上按照不低于镇街所得土地出让纯收益的 50％进行核算 |
| 监督管理 | 1. 土地收储实施主体应按要求在"东莞市自然资源局业务审批系统（东莞市土地储备管理系统）"中填报预储备地块、拟储备地块、已入库地块等相关信息，接受市土地储备中心监督管理。<br>2. 市土地储备中心应按要求在自然资源部的土地储备监测监管系统中填报储备土地、已供储备土地、储备土地资产存量和增量、储备资金收支、土地储备专项债券等相关信息，接受市自然资源局监督管理 |
| 主要来源政策 | ①《东莞市土地储备管理实施办法》（东府〔2015〕90 号）；②《关于进一步加强土地收储整备工作的指导意见》（东府办〔2020〕16 号）；③《关于进一步完善土地收储整备补偿和利益共享机制的意见》（东府办〔2020〕17 号）；④《东莞市土地收储整备实施细则（送审稿）》；⑤《东莞市土地收储整备操作指南》 |

注：资料来自《东莞市土地储备管理实施办法》《关于进一步加强土地收储整备工作的指导意见》《关于进一步完善土地收储整备补偿和利益共享机制的意见》。

## （一）建立土地收储工作机制，统筹收储重点收储地块

建立"一个平台，两级联动"的土地收储机制，进一步完善市级统筹、镇街实施的两级工作机制。"一个平台"即建立全市统一的土地储备库，实行储备土地的统一出库入库管理。"两级联动"即土地收储整备工作中各镇街政府要依市土地储备中心委托承担本辖区内土地收储整备具体工作，设立专职机构或指定工作机构，接受市土地储备中心业务指导和监管，规范运行。在收储平台和机制的领导下，合理划定土地收储整备重点地区与地块，并据此将土地收储整备运行机制分为市级主导、市镇联合、镇街主导三种方式。重点地区内重点地块以市级主导方式开展，由市土地储备中心主动介入

收储和主导供地；重点地区内其他地块可以市镇联合方式开展收储整备，市镇协同推进；重点地区外地块可以镇街主导方式开展收储整备，简化收储整备方案编报和实施程序。其中以市主导方式收储整备实施的，由市土地储备中心编制实施方案，经市政府审定后由市土地储备中心统筹指导属地镇街具体落实并监督实施；土地收储整备资金由市镇共同出资或一方单独出资，收储整备后的土地作为市级储备土地，由市土地储备中心主导供地，土地出让收入扣除计提资金、相关税费、土地收储成本等资金后，由市、镇按照一定规则进行分成。

---

## 案例十：东莞莞惠城际寮步站 TOD 项目案例①

东莞惠城际寮步站 TOD 地块，通过建立统筹机制分析诉求、确定利益分配、给予政策支持，推进停滞收储工作，建立"收储市属企业统筹土地"的新储备模式。

东莞惠城际寮步站 TOD 地块，位于莞惠城际寮步站 800 米控制范围内，面积 285.47 亩，地块周边公共资源丰富（图 3-6）。2014 年东实集团会同寮步镇政府以单价 190 万元/亩统筹。由于近年来土地收储政策的变化，东实集团与寮步镇在土地统筹方面原约定的土地出让后资金返还协议无法落实，导致收储搁置。另一方面地块存在权属复杂、不符合现有规划等问题，也影响着整个片区的规划落实。为盘活莞惠城际寮步站 TOD 地块，进一步做好 TOD 核心区，优化空间及交通接驳等 TOD 规划，推动地块开发建设，解决土地收储问题，市土地储备中心与寮步镇政府合作收储该地块。2019 年市土地储备中心、寮步镇政府会同市自然资源局、市财政局、市轨道交通局及市城建规划设计院协调解决该地块的控规问题，以站场一体化规划为核心，优化城市功能、提升空间品质，将"拓空间"因地制宜、落到实处。

---

① 案例内资料和数据来自东莞市自然资源局土地储备中心、东莞市寮步镇人民政府网站、东莞实业投资控股集团。

图 3-6 东莞莞惠城际寮步站 TOD 项目效果图

一是明确问题诉求，提出收储移交意向。明确地块的 TOD 规划、收益分配、东实集团及寮步镇政府利益诉求等问题。东实集团提出将统筹土地移交市土地储备中心收储的意向，并提供地块收储相关成本核算。二是确定收储价格及合作收储收益分配比例。市土地储备中心会同寮步镇政府分析收储的可行性，确定收益分成比例合作收储，完善土地手续后纳入市土地储备库。寮步镇政府协助落实土地整备收储工作。收储价格按整备成本和收益来整体核算。其中，收益按照整备成本的 12%（含融资成本）核算。按规划用途确定居住、商住用地，容积率 2.0 以内的，土地出让收入市镇收益按 4：6 分成，超出 2.0 的，市镇收益按 5：5 分成。三是给予政策优惠支持。对该项目，市优先分配土地储备专项债券 5 亿元，保障项目储备资金，同时对容积率提容、规划用途调整给予政策支持，提升地块整体价值。

收储完成后，项目土地价值得到大幅提升。一是经过容积率提容、规划用途调整，地块综合效益提升约 26.3%。二是项目地块公共配套得到完善。寮步站 TOD 依托周边的生态、文体等资源，打造为集文化、体育、商业、旅游、居住于一体的轨道站点综合片区。三是已完成部分地块出让，增加了地方财政收入。莞惠城际寮步站 TOD 地块项目于 2019 年 4 月上报收储方案、规划设计到 11 月地块入市出让，仅用时 7 个月。目前已推出 2 宗地块，面积为 142.36 亩，地块交易总价约为 41.80 亿元。莞惠城际寮步站 TOD 地块成功供地，为东莞市建立"收储市属企业统筹土地"的收储整备新模式树立了可复制推广的典型。

## （二）计划引领，科学编制储备规划

强化土地储备规划和计划的编制与执行。组织编制东莞市土地储备五年中期规划、三年滚动计划和年度土地储备计划，统筹土地收储整备规模、空间布局和实施时序。将土地储备五年中期规划列为国土空间规划体系的专项规划进行管理，经备案的年度土地储备计划不得擅自调整，必须严格执行并纳入考核。优先保障公共服务设施和重大产业项目用地。土地储备规划和计划优先落实公共服务设施、重大基础设施等项目用地，通过设施连片共建、互补共享等方式，探索经营性项目配建公共设施或由建设主体承担配套公共设施建设义务。加强土地用途规划调整管控。出让期限内需改变土地用途的，由政府按原批准用途评估价收回。TOD 站点周边综合开发区域、工业用地保护红线范围内改造为经营性用途的，"倍增企业"完善手续后调整为经营性用途的，在同等条件下由政府行使优先购买权，纳入土地储备。以规划管理支持保障土地收储整备。探索经营性用地规划指标区间管控或留白制度、公共设施用地和产业用地规划指标区间放权管控制度，综合运用规划用途、开发强度、配套要求等规划手段支持政府主导的土地收储整备。

## （三）因地施策，创新土地收储路径

一是鼓励大片区连片收储整备。将划定的连片大片区整合为一个收储整备单元，整体规划、集中配套、有序开发，以整体核算、统筹统分、逐宗补偿的方式实现增值共享。二是加强公有低效用地收储整备。进一步盘活市属企业、镇属企业和机关事业单位等公有制单位的低效土地与老旧低效物业，由市土地储备中心摸底建立专项台账，确定年度收储任务，优先纳入收储。三是司法拍卖土地收储整备。鼓励通过主动参与司法拍卖方式收储整备土地，给予土地收储整备部门一定的价格磋商权，简化收储处置手续，在满足司法处置程序、足额缴纳税费的前提下，可直接办理土地收储和不动产注销登记手续。四是镇属经营性闲置土地收储整备。对镇属企业名下的经营性闲置土地，可优先收储并调整规划条件。涉及挂靠或转让的，可由双方解除挂靠或转让协议，解决历史遗留问题。五是鼓励城市更新项目土地收储整备。将部分重要城市更新用地纳入收储整备范围，对于采取政府主导方式实施或无偿提供收储整备土地的城市更新项目，在规划调整、指标配置、简化审批等方面给予一定政策倾斜。

### （四）保障权益，丰富利益共享机制

一是创新土地收储整备补偿和利益共享方式。按"基础补偿＋增值共享"思路核算的土地收储整备补偿和利益共享货币总额，以等价值为原则，可综合采用货币、物业、股权等多种方式进行补偿，丰富土地收储整备补偿方式与路径。二是规范收储整备补偿和利益共享标准。区分规划用途，对规划为经营性项目、产业项目、公共服务设施建设项目等的集体土地，进一步规范和明确收储补偿和利益共享标准，完善市、镇、村三级共享机制。三是完善国有土地收储补偿机制。区分土地供应方式，对国有已出让土地，探索创新标定地价补偿等方式，进一步明确收储整备补偿和利益共享标准。四是统筹平衡地块间规划价值差异。通过规划统筹补偿或增值收益调节金，对不同地块的规划价值和补偿数额差异进行统筹平衡。

### （五）引入三方，推动社会资本参与

一是试行政府购买土地整备前期服务。鼓励市属企业、镇街属企业以及园区控股公司参与土地物业整备前期工作，企业完成地块前期土地整备后移交市储备机构的，收储价格按整备成本和资金成本核算。二是鼓励引入第三方从业机构，完善土地物业收储整备的全链条市场服务。以东莞国际商务区、水乡新城功能区土地统筹为试点，通过引入咨询顾问公司、法律顾问公司、测绘和监理公司、征收评估公司和评估督导公司等第三方专业机构，组建专业团队，在政府主导前提下，全程参与土地收储前期权属核查、征收补偿方案制定、测绘评估、协商谈判等过程，提高收储整备征拆效率。三是允许社会力量参与储备土地的整备和日常管理。一方面土地收储整备部门可委

托属地镇街或具有代建条件的市属国有全资企业实施，或采取公开招投标的方式确定实施单位负责储备土地的前期开发整理和日常管理工作。另一方面对于近期不具备开发建设条件或潜在价值较高的政府储备土地，可纳入土地1.5级开发试点，以租赁方式由市属国有全资或控股企业进行过渡性开发利用，加速土地预热。四是探索通过信托和基金等途径，引导社会资本和集体资本参与土地收储整备工作。

## （六）盘活存量，运用1.5级开发用地

2018年，东莞市印发《东莞市土地1.5级开发操作指引》（以下简称《指引》），成为国内首个从政府层面发布1.5级开发指引的城市。《指引》创新性提出储备用地1.5级开发模式："为盘活政府预控的储备土地，加快战略地区的土地预热，解决远景规划与近期开发诉求的矛盾，政府将基础设施完备、土地出让较慢、潜在价值较高的地块，短期租赁给承租人进行过渡性开发利用，待片区预热、地价提升后，政府按约定收回土地，并按远景规划实施"。2019年，东莞市发布了《东莞市人民政府关于拓展优化城市发展空间加快推动高质量发展的若干意见》，明确指出："适时对符合条件的市、镇街（园区）储备土地和短期内不具备开发建设条件的TOD范围土地推广1.5级开发模式，鼓励市属国有企业或大型龙头企业，结合产业转型与城市升级需求，以租赁方式进行过渡性开发利用"。1.5级开发模式清晰地规定了土地的使用期限及开发商的退出机制，是一种有效的介于一级开发与二级开发之间的一种有效的土地开发模式。因为租赁土地可节约可观的土地成本，低成本快捷性打造收益物业，因此对市场主体具有较强的吸引力。

---

**案例十一：鳊鱼洲工业区活化利用开发项目案例**[①]

鳊鱼洲工业区活化利用开发项目地块位于东莞市万江区坝头片区与莞城区、博夏片区相接的鳊鱼洲半岛，西邻东江支流，东靠厚街水道。地理区位优势明显，是东莞早期工业发展的聚集地。但20世纪

---

① 案例内资料和数据来自东莞市自然资源局土地储备中心、东莞实业投资控股集团。

90年代以后,随着东莞工业重心转移,工业区逐步衰退,区内大量工业厂房及建筑荒废,造成土地资源浪费。另一方面,作为东莞最具特色的工业遗址之一,项目地块内共6处建筑被纳入东莞市历史建筑名录,以及多栋建筑属于Ⅰ、Ⅱ类保护建筑,具有很高的活化利用价值。

地块土地权属属于市土地储备中心,由储备中心组织价值流转和置换。市土储中心结合鳒鱼洲土地利用现状及片区发展现状,决定采用1.5级开发模式对鳒鱼洲工业区进行活化利用开发,减轻土地一级开发成本,预热地块,实现价值增值,保护历史遗迹。市土地储备中心按照《东莞市1.5级开发操作指引》(东规发〔2018〕12号)规定要求,编制1.5级开发项目资格准入及认定申请材料;组织评估公司评估确定土地租金,实行"收支两条线"管理;市土地储备中心委托市公共资源交易中心以网上交易方式挂牌出租项目地块土地使用权,项目租金一次性支付并全额缴入市财政国库,纳入基金预算;东实集团作为实施主体按照土地出租合同约定的规划用地性质、规划要求和其他条件要求对租赁地块进行开发、利用和经营;约定期满收回土地。项目租赁期限届满,租赁土地由市土储中心无偿无条件收回,市自然资源局履行收回行政审核职能;租赁土地上依法建设的建筑物、构筑物的使用期限与土地租赁期限相同,期满后承租人须自行拆除并恢复原状,费用由承租人承担。

鳒鱼洲项目充分发挥地块作为工业历史遗存、风景宜人、滨水景观、旅游等的自然人文优势,实现自然资源资产的社会文化价值。就所有者权益配置而言,对于政府方面,在对鳒鱼洲的历史遗存进行保护的同时,引入文创、科创、展览、文旅等新的产业要素或文化资源,将鳒鱼洲打造成全国工业遗存改造的标杆项目、粤港澳大湾区"国际制造中心"的展示窗口、东莞历史文化保护的示范单位、东莞城市升级改造的先行标兵、东莞重要旅游集散地,完成文化价值的衔接。对于个体角度,鳒鱼洲项目的资产活化和项目建设为市民提供了就业岗位和休闲娱乐场所,具有经济价值,也在当地形成了良好的文化影响,从个体层面显化文化价值。

## 六、肇庆市股权分红的土地储备创新发展思路

肇庆市土地储备管理政策梳理见表 3-7。

**表 3-7 肇庆市土地储备管理政策梳理**

| 肇庆市 | |
| --- | --- |
| 规划管控 | 市土地储备中心会同县（市、区）人民政府根据经济和社会发展规划、土地利用总体规划、城乡规划和市场需求，提出联合收储土地工作计划。联合收储土地工作计划纳入年度土地储备计划 |
| 前期开发与管护利用 | 1. 前期开发：联合储备土地前期开发坚持政府主导、市场运作、效益优先、滚动发展、整体联动、确保效果的原则。<br>2. 管护利用：联合储备土地供应前，按照属地管理的原则对联合储备土地进行管理。市土地储备中心可以委托联合储备土地所在的县（市、区）土地储备机构采取合法合理方式进行管护。<br>土地储备机构通过公开招租等方式临时利用土地的，应当与承租人等临时使用者签订临时利用土地合同，明确临时利用土地期限不得超过两年，不得转包、不得修建永久建筑物。<br>临时利用联合储备土地取得的收入，按照非税收入收缴管理有关规定，全部缴入同级国库，纳入一般预算，实行"收支两条线"管理 |
| 资金来源及运行 | 资金来源：联合储备土地项目资金通过政府预算安排，项目启动后，各县（市、区）土地储备机构根据工作进度，向市土地储备中心提出用款申请。<br>资金运行：由市财政局按照市土地储备中心的申请支付至各县（市、区）财政部门，各县（市、区）联合储备实施单位向当地财政部门申请支付相关费用 |
| 运作机制 | 1. 属地储备：根据年度收储计划对地块收储，由所属地土储中心编制收储地块资料（含征地补偿协议），并报所属地自然资源局审批，审批通过后，与原权利人签订协议。协议签订后，所属地财政局将征地补偿款拨入所属地土储中心征地补偿专户，再由所属地土储中心把征地补偿款兑付征地单位（个人）银行账户，补偿款支付完成后，按规定办理收储手续。<br>2. 联合储备：根据年度收储计划开展联合收储，所属地土储中心向所属地自然资源局提供收储地块资料，并报市局审批，审批通过后与原权利人签订征地协议，协议签订后市土储中心将资金拨付到所属地土地储备中心征地补偿专户，再从征地补偿专户将征地补偿款兑现给征地单位（个人）银行账户，补偿款支付完成后，按规定办理收储手续 |
| 收益分配 | ①属地收储的，土地出让收入扣除市级计提资金后，全额上缴所属地财政；②市、县（市、区）联合储备的，土地出让收入扣除市级计提资金及收储成本后，市、县（市、区）按 5：5 分成 |

（续）

| 肇庆市 | |
|---|---|
| 监督管理 | ①市土地储备中心加强对储备资金使用的监督管理，组织第三方机构对项目资金使用情况进行专项检查或抽查。②市审计局负责对联合储备土地项目资金管理和使用情况实施审计监督 |
| 主要来源政策 | ①《肇庆市联合储备土地管理办法》（肇府规〔2018〕8号）；②《肇庆市"三旧"改造实施意见》（肇府规〔2018〕32号） |

注：资料来自《肇庆市联合储备土地管理办法》《肇庆市"三旧"改造实施意见》。

## （一）构建市县联合收储机制

2014年以来，为增强市级调控土地市场能力，集中土地资源优势办大事，促进土地资源高效配置和利用，肇庆市积极探索市本级与各县（市、区）联合储备土地工作机制，并于2018年7月出台《肇庆市联合储备土地管理办法》对联合储备土地收储、管护、前期开发整理、出让、储备资金管理等工作内容进行规范。一是厘清市、县及有关部门联合收储的工作职责；二是明确联合储备土地的基本要求及流程，保障联合收储规范有序运行；三是规范联合储备土地的管护工作，包括联合储备土地供应前的临时利用程序、方式与方法；四是明确了联合储备土地的前期开发整理原则，规范联合储备土地前期开发项目的组织和实施行为；五是明确了联合储备土地出让的申请、审批和出让后的土地成本核算程序、方式与方法；六是明确了联合收储土地资金的筹措方式和收支管理，规范了属财政性土地资金的土地储备支出行为；七是明确联合收储市、县（市、区）收益分成比例。土地出让后，由市本级与各县（市、区）分成出让净收入，分成比例为5∶5。

## （二）创新股权分红收储补偿方式

2013年肇庆市在鼎湖区启动肇庆新区建设，但新区建设首先面临征收大片集体土地的难题。为了破解土地征收和安置可能出现的各种社会问题，肇庆市以与农民共建共治共享为基本方向，提出了创新性的农地转让安置新模式。模式总体思路是基于村级土地资产管理公司和肇庆新区土地股份总公司"两级土地股份化"改革，将新区规划涉及的相关村集体的土地采取入股的方式,建立"集体入股国有"的混合所有制形态。使村集体能够以股权形式享有土地开发增值收益,促进村民向市民转化,增加农民财产性收入,推进城乡发展一体化。

## 案例十二:肇庆市新区肇庆东站TOD 土地储备模式[①]

肇庆东站TOD项目是鼎湖区肇庆新区建设的核心工程,自然资源资产需要从农用土地价值提升为新区综合用地,引入园林空间、商业空间、基础设施空间等,通过规划提升整体区域的社会价值。新区规划面积115平方千米,涉及5个镇街26个行政村,新区内用地60%土地为村集体所有,需要通过价值置换实现自然资源资产的属性转化,需征收集体农用地9.2万亩,新区的建设核心就是要通过规划、开发、建设新区规划用地,推进城乡一体化发展。新区建设将集体土地通过价值置换形成新的所有者权益,而后创新性提出"两级土地股份化"价值流转渠道,将新区规划涉及的相关自然资源资产的承包权和经营权以入股的方式实施委托进行价值交易,获得股权分红、社保缴纳、兑换商业等权益,获得资金收益。新区管委会与彭寿村土地公司联合成立肇庆新区土地资产管理总公司,完成权属管理:公司以土地承包权和经营权再入股,占股权的20%;新区管委会以开发成本入股,占股权的80%,以入股的形式改变自然资源资产的权属关系,统筹管理以提升自然资源资产的价值增值效率。此外,为了防止政府引入第三方资本进行土地开发造成村民股权损失,公司章程中设立了"防稀释条款",充分保障村民的权益。

肇庆新区的土地储备项目通过股权分红的方式,产生以社会价值为主导的乡村振兴和共同富裕效应,以政府和集体的社会价值实现为主,带动个人的经济价值实现。储备前的土地收益主要以农业生产经

---

① 案例内资料和数据来自肇庆市自然资源局、肇庆市鼎湖区人民政府网站、肇庆新区管委会门户网站、肇庆新区土地资产管理总公司。

营和发包经营为主,收入少且渠道单一,储备改革后,不仅可以获得土地流转补偿金,还包括商业设施租金和谷物保障收益等后续收益,土地收益方面年人均约 7 500 元,是原有收益的 4 倍以上。同时,就村集体而言因空间规划而产生自然资源资产的社会价值提升,在生活方面提升了村民的生活质量,平房变为舒适的楼房,享受和市民完全一样的城市养老、医疗保障和其他公共服务,有效地保障了村民的基本权益。

## (三)以"三旧"改造为抓手,推动存量用地收储

一是加大低效旧厂用地收储力度。2018 年 10 月肇庆市出台《肇庆市"三旧"改造实施意见》(以下简称《意见》),《意见》明确提出对于低效旧厂房改造为住宅、商业等经营性项目,必须由政府统一收储后重新公开出让,并对收储补偿标准进行明确规定。对工业控制线范围内的低效用地,且土地权利人缺乏资金实施自行改造的,鼓励政府实施收储,并按照所在片区商服用地基准地价的 20%~40%予以补偿,补偿资金由财政部门予以安排。二是对旧城镇改造项目中权属单一或相关房地产权益已转移到单一主体的商业用地改为住宅或商住用地项目,改变用途后容积率增加的,由政府净地收储后重新公开出让,成交后的地价款原容积率部分对应价款全额补偿给原土地权利人,余下价款按 30%补偿原土地权利人。

## 七、厦门市全生命周期的土地储备创新发展思路

厦门市土地储备管理政策梳理见表 3-8。

表 3-8 厦门市土地储备管理政策梳理

| 厦门市 |
| --- |
| 1. 土地储备 3 年滚动计划应当根据国民经济和社会发展规划、国土空间规划等组织编制,并充分考虑全市片区开发、城市更新、重点项目建设、土地市场供需状况、存量建设用地盘活等因素,合理确定未来 3 年土地储备规模,对 3 年内可收储的土地资源作出统筹安排; |
| 2. 土地储备年度计划应当根据城市发展和土地市场调控需要,结合土地储备 3 年滚动计划、年度土地供应计划、国土空间规划实施计划等因素组织编制 |

注:左侧栏目为"规划管控"。

（续）

| 厦门市 | |
|---|---|
| 储备范围 | ①依法收回的国有土地：包括因使用期限届满、闲置等原因须依法收回的土地；②收购的土地：包括低效用地、原土地使用权人主动申请政府收储以及用地单位因自身原因需要收储的土地；③行使优先购买权取得的土地；④已办理农用地转用、征收批准手续并完成征收的土地：包括因实施国土空间规划和城市更新进行成片开发、旧城旧村改造提升，或者其他公共利益需要征收集体土地和收回国有建设用地使用权的土地；⑤其他依法需要进行储备的土地 |
| 前期开发与管护利用 | ①储备土地前期开发应当依照国土空间规划进行，开展地块整理及配套道路、水、电、气、排水、绿化、围挡等基础设施建设，满足必要的"通平"要求。②储备土地前期开发项目应当按照规定选择勘察、设计、施工、监理等单位进行建设。③前期开发项目完成后按规定组织验收或者委托专业机构进行验收。项目验收合格后，市、区相关职能管理部门应及时接收和维护管养。④竣工验收的前期开发项目，按照市级财政性投融资建设项目的相关要求办理决（结）算和资产划转手续 |
| 资金来源及运行 | 土地储备资金按照"年度总量控制、项目调剂使用、计划动态调整"的原则管理。土地储备资金应当严格按照规定纳入政府预算，由财政部门从国有土地收益基金、土地出让收入、土地储备专项债券及其他财政资金中统筹安排。市土地储备机构应当按预算绩效管理相关要求，设立土地储备项目资金绩效目标，并按确定的绩效目标实施绩效跟踪和评价，加强预算绩效管理的结果应用，积极配合财政部门开展预算绩效管理工作 |
| 运作机制 | 入库储备土地应当是产权清晰的土地。市土地储备机构应对土地取得方式及程序的合规性、经济补偿、土地权利等情况进行审核，不得为了收储而强制征收土地。储备土地入库前，市土地储备机构应当向资源规划部门申请办理《政府储备土地意见书》。<br>1. 储备土地未供应前，临时使用：在保障国土空间规划、年度土地供应计划顺利实施的前提下，可连同地上建（构）筑物，通过出租、临时利用等方式加以利用；<br>2. 划拨使用储备土地，应当按规定缴交划拨成本。市土地储备机构在用地单位取得《划拨决定书》后移交土地，确因省市重大重点项目、民生工程需要先行提供用地的，用地单位取得《划拨决定书》前可按规定先行租赁使用土地 |
| 收益分配 | "收支两条线"：市土地储备机构持有储备土地期间，通过临时利用、地上建筑物及附着物残值处置等取得的零星收入，全部上缴市财政，实行"收支两条线"管理 |
| 监督管理 | 储备土地由市土地储备机构管护，或者委托相关企业、属地政府、相关职能部门管护。市土地储备机构对受托单位的管护工作进行监督管理 |
| 主要来源政策 | 《厦门市人民政府办公厅关于印发土地储备实施办法的通知》（厦府办规〔2021〕8号） |

注：资料来自《厦门市人民政府办公厅关于印发土地储备实施办法的通知》。

## （一）土地储备按照"五统一"原则管理

实行"统一规划、统一收储、统一开发、统一管理、统一供应"的原则，按照周期和内容分为 3 年滚动计划、年度储备计划和专项规划计划。土地储备 3 年滚动计划应当根据国民经济和社会发展规划、国土空间规划等组织编制，并充分考虑全市片区开发、城市更新、重点项目建设、土地市场供需状况、存量建设用地盘活等因素，合理确定未来 3 年土地储备规模，对 3 年内可收储的土地资源作出统筹安排。因轨道交通等重大基础设施或者城市更新项目资金筹措需要，编制土地储备专项规划计划。

## （二）土地储备实施全生命周期管理

2021 年 8 月厦门市遵循国家《土地储备管理办法》框架，颁布《厦门市土地储备实施办法》，对土地储备业务"全生命周期"管理作了具体规定。一是加强土地储备计划管理。衔接该市国土空间规划实施传导体系安排，细化年度土地储备计划的编制内容，规定报批程序，明确计划外增补项目程序。二是明晰土地入库储备的标准。为保证"净地"供应，规定入库储备土地必须完成补偿、权属清晰，并结合"简政放权"背景与现行操作实务，提出储备土地由厦门市自然资源和规划局核发《政府储备土地意见书》以明确用地权属。三是细化前期开发与管护利用的具体规定。总结并吸纳该市多年来关于储备土地前期开发、日常管理和临时利用、供应等环节的有效机制和做法，相应规范各环节涉及的职责、内容、要求、方式和程序等。

## 案例十三：福建省厦门市五缘湾片区[①]

厦门市五缘湾片区位于厦门岛东北部，规划面积 10.76 平方千米，涉及 5 个行政村，村民主要以农业种植、渔业养殖、盐场经营为主，

---

① 案例内资料和数据来自厦门市土地发展中心、厦门路桥建设集团、中华人民共和国厦门海事局。

2003 年人均 GDP 只有厦门全市平均水平的 39.4%。由于过度养殖、倾倒堆存生活垃圾、填筑海堤阻断了海水自然交换等原因，内湾水环境污染严重，外湾海岸线长期被侵蚀，形成了大面积潮滩，造成五缘湾区自然生态系统被破坏严重。

福建省厦门市五缘湾片区通过开展陆海环境综合整治和生态修复保护的全生命周期的土地储备管理，推进公共设施建设和片区综合开发。在土地收储前期规定实施部门，土地收储由市土地发展中心代表市政府作为业主单位，负责片区规划设计、土地收储和资金筹措等工作，联合市路桥集团等建设单位，整体推进环境治理、生态修复和综合开发。在项目开展第一阶段，首先进行村庄的建设和水质的改善管理。针对村庄，实行整村收储、整体改造，先后完成 457 公顷可开发用地收储，建设城市绿地和街心公园。针对海域，全面清退内湾鱼塘和盐田，在片区内建成 10 处截流阀门、8 座污水泵站、1 座污水处理厂。同时，完善交通基础设施管理，建成墩上等 4 个公交场站、环湖里大道等 7 条城市主干道、五缘大桥等 5 座跨湾大桥，使湾区两岸实现互联互通。建成 10 所公办学校、3 家三级公立医院、10 处文化体育场馆、2 个大型保障性住房项目。在收储完成后期，开展宣传并依托湾区内的良好人居和生态环境，陆续建成厦门国际游艇汇、五缘湾帆船港等高端文旅设施和湾悦城等多家商业综合体，吸引 300 多家知名企业落户，带动区域土地资源升值溢价。

厦门市五缘湾片区在收储开展前，确定组织管理部门；在收储开展过程中，针对村庄、海域、基础设施建设进行综合整治和生态开发；在收储完成之后，开始吸引一批高质量的企业入驻。通过这种全生命周期的收储方式，建成了以现代服务产业为主导的城市新区，持续增强生态产品供给能力（图 3-7）。从首次出让土地的 2005 年到 2019 年，区域综合开发的总收益达到 100.7 亿元，实现了财政资金平衡和区域协调发展，2019 年城镇居民人均可支配收入达到 6.7 万元，较 2003 年增长了约 5 倍。

图 3-7    改造后的厦门五缘湾地区

## （三）落实土地储备资金规范化管理

按照国家有关办法要求，厦门市加强土地储备资金管理。一是明确资金来源，具体包含财政基本预算和土地储备专项债券。二是按规定编制土地储备资金年度收支预算，落实资金预算管理制度。三是明确土地储备资金使用范围，既确保土地储备项目资金需求得到保障，又落实"专款专用"要求。

## （四）依据实践经验探索完善土地储备实施办法

厦门市积极探索并逐步实现储备土地"收、储、让"三位一体规范化管理的良性运行机制，形成了一系列行之有效的做法和经验。2021 年 8 月出台的《厦门市土地储备实施办法》将这些零散体现在相关文件或会议纪要中的有效做法进行总结提炼、作出规范。同时，也开展新一轮的试点工作。一是贯彻《厦门市工业（仓储）国有建设用地协议收储补偿若干规定》文件精神，在实际收储中明确国有建设用地协议收储程序。二是充分体现"分类保障、从严管控"的原则，明确储备土地临时利用审批和监管机制。三是结合党的十八大以来国家强化生态环境保护的要求，在实践中探索，明确规定储备土地入库前土壤污染状况调查评估和治理修复机制，加强污染地块监督管理。四是吸纳《收储边角地批量划拨利用实施方案》相关规定，明确已收储边角地可通过批量、直接划拨的方式进行管理利用。五是在遵循本市公共资源交易有关规定的框架下，初步规范协议收储项目地上物处置的主体和程序等。

## 八、南平市集约利用的土地储备创新发展思路

坚持"总量适中、内部均衡、统筹兼顾、重点保障"的原则，科学统筹布局生态、农业、城镇等功能空间，优化重大基础设施、重大生产力和公共资源布局，构建"双核集聚、轴带引领、两翼腾飞"的城镇空间布局。

### （一）坚持计划引导供应

年度内各类建设项目用地土地供应工作坚持统一有序、规范开展，严格按照经批准的国有建设用地供应计划确定的供应规模组织实施，探索构建规划实施传导全链条体系，将项目用地供应与城市发展导向、存量用地消化、低效用地盘活、新增建设用地报批等有机结合。

### （二）突出产业用地供应

关注经济发展支撑项目用地，坚持要素与项目的匹配，土地储备合理调配各类用地供应指标，重点支持工业园区标准化建设和园区重点支持项目、补链强链延链项目建设，全力保障年度建设项目用地需求，促进节约集约高效用地。优先保障有利于优化发展环境、促进产业转型升级、补齐民生短板、推动绿色发展的项目和针对上下游产业链缺失环节、产业龙头配套情况谋划的补链强链延链项目，对各类基础设施、科教文卫、民生工程、工业（产业）项目用地也提供保障。

### （三）深化土地节约集约利用

按照"框定总量、严控增量、盘活存量、优化结构、提高效率"的原则，持续实行建设用地总量和强度双控，发挥市场配置土地资源决定性作

用，转变要素保障过度依赖观念，落实"增存挂钩"机制，做好土地供后监管，严格查处违法违规和闲置用地行为，着力转变粗放的土地利用模式，保留城市文化、肌理和特色的前提下，探索推进城市土地挖潜更新，努力实现资源利用质量和效率"双提升"。

---

### 案例十四：南平市"森林生态银行"
### 土地储备模式[①]

福建省南平市森林覆盖率高达78%，但山林林权属分散，而且自2003年以来"均山到户"的推行以来，产权分散情况加剧，76%以上的产权处于碎片化状态，自然资源难以连片收储运用、资产缺乏变现潜力、第三方投融资少等问题凸显。为更好地发挥自然资源的资产属性，南平市推进"碎片化土地"建设成为"系统性资源"的自然资源资产价值转化工作。福建省南平市为保障碎片化的自然资源不产生碎片化的权益，借鉴商业银行的运作模式，建立资源向资本转化的"森林生态银行"价值增值和变现平台，以"分散化输入、整体化输出"的收储方式，输入零散土地，输出整合后的连片优质资源包，进行价值置换，以租赁、托管、作价入股、赎买的四种形式保障权益的实现和资源的集约利用。福建省南平市"森林生态银行"提高了资源价值和生态产品的供给能力，使得资源得以整合利用，提高资源的利用效率和价值显化程度。

---

## 九、海南省土地超市的土地储备创新发展思路

海南省土地储备管理政策梳理见表3-9。

---

① 案例内资料和数据来自南平市土地储备中心、南平市生态银行公共服务平台、《生态产品价值实现典型案例》。

**表 3 - 9　海南省土地储备管理政策梳理**

| 海南省 | |
| --- | --- |
| 规划管控 | 市、县、自治县人民政府自然资源和规划主管部门应当会同有关部门根据土地利用年度计划和土地储备规模组织编制下一年度的土地储备计划报同级人民政府批准并提交省自然资源和规划主管部门备案后实施 |
| 储备范围 | ①已规划为建设用地的国有未利用地;②依法收回的各类土地;③政府统一征收后暂不供应的新增建设用地;④为实施国土空间规划、政府决定收回或者收购的国有土地;⑤由于单位撤销、迁移、解散、破产、进行产业结构调整或者其他原因需要收回或者调整的原划拨土地;⑥因流转价格低于基准地价20%,由政府依法行使优先收购权的原出让、划拨土地;⑦依法应当储备的其他土地 |
| 前期开发与管护利用 | 土地储备整理机构应当编制年度土地整理计划报同级人民政府批准后,对储备土地实施统一整理。储备土地整理工程应当采取公开招标投标等公平竞争方式确定土地整理单位 |
| 资金来源及运行 | ①财政部门从已供应储备土地产生的土地出让收入中安排给土地储备机构的征地和拆迁补偿费用、土地开发费用等储备土地过程中发生的相关费用;②财政部门从国有土地收益基金中安排用于土地储备的资金;③发行地方政府债券筹集的土地储备整理资金;④经财政部门批准可用于土地储备的其他财政资金 |
| 运作机制 | 县级以上自然资源和规划主管部门负责本行政区域内的土地储备整理工作;同级人民政府发展与改革、财政、住房和城乡建设等部门应当按照各自职责,配合自然资源和规划主管部门做好土地储备整理工作。省和市、县、自治县人民政府应当设立土地储备整理机构具体负责土地储备整理工作 |
| 收益分配 | 储备土地经依法出让、出租等所得的收入优先用于偿还发行地方政府债券筹集的土地储备整理资金本息。省级储备土地的出让收益缴入省级国库,由省财政部门统筹安排。市、县、自治县分享部分按照省人民政府的规定通过财政转移支付方式执行 |
| 监督管理 | 土地储备资金应当接受同级财政、审计、自然资源和规划等部门的监督。县级以上人民政府应当定期将政府土地储备规模、价值量和供应情况向社会公布,接受监督 |
| 主要来源政策 | 《海南省土地储备整理管理暂行办法》(2021修正,海南省人民政府令第296号) |

注:资料来自《海南省土地储备整理管理暂行办法》。

## （一）建立"土地超市"制度

创新土地储备机制，土地储备机构或者政府委托授权的投资平台、园区开发公司要多措并举筹集资金。

一是统筹提供充足的产业用地，解决"有项目无土地"的问题。统筹将政府已完成收储的土地，符合规划和"净地"要求的批而未供土地，依法有偿收回、无偿收回且具备新供应条件的土地，符合入市条件的农村集体和农垦经营性建设用地等，纳入"土地超市"。目前，海南已经全面清理批而未供土地和政府储备等土地，建立台账、上图建库，导入"土地超市"。

二是建立公开透明的信息平台，解决"有土地不知晓"的问题。依托国土空间智慧化治理平台，构建土地信息归集、查询发布、智能选址、政策指引和招商地图等功能于一体的土地信息平台，作为"招商地图"，实现了地图看地、实景三维看地，后续将增加视频看地，助力投资企业足不出户就能在线看地选地，更加直观、更加全面地了解地块分布、地块规划指标、地块实景、地块配套、区位优势等一手信息，大大提高了土地信息的透明度。"土地超市"分为政务版、公众版，政务版面向政府部门管理人员，公众版面向广大社会公众和市场主体，大家可从海易办的"土地超市"图标进入并使用。

三是实施土地全生命周期监管，解决"土地供后监管"的问题。"土地超市"政务版设置"驾驶舱"，可以对土地供应后履约情况实施常态化监管，定期推送土地利用动态信息，及早督促土地使用权人开工、竣工，实现土地开发利用"云监工"。各市县政府、产业园区管理机构对已出让产业用地的对赌协议实施情况进行监管和评价。通过建立土地利用后台"驾驶舱"，实现土地开发利用全生命周期监管，有效破解土地闲置等问题。

## （二）建立"闲储置换"制度

"闲储置换"制度是指因政府原因闲置的土地（指已缴清土地价款、落实项目资金，但因国土空间规划依法修改造成闲置的土地）与"土地超市"中的政府储备土地竞价置换工作，竞得土地的单位签订"闲储置换"用地协议，推动实现闲储置换的项目"签约即拿地、拿地即开工"，助推万亩存量土地盘活及千亿产值投资落地。一是建立"置换＋竞价"模式，实现置换公平透明。"闲储置换"制度采取"置换＋竞价"方式实施，符合条件的闲置土地使用权人均可自愿参与竞拍，原则上价高者得。二是建立"置换＋对赌"模式，促进"拿地即开工"。对实施"闲储置换"的项目，将由竞得土地的单位与政府签订土地置换协议，并签订限期开发的对赌协议，明确置换双方权利义务、违约责任、争议解决办法等。政府部门通过预审查、告知承诺、并联审批等措施，高效核发建设工程规划许可证、工程设计方案批复文件、建筑施工许可证等，帮助企业"拿地即开工"，而企业则要保证拿地后按时限"开工"、动工。"置换＋对赌"模式，可以倒逼政府部门高效审批、企业高效用地，促进土地早动工、早开发、早见效。三是建立"置换＋跨用途"模式，助推产业结构优化。针对实践中相同用途土地置换难的问题，按照2022年1月1日开始施行的《海南自由贸易港闲置土地处置若干规定》第六条等价置换的规定，"闲储置换"制度遵循等价置换的原则，允许不同的用途实施置换。需要强调的是，涉及商品住宅用地的，必须符合国家和海南省房地产管理有关政策规定。跨用途置换模式既可以解决同用途无地可换的难题，也有助于促进产业结构转型，推动产业集聚发展。

## 案例十五：海南省土地储备超市和闲储置换案例[①]

海南省2022年5月制定并印发了《关于建立"土地超市"制度的实施意见》，"土地超市"制度的建立，有助于各市县"摸清家底"，招商时"心中有数"，也有助于企业"云上读地、云上选地"，改变了传统的招商模式，实现了从过去的"不找市场找市长"，向现在"不找市长找市场"的转变。

---

① 案例内资料和数据来自海南省自然资源和规划厅网站、《关于建立"土地超市"制度的实施意见》、"海易办"平台。

土地超市的土地"备货"。自2022年1月以来，海南省自然资源和规划厅下达全省批而未供土地的矢量数据，组织各市县对存量批而未供土地进行全面清理。对清理出的土地逐一进行审查梳理，确定是否符合规划条件、是否符合"净地"要求、土地权属是否清晰等供应的基本条件，确保上"超市"的商品质量有保证。"土地超市"平台已上线的土地主要是政府已完成收储的土地，符合规划和"净地"要求的批而未供土地。2022年6月，已上线的土地共168宗、面积约7 000亩。

土地超市的土地"补货"。有了"货源"，如何做到土地超市的运行？"土地超市"主要分为"前店""后仓""中台"。一是"前店"，就是"土地超市"平台。市场主体可以通过"海易办"进入"土地超市"，第一，按照市县或者土地用途等分类指引选择土地；第二，浏览土地的规划、用途、基准地价、周边配套等信息，还可以三维实景浏览土地现状影像情况；第三，市场主体有意向、看中的地块可以加入购物车进行收藏，并向当地市县招商和资规部门发出意向申请，根据市县供地计划和节奏参与公开竞买土地。二是"后仓"，就是"土地仓库"。"土地超市"平台与国土空间规划一体化平台进行了互联互通，农转用和土地征收手续经批复后进入土地仓库，经过征拆及前期开发形成"净地"后进入土地超市，实现土地实时更新、滚动入库。三是"中台"，就是数据平台。"土地超市"平台与项目策划生成平台对接，项目用地经过策划生成平台进行策划生成进入土地超市，"土地超市"上进行项目和用地配对后进入土地交易平台，土地交易后进入工改平台，通过"机器管规划"进行报建手续，几个平台互联互通、数据共享，实现土地全生命周期服务监管（图3-8）。

海南"土地超市"平台正式上线运行，目前通过"土地超市"平台已经完成土地出让、补充耕地指标交易、闲储置换三个首单。其中，已出让博鳌乐城国际医疗旅游先行区9.25亩医疗卫生用地，陵水黎族自治县政府与文昌市政府完成378.3亩补充耕地指标交易，三亚市完

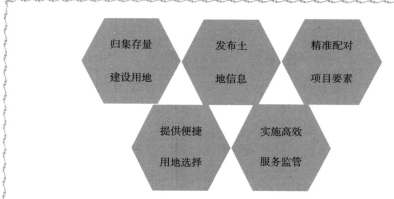

图 3-8　土地超市制度体系

成一宗闲储置换。"土地超市"平台已上线的土地主要是政府已完成收储的土地，符合规划和"净地"要求的批而未供土地。截至 2022 年 6 月，已上线的土地共 168 宗、面积约 7 000 亩。

## 十、四川省低效用地再开发的土地储备创新发展思路

四川省土地储备管理政策梳理见表 3-10。

表 3-10　四川省土地储备管理政策梳理

| 四川省 | |
| --- | --- |
| 规划管控 | 年度土地储备计划是实施土地储备项目、安排土地储备资金预算的重要依据，各地应根据城市建设发展和土地市场调控的需要，结合当地国民经济社会发展规划、土地储备三年滚动计划、年度土地供应计划、地方政府债务限额、地方政府债务风险水平等因素，合理制定年度土地储备计划 |
| 前期开发与管护利用 | 土地前期开发：土地储备机构应对储备地块内的市政道路、供水、供电、供气、排水、通讯、照明、绿化、土地平整等配套设施进行建设。需要对储备土地地块范围以外的"通平"工程等进行建设的，自然资源主管部门可报请同级人民政府统筹，由各行业主管部门纳入对应的城市维护建设等计划，与储备土地前期开发工作同步推进实施 |
| 资金来源及运行 | 土地储备资金通过政府预算安排，实行专款专用、分账核算，并实行预决算管理。纳入年度土地储备计划的土地储备项目从拟收储到出库涉及的收入、支出全部纳入财政预算管理，实现总体收支平衡和年度收支平衡 |

（续）

| 四川省 | |
|---|---|
| 收益分配 | 财政部门从缴入地方国库的土地出让收入中，划出 3%～5%的比例，用于建立国有土地收益基金，主要用于土地收购储备。从已收储土地的出让收入中计提的国有土地收益基金，可用于偿还因收储土地形成的地方政府债务，并作为土地出让成本性支出计算核定 |
| 监督管理 | 土地储备监测监管系统对纳入系统的项目、宗地进行配号，无统一电子监管号的土地储备项目，各级自然资源主管部门不得组织实施、不得发布有关储备土地的出让公告，财政部门不予安排预算资金 |
| 主要来源政策 | 四川省自然资源厅、四川省财政厅《关于进一步规范土地储备工作的通知》 |

注：资料来自四川省自然资源厅、四川省财政厅《关于进一步规范土地储备工作的通知》。

根据城市建设发展和土地市场调控的需要，结合当地国民经济社会发展规划、土地储备三年滚动计划、年度土地供应计划、地方政府债务限额、地方政府债务风险水平等因素，合理制定年度土地储备计划；优化土地储备计划调整、审批和备案程序；严格储备土地入库审核；统筹推进储备土地前期开发；统一组织储备土地供应。存在污染、文物遗存、矿产压覆、洪涝隐患、地质灾害风险等情况的土地，在按照有关规定由相关单位完成核查、评估和治理之前，不得入库储备。完成前期开发的储备土地具备供应条件后，应纳入当地市、县土地供应计划，由市、县自然资源主管部门统一组织供应，供应储备土地必须取得土地储备监测监管系统统一电子监管号。因落实国家、地区公共卫生、地震、消防、防汛等特殊紧急要求，需要临时使用储备土地的，经同级自然资源主管部门同意后，可无偿使用储备土地到特殊紧急事件结束为止，但不得修建永久性建筑物。

## 案例十六：四川省遂宁市南坝机场土地储备项目[①]

遂宁南坝机场迁建项目由国务院、中央军委批准，属于省重点工

---

① 案例内资料和数据来自遂宁市自然资源和规划局、遂宁市土地储备中心、遂宁发展投资集团有限公司。

程项目，南坝机场收储项目对应地块具有稳定的预期偿债资金来源，能够实现项目收益和融资自求平衡。

本收储项目采取置换方式，由遂宁市负责在安居区会龙镇投资建设新机场并移交给民航飞行学院，新机场移交后，遂宁市土地储备中心取得南坝机场土地及建构筑物。南坝机场土地收储项目由遂宁市土地储备中心作为实施主体。考虑新机场迁建项目的特殊性、复杂性和专业性，根据四川省人民政府《关于中国民航飞行学院遂宁南坝机场迁建工程可行性研究报告的批复》(川府函〔2016〕39号)，遂宁市人民政府决定新机场项目建设实施由遂宁市土地储备中心委托遂宁发展投资集团有限公司具体负责。新建机场占地面积3 426.837亩，总投资19.57亿元。工程主要建设内容为：飞行区场道工程、目视助航设施及供电工程、空管工程、机库区、消防救援工程、校区、供油工程、公用配套设施工程、总图工程。收储区域城市规划用途为住宅、商服、工业、基础设施用地共2 440.7亩，其中基础设施用地1 183.4亩，占48.49%，可供出让土地1 257.3亩，占51.51%。

项目资本金97 394.00万元，占总投资35.75%，资本金来源于财政预算安排资金。除此之外还进行融资，计划发行地方政府土地储备专项债券175 000.00万元，占总投资的64.25%。项目实施后整理可供出让土地共计1 257.3亩，项目的直接经济收入主要是出让土地取得土地出让金。收入为出让经营性用地取得的土地出让金，预计收益覆盖倍数为1.74倍，项目实现稳定收益。

项目切实践行"创新、协调、绿色、开放、共享"的新发展理念。南坝机场搬迁后，消除机场对城市居民的噪声污染和安全隐患，释放周围22平方千米净空限制，大幅度提高土地利用强度。通过收储使南强片区城市规划连成一片，确保了城市发展的整体布局，将满足现代城市经济发展的最新需求。同时南坝机场地块的收储使得遂宁市在城市往东南发展方向上不再受建设用地制约，对于带动城市南强片区发展是至关重要的，极大地缓解了城市扩张的压力。同时有利于统筹城乡发展，促进城乡一体化建设；有利于优化土地利用结构，促进土地的节约集约利用。同时，本项目偿债资金由南坝机场收储项目对应地块的土地出让收入偿还并可实现赢利。经测算，南坝机场可收储地块面积为 2 440.7 亩，根据遂宁市城南片区控制性详规，本项目可出让土地 1 257.3 亩，土地出让率为 51.51%，其中商住用地 121.50 亩，居住用地 723.15 亩，工业用地 412.65 亩。根据遂宁市近三年土地公开出让情况及遂宁 GDP 增速，土地出让总价款预计为 519 802.79 万元，除去八项政策提留成本，可用于资金平衡的土地相关收益为 373 866.81 万元，对债券本息的覆盖率为 1.74 倍，能够充分保障偿还债券本金和支付利息。

## 案例十七：南京市江宁区土山片区机场搬迁土地储备项目[①]

南京市江宁区土山片区机场搬迁项目，也同样利用土地储备开展实施。土山片区位于江宁区东山街道土山片区，红线范围东至宁杭高速、南至上元大街、西沿秦淮河、北至江宁区界，总面积约 12 643 亩。项目区域紧邻江宁区政府，距南京市中心约 10 千米，距南京南站约 5 千米，周边宁杭高速、绕越公路、东麒路、纬七路等外联公路形成快捷的公路网，南京地铁 1 号线、3 号线、5 号线穿境而过，区位优势明显，具有很好的发展前景。

根据区域总体规划定位，将重点打造四大发展战略：一是产业转型升级：以产业升级调整、用地退二进三为抓手，实现由制造业为主导向总部商务、科技研发、金融服务以及高端商贸等现代服务业为主导的产业转型升级。二是功能转型升级：打造符合东山副城国际化新区定位的各项服务功能，主要包括两个方面：作为南部新城核心区的

---

① 案例内资料和数据来自南京市土地储备中心、南京市江宁区人民政府。

国际化高端商务服务标准功能；作为南京市南部区域中心城市的服务功能，包括高端商贸、城市文化休闲以及其他彰显其宜居性的基础服务。三是空间转型升级：系统性地规划空间结构、多样化地进行空间设计、精致化地进行空间建设，打造现代中心城市的高品质空间体系，形成出色的城市景观轴线，以及与山水资源、城市生活相协调的绿色开敞空间体系。四是交通与设施转型升级：实现交通体系的系统性、前瞻性、人性化、高品质。在靠近区域性交通枢纽、快速交通设施较为完善的现状基础之上，实现东山副城与主城之间的快速化联系、解决与南站之间的南北间交通联系、实现副城中心区内部的人性化交通和副城各组团之间及各组团内部的畅通、并结合城市景观轴线以及绿色开敞空间体系形成慢行交通系统。

但一直以来，因该区域中心军用机场（土山机场）的限制，严重限制了周边地区城市空间布局和城市规划发展。该机场处在南京主城与东山副城的连接部位，涉及两支驻训部队，占地总面积约2 225亩。市、区众多项目，包括南部新城建设、高铁南站新城建设、天印大道北延、宏运大道东延、地铁5号线建设、站前路跨秦淮河大桥等重大项目均大受影响，推进实施受阻。同时，机场周边区域为南京江宁区东山街道老城南片区，区域内人口较密集，一方面受军方限制，区域内整体基础设施建设较薄弱，城市综合环境较差；另一方面，由于军方训练产生的噪声污染，对周边居民的生活带来很大的负面影响，常年投诉不断。

多年来，南京市政府和江宁区政府均在努力推动土山机场的搬迁工作。但因该项目涉及军方，需异地迁建新机场，协调困难，投入巨大（机场搬迁及异地建设费用约为158亿元），资金平衡压力空前，整体推进十分缓慢。亟须改进开发思路，采取"政府主导、统一设计、政策扶持、封闭运作、市场运营、项目包揽、综合开发"模式实施区域整体收储，综合开发。

土山片区开发拟通过统一规划建设、旧城拆迁改造、推进区域配套建设、改善区域生活环境，统筹解决环境整治、社会保障等内容，旨在促进人口、环境、资源协调发展，让城镇居民享受城市改造建设的成果。

第一，该收储项目能改善区域环境。该区域位于东山街道，为江宁区的中心城区，对该片区实施收储运作和土地整理，将可收储地块纳入土地储备，按照城市规划要求，高水平规划建设用地，契合区域经济发展、环境整治的需求，与本区域人口、经济、使用量相配套。同时项目区的公共绿化用地、生态涵养用地等将极大改善整个项目区的环境，对环境效益产生积极的影响，营造市民健康的生活空间。

第二，提高产业配套。通过新城城市建设，完善城市居住、购物、医疗、教育等功能配套，促进中心城区的发展，使城市功能系统得到完善，形成良性的循环系统。项目整理完毕达到入市标准和要求后，进入土地交易市场进行交易，项目入市交易成功并进入二级市场开发后，将提升本区域的居住及投资环境，从而取得较好的国民经济效益和社会效益。

第三，保障生态发展。通过对项目区域进行土地整理，合理布局，配套相应中学及托幼用地，建设公共绿地，完善区域基础设施配套，改善生态环境，促进和保持生态系统间的良性循环，调节区域小气候，使生态环境趋于平衡，最大限度地为人民生产、生活提供良好的空间，具有良好的生态效益。

第四，促进经济提升。土地储备项目的实施将提供更多的直接和间接就业机会。首先，土地储备阶段房屋的征地、拆迁、市政基础设施的建设、场地平整等工作将产生大量间接就业机会；其次，土地完成前期开发后，将形成一个大型居民居住区，二级开发的实施有助于提升该区第三产业的发展，从而增加更多的就业机会。土地储备项目可以为政府带来房地产开发的税收收入并相应带来新的税源。同时土地入市后的增值部分也是政府收入的一部分。

## 案例十八：四川省成都市金牛区 15 个村组土地储备项目①

秦开蜀道置金牛，汉水元通星汉流。金牛区是成都五城区之一，面积 108 平方千米，常住人口 126 万人，是成都主城区中面积最大、经济总量最大、土地资源最富集的区域。为加快建设"践行新发展理念的天府成都北城新中心"，着力筑牢"成渝双城首位城区，向美而生公园城区，都市产业示范城区、安居乐业首善城区、营商环境样板城区"，高标准打造蓉北第一商圈、高质效构建国宾交往中心、高水平打造茶花创享高地、高品质建设凤凰未来新城，成都市金牛区开展 15 个村组的土地储备项目。

项目主要分布在两个重点区域，项目面积约 2 545 亩，涉及拆迁人数 2 590 人：一是紧邻国宾馆"金牛宾馆"的兴盛青杠片区，涉及 6 个村组，面积约 1 020 亩；二是紧邻成都向北发展主通道"北新干道"的杜家片区，涉及 9 个村组，面积约 1 525 亩。按照现行城市规划，项目范围内未来主要是城市商住区，规划经营性用地约 1 018 亩：其中住宅用地约 603 亩，商业用地约 415 亩；体育用地约 275 亩；其他公共配套用地约 1 252 亩。

预计征地拆迁及配套建设资金总需求约 43 亿元。其中包括：一是征地费用和安置房建设费用约 21 亿元；二是其他配套建设费用约 15 亿；三是资金成本约 7 亿元。拟使用两种方式进行筹集，一是使用自有资本金 18 亿元，二是使用专项债券资金 25 亿元。2018 年 8 月，为了确保土地储备工作顺利实施，保障市级重点项目有序推进，成都市以金牛区 15 个村组土地储备项目作为发债项目，申报了 2018 年度土地储备专项债券。2018 年 9 月，该项目获批可发行专项债券资金共 25 亿元，即期发行到账 10 亿元。2019 年继续发行 10 亿元，2020 年发

---

① 案例内资料和数据来自成都市土地储备中心、成都市金牛区人民政府门户网站。

行 5 亿元。

经济收入呈倍数增长。市土储中心和金牛区政府积极做好"摸底调查、模拟拆迁"等前期准备工作,已投入资金 10.1 亿元,其中专项债资金约 8.6 亿元。通过公开招拍挂方式供应一宗土地,面积约 510 亩。其中成都市凤凰山体育中心体育场馆用地约 275 亩(该项目是贯彻成都市委、市政府建设"三城三都"总体战略部署的重大项目,计划修建座位数 6 万人的足球场一个,座位数 1.8 万人的综合体育馆一座,建成后可满足 FIFA 标准与 NBA 标准,承接"世大会""世运会"),二类住宅用地约 100 亩,商业用地约 135 亩,共计实现土地出让收入约 18.67 亿元,可覆盖已发债券金额 8.6 亿元。总体而言,项目范围内可实现经营性用地约 1 018 亩,参照金牛区 2016—2018 年经营性用地平均出让价格约 855 万/亩,同时考虑土地价格增长率,估算土地出让预期总收入约 102.92 亿元。扣除成本,预计可实现收益约 60 亿元,预期收入可覆盖拟发债金额 4 倍,由成都市工程咨询公司承担项目资金平衡测算,确保专项债资金安全。

# 第四节　地区土地储备总结

以上 30 个地区,通过土地储备在履行所有者职责、维护所有者权益的过程中,采取的创新性手段和方法部分具有鲜明的地方特色、部分存在共性创新。

## 一、战略层面:顶层设计先行,升华核心理念

各地区战略层面土地储备管理政策梳理见表 3-11。

在收储规划上,各地探索建立自然资源资产储备规划计划。土地资源管理是国家进行宏观调控的重要手段之一,各地政府充分发挥其调控作用,使各地区规划计划的编制兼顾社会效益、环境效益、经济效益,从多个角度进行土地和空间发展的价值分析,对区域的土地储备空间、规模、时序等进行

**表 3-11 各地区战略层面土地储备管理政策梳理**

| | | |
|---|---|---|
| 战略层面 | 收储规划 | 上海市:科学预测用地和建立动态调整机制<br>杭州市:编制出让、储备和做地计划<br>宁波市:一库四计划<br>广州市:编制专项储备计划<br>东莞市:编制土地储备五年中期规划、三年滚动计划和年度土地储备计划<br>厦门市:编制三年滚动计划、年度储备计划和专项规划计划<br>天津市:多规合一规划体系 |
| | 收储分工 | 上海市:"1+19+4"<br>广州市:划分市、区土储机构收储区域范围<br>东莞市:"一个平台,两级联动"<br>肇庆市、南昌市、六安市:市区联动、部门配合的收储分工 |

注:资料来自各地土地储备政策。

全面的统筹安排,考虑土地储备规划在整个地区国土空间规划体系中产生的联动作用。上海市的计划编制强调土地储备的"蓄水池"功能,突出科学预测用地和建立动态调整机制;杭州市从收储环节角度出发,编制出让、储备和做地计划;宁波建立"一库四计划",注重"双计融合";广州市编制专项储备计划;东莞市编制土地储备五年中期规划、三年滚动计划和年度土地储备计划;厦门市等编制 3 年滚动计划、年度储备计划和专项规划计划;天津市探索多规合一规划体系。各地区通过收储规划战略的制定对土地实施储备并依法配置和利用,显化资产价值。

在收储分工上,建立层次分明的组织框架,厘清各级政府之间、政府与其他做地主体间的责任分工。建立相关部门各负其责、充分协调的领导机制和工作机制,实现地区的土地储备"一盘棋"。上海市采用"1+19+4"的架构模式;广州市划分市、区土储机构收储区域范围;东莞市构建"一个平台,两级联动"的土地收储整备机制。合理划定土地收储整备重点地区、重点地块,并据此将土地收储整备运行机制分为市级主导、市镇联合、镇街主导三种方式。重点地区内重点地块以市级主导方式开展,重点地区内其他地块可以市镇联合方式开展收储整备,重点地区外地块可以镇街主导方式开展收储整备;肇庆市、南昌市、六安市建立市区联动、部门配合的收储分工。通过建立构建权责清晰的管理机制,明确储备地块管理方面的具体要求。

## 二、策略层面：突破路径依赖，目标决策科学

各地区在收储策略层面，创新土地开发与供应方式。改变传统的土地增量开发和低效利用，探索土地间的创新组合模式，拓展土地储备的方式，优化城市空间结构（表 3-12）。

**表 3-12　各地区策略层面土地储备管理政策梳理**

| | | |
|---|---|---|
| **策略层面** | 收储原则 | 宁波市：对存量闲置低效土地和"三改一拆"后土地收储<br>肇庆市：以"三旧"改造为抓手<br>海南省："置换＋竞价""置换＋对赌""置换＋跨用途"<br>珠海市：六类低效用地整治行动指引<br>中山市：明确公开出让最小面积 |
| | 收储目标 | 杭州市：强配套促"优地"、严考核促"优地"<br>宁波市、南昌市：收储端可行性论证、供应端开展基础设施建设 |
| | 收储对象 | 杭州市：推进工业用地做地工作<br>西安市：重视民生用地<br>深圳市：与城市更新结合<br>海口市：优先供应重点项目<br>东莞市：优先保障公共服务设施和重大产业项目用地 |
| | 收储路径 | 上海市：捆绑收储、土地联合打包<br>宁波市："共享理念"的临时用地<br>广州市、南京市：片区统筹整备<br>佛山市："大储备"、将"分钱"改为"分地"<br>南京市、广州市：国企开展前期整理，推进成片连片整备<br>东莞市：1.5级开发<br>肇庆市："两级土地股份化"改革，建立"集体入股国有"混合所有制形态<br>海南省："土地超市"制度<br>南昌市："大收储"、成熟一块就出让一块<br>重庆市："地票制"制度<br>南平市："森林生态银行"收储模式 |

注：资料来自各地土地储备政策。

在收储原则上，宁波市、肇庆市、海南省、珠海市、中山市从"增量为主"向"存量挖潜"转变。宁波市加大对存量闲置低效土地和"三改一拆"后土地收储；肇庆市以"三旧"改造为抓手，推动存量用地收储；海南省建

立"置换＋竞价""置换＋对赌""置换＋跨用途"的土地闲置收储制度；珠海市提出 6 类低效用地整治行动指引，包括批而未供用地、供而未建用地、建而未尽用地、旧厂房用地、开发利用低效用地和经济产出低效用地共 6 类。中山市明确公开出让最小面积，住宅用地单宗公开出让面积不得小于 15 亩且不超 210 亩，工业、商业用地单宗公开出让面积不得小于 10 亩。

在收储目标上，杭州市、宁波市、南昌市推进做优地，保障做地质量。杭州市通过强配套促"优地"和严考核促"优地"；宁波市、南昌市收储端进行可行性论证，供应端开展基础设施建设。

在收储对象上，杭州市、西安市、深圳市、海口市、东莞市就土地储备的主要供地对象进行约定。杭州市统筹推进全市工业用地做地工作；西安市高度重视教育、医疗、养老等重要民生问题，要求资源规划主管部门在组织编制年度土地储备计划时，应当充分考虑民生保障需要；深圳市与城市更新结合，城市更新以土地储备为基础，土地储备是城市更新的重要手段；海口市土地储备明确优先供应重点项目；东莞市优先保障公共服务设施和重大产业项目用地。土地储备规划和计划优先落实公共服务设施、重大基础设施等项目用地。

在收储路径上，根据地块所有者权益情况，创新开发模式、出让模式、储备方式、利益分享模式等，提高自然资源资产价值。上海市实施捆绑收储，将基础设施用地与周边土地联合打包收储；宁波市以"共享理念"推动储备地临时利用的效率；佛山市构建集体土地储备制度，探索实行"大储备"；广州市、南京市提出片区统筹整备；南京市、广州市引入国企开展前期整理，推进成片连片整备。佛山市将"分钱"改为"分地"，调动村集体参与城市更新；东莞市提出 1.5 级开发；肇庆市开展"两级土地股份化"改革，将相关村集体的土地采取入股的方式，建立"集体入股国有"的混合所有制形态；海南省建立"土地超市"制度；南昌市提出了"大收储"的土地运作模式，封闭运作、统一收储、统一供应，土地"成熟一块，出让一块"；重庆市在收储上采取"地票制"的价值置换形式；南平市采取"森林生态银行"收储模式，以"分散化输入、整体化输出"的收储方式，输入零散土地，输出整合后的连片优质资源包。各地区通过协调各利益方与长短期规划，拓展收储路径，提高储备效率。

## 三、业务层面：提高储备效率，搭建创新平台

实施土地储备精细化、信息化、规范化、资产化管理。指导土地储备各环节业务规范衔接，加强土地储备专项资金管理和风险防范能力，实现储备土地的资产效益最大化（表3-13）。

**表3-13　各地区业务层面土地储备管理政策梳理**

| 业务层面 | 收储资金 | 佛山：土地"挂账收储"<br>深圳：市财政局主导发行土地储备专项债券<br>东莞："基础补偿＋增值共享"<br>香港：建立经营型土地基金<br>澳门：以批地收入为本金，建立土地基金<br>厦门：落实土地储备资金规范化管理<br>青岛：创新土地储备成本核算机制 |
|---|---|---|
| | 收储管理 | 厦门："全生命周期"管理<br>西安：建立土地巡察制度进行土地管护<br>汕头：前期开发进一步明确"通"和"平"的标准<br>南昌：精细化管理，土地专业有偿看管制度 |
| | 收储信息服务 | 包头：建设土地储备项目管理应用系统<br>天津："两级四点多分支"的动态管理信息系统<br>海南："云上读地、云上选地"<br>中山："批、供、用"全流程监管联动<br>芜湖：互联网＋云推介模式 |

注：资料来源各地土地储备政策。

在收储资金上，各地区拓宽融资渠道从"开源"和"节流"两个方面入手，用足现有政策，融资模式创新，完善成本回收核算体系，土地储备与市政规划衔接。佛山推行土地"挂账收储"，土地出让后支付原权属人补偿款，引入公有企业参与土地一级开发，缓解政府收储资金压力；深圳财政局主导发行土地储备专项债券；东莞按"基础补偿＋增值共享"思路核算的土地收储整备补偿和利益共享货币总额，以等价值为原则，可综合采用货币、物业、股权等多种方式进行补偿，试行政府购买土地整备前期服务，鼓励引入第三方从业机构，完善土地物业收储整备的全链条市场服务，允许社会力量

参与储备土地的整备和日常管理；香港建立经营型土地基金；澳门以批地收入为本金，建立土地基金；厦门落实土地储备资金规范化管理；青岛创新土地储备成本核算机制，将直接收储补偿费用、土地收储整理成本、前期土地开发成本和其他有关费用一律纳入成本范围，按照财务成本和收储管理费分别核算管理费。

在收储管理上，完善土地批、征、储、供、用全生命周期信息化管理。厦门对土地储备业务进行"全生命周期"管理，明晰土地入库储备的标准，细化前期开发与管护利用的具体规定；西安建立土地巡察制度进行土地管护；汕头前期开发进一步明确"通"和"平"的标准；南昌采用精细化管理，实行土地专业有偿看管制度，对已收储未供应土地按规划用途分类进行管护。

在收储信息服务上，结合现代信息技术手段，土地储备随着信息通信技术的深入应用带来的创新形态演变。包头建设了土地储备项目管理应用系统，推动电子政务、辅助决策建设，整合土地收储、土地供应、一张图等各类数据资源；天津创建两级四点多分支的动态管理信息系统；海南的土地超市支持企业"云上读地、云上选地"；中山实现"批、供、用"全流程监管联动；芜湖建立互联网＋云推介模式，应用在土地储备系统中，加速土地储备与交易信息的共享与交换速度，为城市土地储备、农村集体经营性建设用地入市等提供强大的信息共享平台。

# 第四章　土地储备资产价值实现的理论分析框架构建

## 第一节　土地储备自然资源资产价值运行分析的理论基础

价值理论广泛应用在各个领域中，经济学中 Kraus（克劳斯，1973）认为通过两个理论可以阐述价值即劳动价值论可以解释价值的产生，而效用价值论可以衡量价值的程度[①]。在管理学中，研究者将价值理论进一步拓展挖掘，细分出来自顾客层面的与来自感知层面的具体价值，并形成对价值生成全流程的系统化研究，分析得到价值链体系[②]。美国学者 Michael E. Poter（迈克尔·波特，1985）认为价值链理论中以价值创造为主要线索，将创造价值的活动串联起来形成价值传导链条，明确价值产生过程。[③]

随着各利益主体的竞合关系趋于复杂，利益获取和权益传导更加多元，单一方向和线条的价值链已经不能充分阐述价值的传递路径。因此，Slywotzky（斯莱沃茨基，2004）认为由于发展导致竞争激烈、群体需求增加等，主体要改变其传统的价值链模式，通过网络状的价值传导路径分析顾

---

① Kraus，Alan，Robert H. Litzenberger. A State-Preference Model of Optimal Financial Leverage [J]. The Journal of Finance，1973，28（4）：911 - 922.

② Kothandaraman P.，Wilson D. T. The Future of Competition：Value-creating Networks [J]. Industrial Marketing Management，2001，30（4）：379 - 389.

③ Michael E. Poter. Competitive Advantage：Creating and Sustaining Superior Performance [J]. The Free Press，1985，10（3）：104 - 112.

客价值获取过程中的、企业为达到特定目标的、与其他主体相关的利益关
系[①]。Kothandaraman 和 Wilson（科桑达拉曼，威尔逊，2001）提炼出核心
要素、顾客价值、相互关系三个关键要素，认为核心要素是实现的主要目标
及竞争力体现，顾客价值是资本投入和生产的标杆，相互关系为价值形成过
程中的权益结构[②]。

　　价值链与价值网模型在自然资源资产的价值实现领域也构建了一个基本
的分析模型（图 4 - 1）。历伟（2007）认为实现是一个动态且完整的系统整
体，割裂观察某一局部状态对于更加真实地反映用地效率变化是有局限性
的[③]。邹利林（2011）提出从资源网络化视角研究可以掌握发展的全貌，挖
掘资源投入与产出的潜在需求以及在短时间内确定自身发展方向[④]。韩璐
（2021）认为通过价值的分解框架可以得到在实现价值的全流程中的资源配
置、价值产生、利益分配[⑤]。

# 一、产权理论

　　产权制度及其理论起源于外部性问题，以更好地创造价值和维护价值为
目标[⑥]。Bromley（布罗姆利，1991）[⑦]、Vatna（瓦特纳，2005）[⑧] 认为产权
制度不仅可以简化交易流程和降低开支，而且具有明显的目标指向性，可以

　　① Slywotzky A. Exploring the Strategic Risk Frontier [J]. Strategy & Leadership，2004，32
(6)：11 - 19.

　　② Kothandaraman P. ，Wilson D. T. The Future of Competition：Value-creating Networks
[J]. Industrial Marketing Management，2001，30 (4)：379 - 389.

　　③ 厉伟，孙文华. 土地垄断供给、纵向市场关系与房地产价格——兼论基于价值链分析的房
地产市场竞争促进政策 [J]. 当代财经，2007 (6)：5 - 9.

　　④ 邹利林，王占岐，王建英. 农村土地综合整治产业化发展盈利模式的构建 [J]. 经济地理，
2011，31 (8)：1370 - 1374.

　　⑤ 韩璐，孟鹏，吴昊，等. 基于价值链视角的高技术产业用地效率变化研究——以浙江省为
例 [J]. 中国土地科学，2021，35 (4)：26 - 34.

　　⑥ Shreedhar G，Tavoni A，Marchiori C. Monitoring and Punishment Networks in an
Experimental Common Pool Resource Dilemma [J]. Environment and Development Economics，
2020，25 (1)：66 - 94.

　　⑦ Bromley D W. Environment and Economy：Property Rights and Public Policy [M]. Oxford：
Basil Blackwell Ltd.，1991：60.

　　⑧ Vatna. Institutions and the Environment [M]. Northampton：Edward Elgar Publishing，
2005：68 - 80.

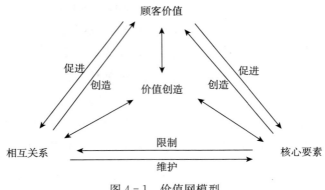

图 4-1 价值网模型

注：资料来自作者自行整理。

向某一方向和人群倾斜，保护主体利益。Arnason（阿纳森，2007）认为产权的设立可以通过自身权益下的时间限制、空间限制、转让限制等对要素的配置进行直接或者间接的干预[①]。卢现祥等（2021）认为产权制度的运行会受到多方主体的共同影响，特别是政策的影响，该要素又会受到价值理论的引导[②]。

　　土地作为具有外部性的生产要素，其产权问题往往关系着资源的利用效率和收益分配。Grainger（格兰杰，2014）认为由于土地具有的稀缺性和高潜力性，需要通过产权制度合理进行权益配置和保障，对于产权的变动和更改也要设定规范性和程序化的流程，以免产生过多的纠纷[③]。谭荣（2021）认为土地产权反映在转让或交易过程中个人或社会受益、受损的关系[④]，所有权、使用权、收益权和处置权等权利可以转化为资产和金融工具[⑤]。因此，必须结合产权理论来建立土地产权结构，来贯彻落实城市土地收购储

---

① Arnason R. Property Rights Quality and the Economic Efficiency of Fisheries Management Regimes：Some Basic Results ［M］. Blackwell Publishing Ltd. ，2007：32-35.

② 卢现祥，李慧. 自然资源资产产权制度改革：理论依据、基本特征与制度效应 ［J］. 改革，2021（2）：14-28.

③ Grainger C A，Costello C J. Capitalizing Property Rights Insecurity in Natural Resource Assets ［J］. Journal of Environmental Economics and Management，2014，67（2）：224-240.

④ 谭荣. 自然资源资产产权制度改革和体系建设思考 ［J］. 中国土地科学，2021，35（1）：1-9.

⑤ 张文明. 完善生态产品价值实现机制——基于福建森林生态银行的调研 ［J］. 宏观经济管理，2020（3）：73-79.

备制度。

## 二、空间生产理论

列斐伏尔作为空间生产理论的首创者,将马克思辩证法改造成为空间辩证法①,研究空间的生产,而哈维在此基础上关注资本与空间的关系。

列斐伏尔构建了三元辩证法,认为存在空间实践、空间表征、表征空间。空间实践为一种外部与物质的知觉感知层面,空间的再现为科学家、规划师等构想出的指引实践的概念化空间,再现的空间主体为使用者和环境两个要素,通过元素的互动和结合,实现空间的生活化重塑②。

戴维·哈维是当今新马克思主义地理学派的杰出人物,在对马克思和列斐伏尔的观点进行完善的基础上,提出了"三级资本循环"③。最开始的是以劳动生产要素投入的初级空间资本价值循环④,为了迫使循环的继续,暂时避免危机的出现,就出现了次级循环,二级循环包括生产领域的固定资本和消费领域的消费基金,第三级循环为社会基础研究和公共事业的资本支出(图 4 - 2)。当完成本级循环并剩余生产要素和资金的积累时,循环就会自动上升一级。

空间生产理论经常用于解释发展中的城镇化⑤,而城市布局、城市规模、城市产业等方面实行的宏观调控又离不开土地的开发、储备与出让⑥。20 世纪中叶空间生产理论的研究开始向动态的历史发展维度进行转变⑦。土地储备沿着列斐伏尔的"三种空间"与哈维的"资本循环",从过去的以粗放式获取生产生活资料的物质空间利用,发展到现阶段的通过规划重视外部

① Aaron Wildavsky. If Planning Is Everything, Maybe It's Nothing [J]. Policy Sciences,1973,4 (2).

② 赵海月,赫曦滢. 列斐伏尔-空间三元辩证法‖的辩识与建构 [J]. 吉林大学社会科学学报,2012 (2):22 - 27.

③ 戴维·哈维. 巴黎城记:现代性之都的诞生 [M]. 桂林:广西师范大学出版社,2010.

④ 朱力. "空间结构化":一个解释当代中国空间生产的理论框架 [J]. 城市发展研究,2021,28 (9):8 - 15.

⑤ 邰丽华,李梦. 资本逻辑主导的城市空间生产研究 [J]. 经济纵横,2019 (2):26 - 33,2.

⑥ 乔小勇. "人的城镇化"与"土地城镇化"发展关系研究 [J]. 中国科技论坛,2015 (6):117 - 123.

⑦ 王璇,邬艳丽. "飞地经济"空间生产的治理逻辑探析——以深汕特别合作区为例 [J]. 中国行政管理,2021 (2):76 - 83.

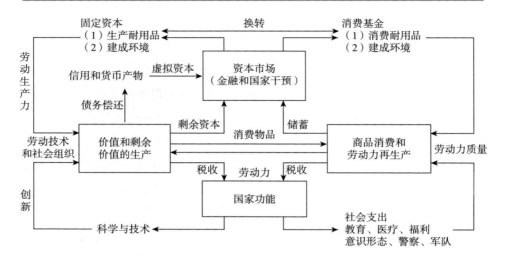

图 4-2　资本三循环理论

注：资料来自 Harvey David（戴维·哈维）三级资本循环，1985。

消费环境建成的空间表征土地利用①，下一阶段将以系统性发展为原则、以科学技术发展为手段、以精细化发展为路径，实现土地储备的社会空间发展（图 4-3）。

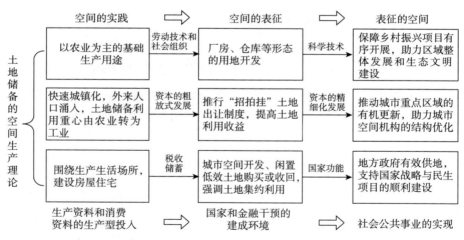

图 4-3　土地储备的空间生产理论

资料来源：作者自绘。

---

① 冀福俊，宋立. 资本的空间生产与中国城镇化的内在逻辑——基于新马克思主义空间生产理论的视角 [J]. 上海经济研究，2017（10）：3-12.

## 三、土地储备实现全民所有自然资源资产权益的理论机理解析

土地储备在土地权力的流转和属性的转化过程中，通过权属在利益相关者之间的变更和流转，从而带来自然资源资产用途的改变和价值的再分配，保障全民所有自然资源资产权益。从经济学角度而言，土地储备是资金和价值的创造和循环过程，通过筹措资金、防范风险、土地的两次增值创造，保障和实现自然资源资产所有者权益。在第一次增值的过程中，政府代表全民实施土地用途管制，限制农村的土地开发权利，赋予城市单独的土地开发权利，将农村的土地征用为城市的土地，筹措资金进行储备，完成第一次权益增值。土地第二次的增值体现为市场性增值，政府垄断土地供应后，土地储备出让通过市场的招标、拍卖、挂牌等机制完成竞价，试探市场主体愿意出的最高价格，占有竞拍者的消费者剩余，完成土地储备权益的二次增值。从产权的角度而言，政府代表全民行使自然资源所有权，授权自然资源部统一履行全民所有自然资源资产所有者职责，促进土地资源的保值增值，保障全体人民公平分享。从公共管理的视角而言，土地储备成为社会收益和财富储备再分配的工具，保障全民所有自然资源资产权益。土地储备不仅可以通过出让用于商业用途，为全民换来经济利益，还可以赋予生态和社会用途，为生态产品价值实现提供物质基础和空间保障，保障国家应急性用地需求的资源基础，成为社会利益再分配的中间枢纽。

# 第二节　土地储备实现自然资源资产价值的分析模型

价值网模型从网络化视角研究以掌握发展的全貌，清晰地解释价值创造过程中，以核心要素为中心多主体的资源和权益配置关系。因此，本书以价值网模型为基础进行改进，搭建案例分析的三个维度，一是根据空间生产理论分析核心目标要素——土地储备空间的演化，根据地块特征和储备需求在"空间的实践""空间的表征""表征的空间"三个递进阶段，分析土地空间升级的需求和成效；二是根据产权理论探索在土地储备升级这一核心目标

下，客观物质支持与人、财、地等生产要素之间的相互关系，探索土地储备转型中如何保证各方权益的统筹；三是根据公共价值理论分析新时期的土地储备转型模式，评估案例中土地的利用情况，分析多重公共价值的实现。通过系统性原则下的公共价值实现、土地空间生产演化后的"核心要素"、土地产权视角下的利益主体与物质生产资料的"相互关系"[①] 这三个维度的分析，建立起自然资源要素网、权益保障关系网和核心公共价值网，归纳演绎出土地储备转型发展中全民所有自然资源资产的价值实现路径与模式创新（图 4-4）。

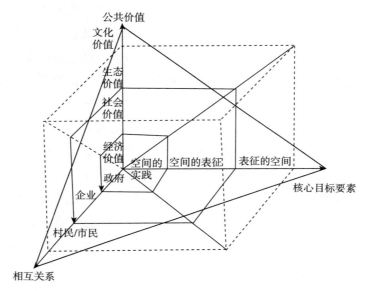

图 4-4 改进的价值网分析模型
资料来源：作者自绘。

---

① 丘水林，庞洁，靳乐山. 自然资源生态产品价值实现机制：一个机制复合体的分析框架 [J]. 中国土地科学，2021，35（1）：10-17，25.

# 第五章 以"资产重组＋权益分享"为核心的经济价值实现模式与案例分析与模式总结

## 第一节 案例分析

### 一、上海世博会[①]

#### (一)案例背景与核心目标要素分析

上海世博会是中国首次举办的综合性世界博览会,原世博园区内工业化价值突出且厂区用地占红线内用地的 70%,但是开发程度不高,随着城市的发展,工业用地的腾退已迫在眉睫,且大量岸线被工业用地所占据,阻隔了城市居民的亲水活动休憩。2004 年 3 月上海市发展和改革委员会(沪发改城〔2004〕40 号文),原则同意由上海世博土地储备中心实施世博会场馆、环境及配套设施区前期开发工作,世博园区地块土地储备征收由上海世博土地储备中心全权负责。实施范围为中山南路以南、南浦大桥以西、浦东南路和耀华路以北地块,占地面积约 5.7 平方千米(其中浦西约 1.44 平方千米、浦东约 4.26 平方千米),世博园区地块应收储土地面积 5.31 平方千米,实际收储土地面积 5.31 平方千米,所需资金自行筹措解决。因此,此次土地储备核心要素的价值来源为将原有的土地区域从单一使用的工业价值属性通过财政资金和社会资本的介入转化成为规划设计后的国家战略和城市建设主导价值下的场馆、生活、工业元素相互动的表征空间。

---

① 案例内资料与数据来自上海市土地储备中心、上海世博土地控股有限公司。

## （二）所有者权益的形成与流转

世博会建设为了保障收储项目的收支平衡实现价值的置换，将自然资源资产划分成核心区、协调区和辐射区三个区域联动协同建设，在区域内部统筹自然资源资产的投资权、建设权、储备权、收益权，用土地开发升值收益预期模型撬动融资开发，实现价值的流转，保障用地需求和多方权益（图 5-1）。

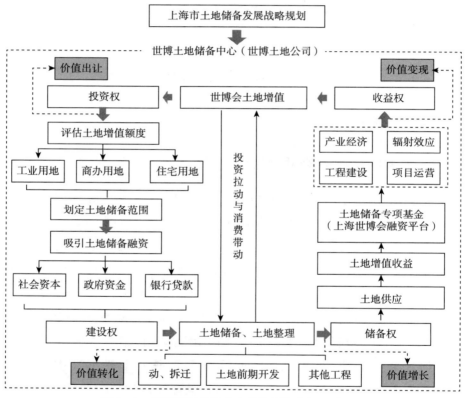

图 5-1　世博园区收储中自然资源资产权益关系图

资料来源：作者自绘。

世博园内土地储备的地块应收储土地面积 5.31 平方千米，需要实施大批量土地使用权的流转，世博土地中心作为土地一级开发机构具有借贷主体统一和投融资主体统一的权利义务相结合的特征。2004 年至 2005 年初，上海市世博土地储备中心分别与涉及世博园区的各企事业单位和浦东新区、黄

浦区及原卢湾区人民政府签订了《中国 2010 年上海世博会规划红线范围内
拆迁合作协议及补充协议》，其中：企事业单位单独签订合同的 63 家，与浦
东新区、黄浦区及原卢湾区人民政府签订的动迁包干协议包含居民及企事业
单位，具体详见表 5-1。

表 5-1　动拆迁房屋情况明细

| 序号 | 内容 | 单位 | 浦东新区 | 黄浦区 | 原卢湾区 | 合计 |
|---|---|---|---|---|---|---|
| 一 | 居住房屋 | | | | | |
| | 1. 居住房屋拆迁面积 | 平方米 | 838 257 | 237 859 | 36 160 | 1 112 276 |
| | 2. 居民拆迁户数 | 户 | 10 724 | 6 720 | 567 | 18 011 |
| 二 | 非居房屋 | | | | | |
| | 1. 非居房屋拆迁面积 | 平方米 | 208 761 | 168 745 | 7 833 | 385 339 |
| | 2. 非居拆迁户数 | 户 | | 268 | | 268 |

注：数据来自上海市土地储备中心。

　　根据工业用地、商办用地、住宅用地三类及周边带动辐射地块计算预期
土地增值效应，评估未来土地收益，以分配土地的收益权，规划土地储备的
范围和面积，通过政府拨款、社会投资、银行贷款筹集储备成本为
710.76 亿元，用于包括动拆迁成本、土地前期开发费用等几个方面实现价
值的转化，形成政府、投资人自然资源资产所对应价值，组织开展收储工作
（表 5-2）。

表 5-2　动拆迁资金明细

| | 项目内容 | 审定金额（元） |
|---|---|---|
| 一 | 动拆迁成本 | 6 079 268.637 5 |
| | 1. 动拆迁补偿费 | 3 860 037.327 3 |
| | 2. 动迁相关费用 | 2 219 231.310 2 |
| 二 | 土地开发项目 | 821 899.342 4 |
| 三 | 土地出让安排项目 | 183 688.906 7 |
| 四 | 建设管理费 | 0.000 0 |
| 五 | 后续费用（预估贷款利息） | 21 900.000 0 |
| 六 | 新开发银行（世博 A11-01 地块）土壤环境治理修复费 | 862.268 0 |
| 合计 | | 7 107 619.154 6 |

注：数据来自上海市土地储备中心。

项目在实施过程中，突出公共性特征，启动打造文化博览创意、总部商务、高端会展、旅游休闲和生态人居为一体的上海 21 世纪标志性市级公共活动中心。中国电力投资集团、中国电子科技集团、中航国际控股股份有限公司、中国核工业集团有限公司等央属企业已入驻；华泰保险集团股份有限公司、中国银联股份有限公司、浦东发展银行、天安财产保险股份有限公司、永诚财产保险股份有限公司等金融企业入驻，获得高额的土地出让金。另外，收储过程中也注重世博园区市级公共活动中心功能的体现。公园式体验、消费、娱乐综合体世博轴的建设、中华艺术宫、世博展览馆、奔驰文化中心等场馆的组建，使得这片区域文化、娱乐、会展的功能得到持续发挥。这些由于世博会的品牌效应和对基础设施修建的投资给当地的自然资源资产带来的价值增值，能有效地弥补前期土地储备所花费的成本，实现自然资源资产的价值变现，由自然资源成为自然资产再形成资本效应回收资金。

## （三）所有者权益的实现与分配

### 1. 提供用地保障完成国家战略

上海 2010 年世博会是中国首次举办的综合性世界博览会，也是首次由发展中国家举办的世博会，共有 256 个国家、地区、国际组织参展，吸引世界各地 7 308 万人次参观者前往，是史上园区面积最大的世界博览会。土地储备为成功举办此盛会提供了舞台场地，为今后城市的发展奠定了较好的基础。

### 2. 区域转型拉动经济发展

世博园区地理位置优越，是上海市"创新驱动发展、经济转型升级"的六大重点区域之一。世博地区坚持"高起点开发、高品质建设、高水平运营"，目前已有序推进金砖国家新开发银行总部大楼项目（1.2 公顷）、世博文化公园（约 200 公顷）、国际企业总部集聚区（24.5 公顷，共 27 幅地块，已出让 23 幅地块）等重点项目。市级公共活动中心功能初具雏形，中华艺术宫、当代艺术博物馆、世博文化中心、世博展览馆等已成为区域地标性建筑；世博轴已形成公园式体验、消费、娱乐综合体；世博会博物馆、儿童艺术剧场、国际乒乓球博物馆、世博公园等均已向公众开放；黄浦江两岸滨江步道世博段已全线贯通；每年举办超过 500 场会议、会展和各类文化娱乐活动,年吸引人流超过 1 600 万人次。

**3. 推动生态文明建设,实现区域环境整体提升**

原世博园区内工业厂区用地占红线内用地的 70%,随着城市的发展,工业用地的腾退已迫在眉睫,且大量岸线被工业用地所占据,阻隔了城市居民的亲水活动休憩。通过世博园区的整体储备和统一开发,落实了广场、绿化、市政道路等前期开发项目,实现了美化城市环境、提升城市品位、完善城市功能的目标,逐步打造集文化博览创意、总部商务、高端会展、旅游休闲和生态人居为一体的上海 21 世纪标志性市级公共活动中心。

世博园区坚持践行"小街坊、高密度、低高度、紧凑型、高贴线率"的规划理念,按照"功能优先、绿色环保、以人为本"的建设思路,在推广"街区制""海绵城市""绿色建筑"等方面进行了先行先试。目前,B 片区央企总部集聚区基本形成了"窄马路、密路网"的肌理,建立了集中供能系统,所有建筑符合国家绿色建筑标准。城市最佳实践区建立区域的雨水管理监控系统,打造"海绵城市",并于 2013 年通过美国绿色建筑协会 LEED-ND 铂金级认证,成为亚太地区首个获得铂金级认证的区域。

此外,在世博园区红线规划范围内,除大量新增建筑外,近 20% 的老建筑将予以保留,包括上海开埠后建造的优秀老民居和见证中国工业发展进程的工业遗产。其中包括海内外最为关心的江南造船厂,将在世博会后再度"变身",改建成中国近代工业博物馆群,作为上海市的一个新亮点,被永久保留。


# 二、四川省遂宁市南坝机场土地储备项目[①]

## (一)案例背景与核心目标要素分析

遂宁南坝机场迁建项目由国务院、中央军委批准,属于省重点工程项目,项目位于遂宁市经济技术开发区境内机场北路以南、机场南路以北、明星大道以东、银河南路以西。收储前,根据遂宁市 2020 年城区远景用地布

---

① 案例内资料和数据来自遂宁市自然资源和规划局、遂宁市土地储备中心、遂宁发展投资集团有限公司。

局图,现有机场部位及周边已全部规划为城市建设区域,现有机场占地与城市建设规划产生严重冲突,机场周边近 22 平方千米范围内受到机场净空限制。而且现有机场跑道轴线穿越中心城区,给城市居民生活带来极大的安全隐患,其飞行噪声也对城市带来极大影响。目前飞行训练严重影响着市城区居民的生产、生活和安全,机场与城市相互制约的矛盾已十分突出。

项目规划以迁建的形式打造民航通用航空飞行员、年运营保障与服务人员培训基地。同时,建立航空俱乐部或通航公司,拓展通用航空业务内容,开发通航包机、短途运输、公务飞机、空中游览及其他飞行业务,打造 FBO 固定运营基地,推进通航作业的多元化与市场化发展。通过土地储备,将原有的土地区域从低效使用的土地价值属性通过置换的方式变为规划设计后的国家战略和经济发展主导价值下的天府国际机场、双流国际机场、江北机场的物流配套机场的表征空间。

### (二)所有者权益的形成与流转

遂宁南坝机场迁建占地面积 3 426.837 亩,总投资 19.57 亿元,工程主要由未开发用地转化为机场建设用地,完成自然资源资产的价值增值,其建设内容为:飞行区场道工程、目视助航设施及供电工程、空管工程、机库区、消防救援工程、校区、供油工程、公用配套设施工程、总图工程。收储区域城市规划用途为住宅、商服、工业、基础设施用地共 2 440.7 亩,其中基础设施用地 1 183.4 亩,占 48.49%,可供出让土地 1 257.3 亩,占 51.51%,能够实现土地这一自然资源资产的价值提升。

南坝机场土地收储项目由遂宁市土地储备中心作为实施主体,完成土地收储过程中的由未开发用地到可收储并建设机场用地的价值转化(图 5 - 2)。考虑新机场迁建项目的特殊性、复杂性和专业性,根据四川省人民政府《关于中国民航飞行学院遂宁南坝机场迁建工程可行性研究报告的批复》(川府函〔2016〕39 号),遂宁市人民政府决定新机场项目建设实施由遂宁市土地储备中心委托遂宁发展投资集团有限公司具体负责。遂宁发展投资集团有限公司以控制项目投资额、保证项目工期及质量为建设目标,在投资人、使用单位、财政、审计、监察等部门的监督下负责项目的建设实施,代为履行业主职责。涉及原南坝机场收储后的土地前期开发由遂宁市土地储备中心作为业主。中国民用机场建设集团西南分公司、四川省场道工程有限公司、北京中企建发监理咨询有限公司、原成都军区空军勘察设计院、四川省地质工程勘察院、中国水利水电第七、第八工程局有限公司为项目其他实施主体。

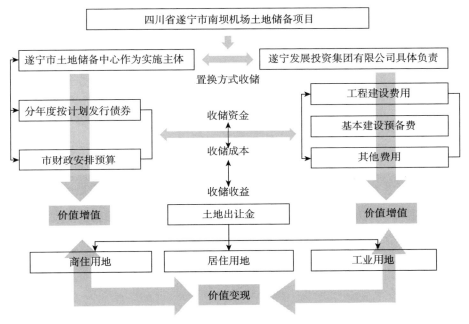

图 5 - 2　南坝机场土地收储项目自然资源资产权益关系图
资料来源：作者自绘。

本项目采取置换方式收储，新机场竣工移交后即取得原南坝机场土地，所以土地取得费即为新机场迁建费用。地块具有稳定的预期偿债资金来源，能够实现项目收益和融资自求平衡。项目资本金 97 394.00 万元，占总投资 35.75％，资本金来源于财政预算安排资金（表 5 - 3）。除此之外还进行融资，计划发行地方政府土地储备专项债券 175 000.00 万元，占总投资的 64.25％。其中 2018 年计划发行债券 80 000 万元，债券年利率 4.5％，债券期限为 5 年；2019 年发行债券 55 000 万元，债券年利率 4.5％，债券期限为 5 年。2020 年发行债券 30 000 万元，债券年利率 4.5％，债券期限为 5 年；2021 年发行债券 10 000 万元，债券年利率 4.5％，债券期限为 5 年。经计算，本项目债券本息共 214 375.00 万元。利息按年支付，本金到期一次性偿还，债券本金按 4 年 80 000.00 万元、55 000.00 万元、30 000.00 万元、10 000.00 万元归还。

**表 5-3  遂宁南坝机场迁建项目资金来源明细**

| | 项目内容 | 审定金额 |
|---|---|---|
| 一 | 本金 | 97 394.00 万元 |
| 二 | 融资 | 175 000.00 万元： |
| | | 2018 年债券 80 000 万元 |
| | | 2019 年债券 55 000 万元 |
| | | 2020 年债券 30 000 万元 |
| | | 2021 年债券 10 000 万元 |
| 总投资额 | | 272 394.00 万元 |

注：数据来自遂宁市自然资源和规划局、遂宁市土地储备中心。

本项目资金保障措施，一是分年度按计划发行债券。土地储备专项债券资金由财政部门纳入政府性基金预算管理，并由土地储备机构专项用于土地储备，具体资金拨付、使用、预决算管理严格执行财政部、原国土资源部关于地方政府土地储备专项债券管理的规定。二是市财政安排预算，确保项目资本金足额到位。三是严格按照同级财政部门批复的预算执行，并根据土地收购储备的工作进度，提出用款申请，经主管部门审核后，报同级财政部门审批，资金支付按照国库集中支付制度的有关规定执行。四是如债券资金发行未及时到位，为保证工程项目进度，需向市财政申请使用本级当前土地出让资金。五是土地储备机构所需的日常经费，应当与土地储备资金实行分账核算，不得相互混用。财政、自然资源管理部门应当加强对土地储备资金使用情况以及土地储备机构执行会计核算制度的监督检查，确保土地储备资金专款专用，努力提高土地储备资金管理效率。六是在债券资金使用过程中严格按照财政部、自然资源部关于印发《土地储备资金财务管理办法》的通知（财综〔2018〕8 号）、关于《地方政府土地储备专项债券管理办法（试行）》的通知（财预〔2017〕62 号）文件精神，做到专款专用。

最终，总投资为 272 394.00 万元，其中，土地取得费用（及新机场建设费用）195 794.00 万元，占投资总额 71.88%（表 5-4）。按照四川省发改委《关于中国民航飞行学院遂宁南坝机场迁建工程初步设计及概算的批复》(川发改基础〔2017〕81 号),遂宁南坝机场迁建工程项目概算总投资为 195 794 万元,包括工程建设费用 120 252 万元;基本建设预备费 3 998 万元;其他费用 71 544 万元。前期开发费用 37 000.00 万元(含道路基础设施工程建设费用、工程建设其他费用和基本预备费),占投资总额 13.58%,主要用于收储土地道路、管网、环境提升等基础设施建设;建设期发债利息及债券发行费用 39 600.00 万元,占投资总额 14.54%。

表 5－4 遂宁南坝机场迁建项目资金支出明细

| | 项目内容 | 审定金额 |
|---|---|---|
| 一 | 土地取得费用 | 195 794.00 万元 |
| | 工程建设费用 | 120 252 万元 |
| | 基本建设预备费 | 3 998 万元 |
| | 其他费用 | 71 544 万元 |
| 二 | 前期开发费用 | 37 000.00 万元 |
| 三 | 建设期发债利息及 | 39 600.00 万元 |
| | 债券发行费用 | |
| 总投资额 | | 272 394.00 万元 |

注:数据来自遂宁市自然资源和规划局、遂宁市土地储备中心。

新机场于 2017 年 10 月开工建设,2017 年已净地移交给业主方使用,为单一类型土地转换为机场用地的自然资源资产的价值增值打下了基础。项目实施后整理可供出让土地共计 1 257.3 亩。收入为出让经营性用地取得的土地出让金,预测总收入为 519 802.79 万元,扣除项目运营期总成本 272 394.00 万元,土地出让总收益 247 408.79 万元,减去国家规定提留的费用 145 935.98 万元后,土地出让净收益为 101 472.81 万元,预计可实现收益 373 866.81 万元,项目实现稳定收益,实现自然资源资产的价值变现。

## (三)所有者权益的实现与分配

加速城市经济发展。项目切实践行"创新、协调、绿色、开放、共享"的新发展理念,南坝机场搬迁后,消除机场对城市居民的噪声污染和安全隐患,释放周围 22 平方千米净空限制,大幅度提高土地利用强度。新建机场,迁建后的遂宁安居机场飞行区等级指标 4C,可年起降 20 万架次。

本项目偿债资金由南坝机场收储项目对应地块的土地出让收入偿还。经测算，南坝机场可收储地块面积为 2 440.7 亩，根据遂宁市城南片区控制性详规，本项目可出让土地 1 257.3 亩，土地出让率为 51.51%，其中商住用地 121.50 亩，居住用地 723.15 亩，工业用地 412.65 亩。根据遂宁市近三年土地公开出让情况及遂宁 GDP 增速，土地出让总价款预计为 519 802.79 万元，除去八项政策提留成本，可用于资金平衡的土地相关收益为 373 866.81 万元，对债券本息的覆盖率为 1.74 倍，能够充分保障偿还债券本金和支付利息。

优化城市空间布局。南坝机场迁建后，将从根本上解决遂宁城市发展和南坝机场净空保护的矛盾。通过收储使南强片区城市规划连成一片，确保了城市发展的整体布局，将满足现代城市经济发展的最新需求。同时南坝机场地块的收储使得遂宁市在城市往东南发展方向上不再受建设用地制约，对于带动城市南强片区发展是至关重要的，极大地缓解了城市扩张的压力。同时有利于统筹城乡发展，促进城乡一体化建设；有利于优化土地利用结构，促进土地的节约集约利用。

## 三、南昌市朝阳新城土地收储模式①

### （一）案例背景与核心目标要素分析

朝阳新城位于南昌市老城区西湖区辖区范围内，是从朝阳洲板块蜕变而来，而朝阳洲自古以来洲上居民便以江边放排、运送木材和贩鱼为生，并建房、定居。朝阳洲只有几家规模不大的工厂，主要是朝阳水厂，还有朝阳农场。朝阳农场，建于 1985 年，属于国有农场，区域内建有农副产品批发大市场、朝阳医疗器械厂、朝青印刷厂、朝阳卫生院等。

开发前，该自然资源资产大部分为鱼塘或蔬菜林木种植基地及村庄生产生活用地，呈现出城郊自发无序建设与农村田园水乡交杂共生状态，居住人口以农村人口为主，且人口聚集多，居民的居住条件差，居住、商业、工业、学校布局散乱（图 5-3）。市配套设施标准低，加之特殊的水环境条件，区域

---

① 资料和数据来自南昌市土地储备中心、南昌市人民政府网站、南昌市西湖区政务门户网站。

内又多为低洼棚户房屋，人民生活质量低，自然资源资产利用效率低。

图 5-3　南昌市朝阳新城土地收储前情况

　　随着城市的扩张加速，红谷滩板块的日渐成熟，南昌迫切需要一个新区域来承接城市发展的热点。一直作为南昌储备用地的朝阳洲也在逐步开始发力。从朝阳洲片区自身条件来看，朝阳洲位于南昌地理中心位置，既背靠老城区，又与南昌 CBD 红谷滩隔江相望，占据优越地理位置，且朝阳洲水道纵横，滨水空间极有发展潜力；从南昌市整体发展战略来看，由于地理上的因素，南昌大都市区核心城市空间发展方向主要为向北、向西南和向南，朝阳洲可作为南昌向南发展战略的承接点。而由于历史原因，朝阳洲以前的建设主要集中在水厂路以北地区，水厂路以南地区建设则相对滞后，开发崛起的需求日益迫切。自然资源资产需要完成从"无序用地"建设为"成熟社区"的价值转化。

　　为了更好地规划辖区土地，改善居民生活质量，朝阳新城启动土地收储和开发项目，在交通、教育、医疗、生活、休闲等方面生活配套设施完善，交通立体化发达，设立中学 4 所、小学 9 所，三级甲等医院一所，建设新朝阳公园等一系列景观，区域居住极具舒适度和幸福感，实现了土地的系统性开发和空间的整体性规划。

## （二）所有者权益的形成与流转

　　南昌市政府成立了"南昌市朝阳洲地区基础设施领导推进工作领导小组"统筹自然资源资产的价值置换，提出了封闭运作的"大收储"的土地运作模式，即由南昌市土地储备中心对区域内所有土地统一收储、统一整理、统一供应、统一管理，完成价值转化与价值增值（图 5-4）。

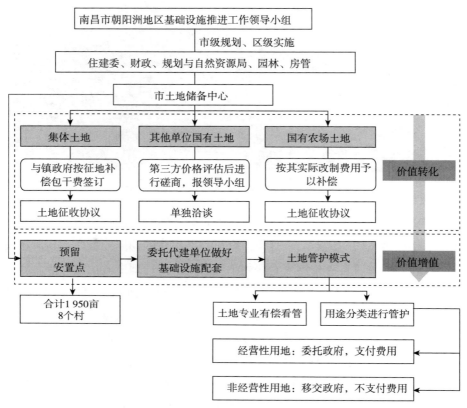

图 5-4　朝阳新城土地收储项目自然资源资产权益关系图

资料来源：作者自绘。

朝阳新城土地收储项目规划计划先行。2004 年，南昌市编制了《朝阳洲地区控规》，对朝阳洲地区的布局、定位及功能等作了系统规划。2007 年，在原有规划的基础上进行了调整，同年 11 月 21 日，南昌市规划委员会召开 2007 年第 3 次会议，原则通过了《朝阳洲地区控规调整方案》。2008 年，南昌市人民政府决定采取"大收储"的模式封闭运作开发西湖区朝阳片区内水厂路以南、昌南大道以北、滨江路以东、象湖风景区以西的 11.7 平方千米土地，将其定位为按世界级标准打造的城市新区，命名为"朝阳新城"。南昌市人民政府先后聘请美国、大洋洲、新加坡专家，配合国内知名同济规划设计院、南昌城市规划设计研究院编制区域控制性规划，将朝阳新城定位为以高品质的生活居住为主，金融商务办公、商业服务、文化体育、休闲娱乐等为一体的、设施完善的人居典范新城,且朝阳新城作为赣江右岸一侧唯一可供集中开发的片区,倚靠南昌市委、市政府"一江两岸"的战略布局,具备了得天独厚的地理优势,土地价值亦日益凸显。

确保土地收储工作的顺利推进,是贯彻落实好市委、市政府打造"朝阳新城"战略部署的基础,但由于拟收储范围内土地权属构成复杂,国有老旧企业较多,原土地使用人对补偿预期大,农房拆迁量大,集体经济组织产业用地的保障等诸多问题,使土地收储工作面临着诸多难题。例如:实施国有土地收购储备时,储备机构与原土地使用人是两个平等的经济主体,收购价格完全根据市场状况自由协商确定。由于原土地使用人认识到资源的价值,因此,对土地储备补偿价格抱有很大预期,造成收储谈判难。为顺利推进土地收储工作,市政府高位推动,打开思路,调整以往逐个地块收储的模式,确立了新的土地运作模式。

一是土地收储资金由市土地储备中心筹措并投入,转变自然资源资产属性,形成和行使新增所有者权益,建立市级调度、区级实施的协调机制,土地"成熟一块,出让一块",保障自然资源资产的价值置换。土地出让后,土地出让收入封闭运作,即扣除规定计提的各项资金和收储成本后,收益部分滚动用于土地收储及专项用于朝阳新城基础设施开发建设。同时,在具体收储过程中,按照不同的权属类别分类实施收储,即:①对土地权属边界清晰的集体土地,与镇人民政府按照征地补偿包干费签订土地征收协议,并予以补偿;②其他单位国有土地,从尊重历史、尊重事实、维护国资、促进稳定的角度,采取单独洽谈的模式,收储价格在第三方评估价格的基础上磋商后,报南昌市朝阳洲地区基础设施领导推进工作小组予以明确;三是国有农场的土地,按其实际改制费用予以补偿。完成资产的权属变更,统筹使用权和收益权管理。

二是完成朝阳新城土地储备开发,推动自然资源资产的价值增值。朝阳新城道路、园林绿化、水系整治等土地前期开发工作均由南昌市土地储备中心作为业主单位与相应施工单位签订委托代建协议,并提供资金保障,所需费用全部列入朝阳新城总成本。"土地出让到哪里,配套就做到哪里",保障土地的高质量使用权益,提升自然资源资产区域价值。

三是在确保土地收储"量"的同时,力求在地块管理的"质"上进行统筹规范，推进自然资源资产的附加价值提升，更好地完成市场化交易，实现自然资源资产的价值变现。南昌市土地储备中心积极探索土地管护模式，对已收储土地进行有效监管。①实行土地专业有偿看管制度；②对已收储未供应土地按规划用途分类进行管护，经营性用地由南昌市土地储备中心委托属地政府进行日常性看管和经常性巡查，并签订委托管护协议，支付管护费用；非经营性用地移交给属地政府进行管护，签订移交管护协议，属地政府在符合条件的前提下可优先临时利用该部分土地，但并不支付管护费用。2010—2019 年，南昌市本级出让土地面积 13 786 亩，其中朝阳新城范围内出让土地面积达 4 350 亩，占比 32%，如按年度划分占比最高年份甚至达到 70%，对稳定南昌市房地产市场起到了积极作用（图 5 - 5）。

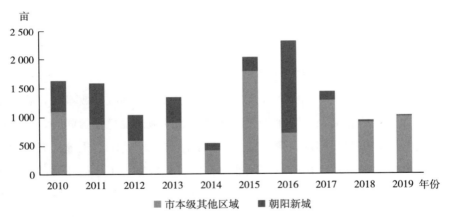

图 5 - 5　2010—2019 年朝阳新城与市本级其他区域出让面积对比

注：数据来自南昌市土地储备中心、南昌市人民政府网站。

## （三）所有者权益的实现与分配

朝阳新城的土地储备项目不仅完成收支平衡，还产生额外的经济价值收益，同时对本地的民生和社会方面也产生附加价值。

在自然资源资产的经济价值所有者权益分配方面，朝阳新城 17 550 亩土地，已完成收储土地约 17 400 亩，土地收储成本合计约 101.41 亿元（含土地征迁、安置房建设、基础设施建设等），已供应土地 10 010 亩（含出租银燕物流用地约 390 亩），其中出让土地面积约 4 350 亩，土地出让金总额 261.45 亿元。自开发建设以来，朝阳新城土地出让收入达 261.45 亿元，扣除市级财政返还土地储备中心的 101.41 亿元用于土地收储外，剩余 160.04 亿元全部上缴南昌市财政，用于支持南昌市城市建设，为南昌市经济社会生态发展提供了资金要素保障（表 5-5）。

表 5-5 朝阳新城收储中自然资源资产资金情况

单位：亿元

| 朝阳新城投资金额 | | | | | | | | 土地出让收入金额 | 收益情况 |
|---|---|---|---|---|---|---|---|---|---|
| 土地征迁费用 | 基础设施代建费用 | 道路管护费用 | 余土清运费用 | 安置建设费用 | 其他费用（如拆迁代办费、指挥部工作经费、围挡、报批、测量等） | 市级重点、重大工程 | 合计 | | |
| 51.56 | 21.06 | 0.7 | 0.09 | 10.13 | 4.98 | 12.89 | 101.41 | 261.45 | 160.04 |

注：数据来自南昌市土地储备中心、南昌市人民政府网站。

在社会价值层面下的所有者权益分配方面，朝阳新城规划范围内 17 550 亩土地中，规划市政基础设施和公益事业用地 11 179 亩，占比达 64%，其中道路用地 3 336 亩、配套用地 2 121 亩、安置房用地 1 914 亩、村级产业用地 530 亩、绿化用地 538 亩、水系 2 740 亩；规划居住、商住、商业、旅馆等经营性用地面积 6 371 亩，占比仅 36%（图 5-6）。而且地块自开发建设提升了当地土地价值，吸引民生配套设施建设，方便市民生活。加大学校、医疗、公共交通等公益事业用地供应，引进了南昌市第三医院、朝阳中学、站前路小学等一批公益性配套项目。2010—2019 年，南昌市本级出让土地面积 13 786 亩，其中朝阳新城范围内出让土地面积达 4 350 亩，占比 32%，如按年度划分占比最高年份甚至达到 70%，开发建设以来，朝阳新城陆续引进喜盈门家居广场、天虹商场、万达广场、红星美凯龙家居广场、绿滋肴总部、华侨城等招商项目，总用地面积达 1 767 亩，一改朝阳新城开发建设前拖家带口"进城"消费的境况，实现"家门口"购物消费，进入地区商业发展的快车道模式（图 5-7）。

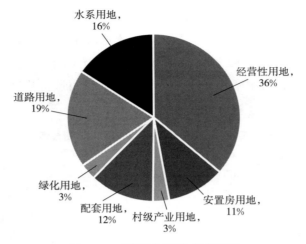

图 5 - 6　朝阳新城用地规划情况

图 5 - 7　朝阳新城中央公园周边项目情况

注：数据来自南昌市土地储备中心、南昌市人民政府网站。

## 四、肇庆新区肇庆东站 TOD 案例[①]

### （一）案例背景与核心目标要素分析

2013 年肇庆市启动以肇庆东站 TOD 项目为核心的鼎湖区肇庆新区建

---

①　案例内资料和数据来自肇庆市自然资源局、肇庆市鼎湖区人民政府网站、肇庆新区管委会门户网站、肇庆新区土地资产管理总公司。

设，自然资源资产需要从农用土地价值提升为新区综合用地[①]，引入园林空间、商业空间、基础设施空间等，通过规划提升整体区域的社会价值。新区规划面积 115 平方千米，涉及 5 个镇街 26 个行政村，新区内用地 60％土地为村集体所有，需要通过价值置换实现自然资源资产的属性转化，需征收集体农用地 9.2 万亩，新区的建设核心就是要将处于"空间实践"的农用地通过规划、开发、建设为具有"表征空间"性质的新区规划用地，推进城乡一体化发展（图 5-8）。

图 5-8 肇庆新区广利街道彭寿村土地征收开发后现状图

## （二）所有者权益的形成与流转

新区建设将集体土地通过价值置换形成新的所有者权益，而后创新性提出"两级土地股份化"价值流转渠道，将新区规划涉及的相关自然资源资产的承包权和经营权以入股的方式实施委托进行价值交易，获得股权分红、社保缴纳、兑换商业等权益，获得资金收益（图 5-9）。

一是成立村级土地公司。彭寿村 15 个村民小组以农用地入股，联合成立"彭寿村土地资产管理公司"。该公司是具有特定目的的有限责任公司，只用于土地资产收入经营，不从事其他经营活动。村民小组股权比例以各小组的农用地面积进行界定。以村民小组罗水一队为例，其农用地面积为 273.75 亩，占总面积 4 958 亩的 5.52％，其股权比例即为 5.52％。村民小

---

① 朱亚鹏，田肖肖. 新时代背景下农村土地征收安置的制度创新：肇庆土地入股的案例分析［J］. 甘肃行政学院学报，2020（3）：115-123，128.

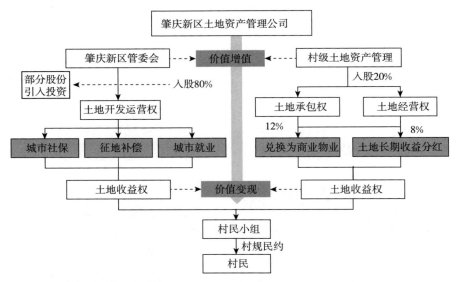

图 5 - 9　肇庆新区土地收储项目自然资源资产权益关系图
资料来源：作者自绘。

组作为股东，获得村级土地公司的土地收益分红后①，按照村规民约每年给村民分配一次。

二是联合成立肇庆新区土地公司，形成新的所有者权益，初步推进自然资源资产的价值增值。肇庆新区管委会与彭寿村土地公司联合成立肇庆新区土地资产管理总公司，完成权属管理：彭寿村土地公司以名下土地承包权和经营权再入股，占新区土地总公司股权的 20％；新区管委会以这部分土地的开发成本入股，占总公司股权的 80％，以入股的形式改变自然资源资产的权属关系，统筹管理以提升自然资源资产的价值增值效率。由于村级土地公司是特定目的公司，没有实际现金投入，而管委会土地开发投入巨大，为体现惠民原则，双方经协商确定了 2∶8 的股比。土地征收条件成熟时，由新区土地公司配合管委会完成土地征收工作，此前不得改变农用地性质和现状。土地征收完成后，管委会负责开发运营，其中可出让的建设用地收益减

---

　　① 陈宇航，张建军，林建，魏锋华，唐勇，吕品田，赵宏伟，杨旭波，闫格．让农民成为城市发展的"合伙人"——广东省肇庆市鼎湖区农村土地征收政策创新调查报告［J］．中国发展观察，2019（13）：55 - 5.

去入股土地开发成本，视为土地增值收益，由彭寿村与管委会按股权比例分配。为了防止政府引入第三方资本进行土地开发造成村民股权损失，公司章程中设立了"防稀释条款"，约定村级股份占比不因任何原因而减少，充分保障村民权益。

三是落实股权收益分配，做好权益的共享和配置，推进自然资源资产的价值变现。因土地储备周期长，为保障村民的收益权，提出在村级公司的20％股权中，划出12％折换成商业物业设施短期内返还，剩余的8％为长期增值收益，由管委会定期结算返利给村级公司，使自然资源资产的经济价值显化。

四是构建多元社会保障机制，做好权益的共享和配置，推进自然资源资产的价值变现。管委会构建多元社会保障机制，为入股农民设立个人社会保障账户，为入股农户社保缴费12年，村级公司缴费3年。在新区核心区域规划建设大产权安置小区，用商品住房置换宅基地和民房，使自然资源资产的社会价值发挥更大效用。

五是提升村集体可持续发展能力，巩固自然资源资产的增值成果。管委会已完成的8万亩土地股份合作共需返还村级土地公司96万平方米商铺（部分以其他物业形式返还）。为管理运营好这部分商业物业设施，管委会引导具有物业分配权的多个行政村土地公司联合成立物业资产管理公司，选举董事会、监事会和董事长，引入职业经理人，用市场化方式保障物业保值增值，推动村集体学习现代市场经济和企业运作机制。这些措施，使村集体从管土地向管物业、管股权转变，村集体可持续发展能力得到明显提升。

## （三）所有者权益的实现与分配

肇庆新区的土地储备项目产生以经济价值为主导的乡村振兴和共同富裕效应，以集体的价值实现为主，带动地区的社会价值实现。从自然资源资产的价值分配而言：被征地者获得自然资源资产流转而带来的价值增值资金。改革前，土地收益主要以农业生产经营和发包经营为主，收入少且渠道单一，平均每年每亩土地收益约 1 000 元，人均每年村集体分红约 1 600 元。改革后，不仅可以获得土地流转补偿金，还包括商业设施租金和谷物保障收益等后续收益。每亩土地流转补偿款 5.49 万元，人均分得 10.60 万元；后续收益还包括商业设施租金和谷物保障收益（按每 500 克 1.8 元计算，每亩土地每年收益约 4 000 元），人均每年收益约 7 500 元，是原有收益的 4～5 倍。同时，低价值的农村平房变成高价值的大产权小区房，房屋资产大幅增加。储备前的土地收益主要以农业生产经营和发包经营为主，储备改革后，在土地收益方面年人均约 7 500 元，是原有收益的 4 倍以上。同时，就村集体而言因空间规划而产生自然资源资产的社会价值提升，生活方面提升了村民的生活质量，平房变为舒适的楼房，享受和市民完全一样的城市养老、医疗保障和其他公共服务，有效地保障了村民的基本权益。

就整体区域的发展和政府而言带来了社会价值，对政府而言，解决了土地征收难题，保障了新区建设的用地需求。2015 年彭寿村 15 个村民小组全部签署入股协议，共约 4 800 亩土地全部流转到新区土地资产管理总公司，由于彭寿村试点取得成功，这一改革产生了良好的社会反响，到 2016 年底，肇庆新区总流转土地已超过 6 万亩，2017 年底突破 7.5 万亩，至 2018 年底，参加合作土地面积超过 8 万亩，基本覆盖了新区核心区。促进村民向市民转化，推进城乡发展一体化，改变土地碎片化状态，实现农地的集约高效利用与乡村振兴的发展。

# 第二节　模式总结

根据上海世博会土地储备案例、四川省遂宁市南坝机场土地储备案例、南昌市朝阳新城土地储备案例、肇庆新区土地储备案例中的主导价值核心要素，从其所有者权益的转化、流转、增值和变现形式中归纳得出以"资产重组＋权益分享"为核心的经济价值实现模式。

根据土地产权视角下的利益主体与物质生产资料的相互关系这一维度，"资产重组＋权益分享"土地储备模式的运行机理主要是以统一规划、统一筹备、统一收储为依托，利用所有者权益，实现自然资源资产的经济价值。一是由储备中心或者第三方实施平台机构厘清所有者权属关系，协调自然资源资产权益配置，整备辖区内自然资源资产实施统一收储，完成资产的重组。二是将集中的土地使用权进行流转，根据用途和使用权接收企业的需求，签订协议，由新使用权人或者开发公司负责相关土地的整理、开发和运营,保障自然资源资产的开发权、使用权和经营权的运转顺畅。三是自然资源资产的价值增值所带来的利益相关者的权益分享。当地块成熟时由负责企业配合完成土地变性工作,政府入股,并按约定股权比例享受收益分红。如果涉及原产权人为市民或者村民的情况,则会通过资金补偿、基础设施、物业服务、周边配套、社会保障金等资金或者服务的方式实现增益的共享。这种"资产重组＋权益分享"的土地储备模式,战略层面通过整合权益配合城市规划和国家部署的同时,从长期来看,就项目本身而言不仅自身实现收支平衡,大规模的收储也会产生对周边区域经济的辐射带动性,在收储地块内部分享所有者权益收益,在收储地块外部周边分享自然资源资产增值而带来的经济价值。

通过公共价值维度分析,该土地储备模式的主要特征为,在储备资金不足的条件下,可以协调各方权益人,在收储项目的时间和空间范围内,平衡不同地块间和长短期的盈亏,例如使被征地者能够以股权形式共享土地增值收益及城市化发展红利,解决征地补偿标准低的问题。保障被征地者的长远收益,通过代缴社保、指导就业、商品房安置、物业返还等方式,构建起多元保障机制,消除后顾之忧。同时,通过资产重组征地,促进了土地集约高效利用。但是该模式也存在不足,一是政府前期资金投入大,对政府财政资金及土地运营能力要求高。二是模式使用范围具有局限性。在缺少财政资金支持的情况下,由于该模式需要自然资源资产短时间内实现资金回笼,所有土地价值低区域,由于政府成本和收益无法平衡,不宜采用该模式。

# 第三节　适用性与应用思考

## 一、收储模式适用场景

从改进的价值分析网模型的土地空间生产演化后的核心目标要素维度方面归纳,这种土地储备模式往往适用于从"空间的表征"向"表征的空间"发展的地块,具有一定的土地开发基础、产权人明确、土地潜在价值高、升值快的区域,但是产权人较多、后续管理混乱或者不符合未来城市战略定位的地块,例如城乡结合部成片农地征收及整体开发城镇化地区、城市未来规

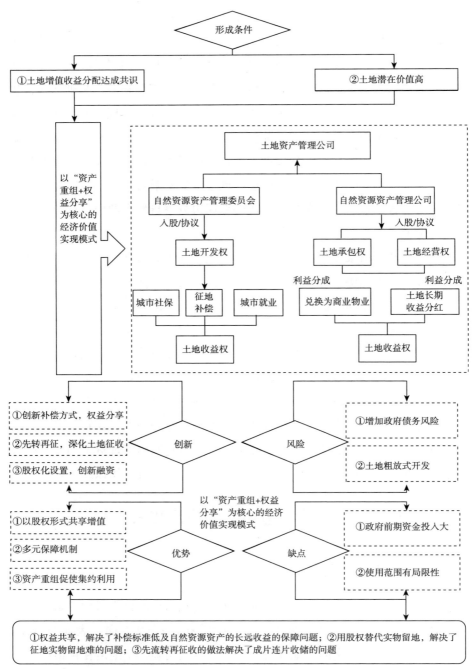

图 5-10  以"资产重组＋权益分享"为核心的经济价值实现模式
资料来源：作者自绘。

划范围内核心区域的存量低效闲置用地等；由于该类收储的规模较大，实施对象主要为政府主导，通过财政支出、发行专项债券或者其他招商引资的方式，实现资金的收支平衡，化解债务危机；收储区域过去有一定的自然资源资产的权益基础，例如地块使用权划分明晰、承包权和经营权的股份化基础等，以便于能够快速适应和推行权益分享机制（图5-10）。

## 二、收储模式的创新机制与风险

根据案例中的所有者权益的形成与流转分析，这种土地储备模式创新权益分享机制，一是通过协商与被征地者共享土地增值收益，用股权与群众结成利益共同体，例如在世博园的建设案例中改变了传统征收的一次性货币补偿，划分三种区域是对收储补偿方式的创新。通过土地股份化改革实现土地资本化，将土地价值显化，并使被征地者能以股权形式共享土地增值收益，使被征地者从城市发展的被动参与者变成了主动"合伙人"，充分调动被征地者的积极性。二是先转再征的资产重组做法，是对土地直接征收制度的进一步创新，例如肇东的案例中就是通过先将土地使用权流转到土地总公司，待条件成熟时再由土地总公司协助完成土地收储工作，有利于政府统筹管控土地，推进成片连片收储。三是股权化设置，在朝阳新区、肇东东站的土地储备案例中，通过股权设置为引入土地信托和战略投资提供合法接口，有利于引入社会资本参与开发，缓解政府收储资金压力，降低政府债务率。

但是以实现经济价值为主导的"资产重组＋权益共享"的土地储备模式由于该模式用地成本较高，政府前期投入大，若大规模实行，大量资金需求可能增加政府债务风险。同时，股份化的利益分享方式可能会导致部分村民成为闲散人员，不能充分利用当地劳动力。

# 第六章 以"综合收储＋成本分摊"为核心的生态产品价值实现案例分析与模式总结

## 第一节 案例分析

### 一、甘肃天水岷山机械有限责任公司片区土地收储项目[①]

#### （一）案例背景与核心目标要素分析

原天水岷山厂，占地面积 677.49 亩。主要生产以氧枪碰头为主的冶金备件，以溜板箱、小拖板为主的机床功能部件和以 59 式手枪及 56 式冲锋枪的枪管、枪机框、弹匣为主的枪械及零部件。2008 年，天水岷山厂政策性破产后，将破产财产（不含生产用地）协议转让给天水岷山机械有限责任公司。2010 年，天水市政府对天水岷山机械有限责任公司（以下简称岷山公司）使用的生产用地进行收回，由天水市土地收购储备中心储备。并约定待天水岷山机械有限责任公司搬迁改造完成后腾出该土地。

结合城市空间发展特征和既有土地储备工作特点，2018 年 9 月，天水市政府启动了岷山公司迁建及岷山片区土地开发工作，从工业用地价值的自然资源资产升级改造为具有工业、生态和符合未来城市发展具有社会效益的综合性自然资源资产，将用地从空间的表征通过收储变为表征的空间，提高空间治理能力。

---

① 案例内资料和数据来自天水市土地收购储备中心、天水岷山机械有限责任公司。

### （二）所有者权益的形成与流转

岷山公司片区项目区位于重大战略型地区，因而有一定溢价空间，也具有较好的发展前景和较高的发展迫切度，且规划成熟度较高。加快该片区的开发建设，对于完善城市总体布局、优化城市功能、建设区域性现代化大城市具有十分重要的意义。收储要求在开发的同时要将企业发展、做大、做强放在首位，要注重生态环境修复和保护，坚持在保护中开发，确保企业出城入园和老厂区开发建设顺利展开，更好地服务未来城市发展核心区的战略规划。

按照《天水市城市总体规划》，岷山片区为天水市商业及居住外延的主要区域，以商业金融、文化休闲公益事业以及商业居住为主，是天水城区发展的核心区域。项目涉及拆迁均为岷山公司老厂区建筑物与附属物，按照路网规划，将在岷山片区修建岷玉路、迎宾路两条主干道，路宽约为 20～30 米；两横、两纵支干道，共 6 条道路，用于满足各片区内部联系要求及局部地块的交通出入。围绕用地进行商业圈的建设和配套基础设施的提升可以提高自然资源资产的价值，完成土地的综合收储达到用地的价值增值目的（图 6 - 1）。

根据 2019 年 8 月 5 日天水市政府第 46 次常务会议、8 月 6 日七届市委常委第 54 次会议讨论通过的《天水岷山机械有限责任公司搬迁方案》，岷山公司搬迁资金总费用 6.5 亿元。该项目共 677.49 亩土地，其中的197.8 亩土地已出让，上缴土地出让金 81 888.165 0 万元。出让土地已移交竟得方，其余 252.75 亩土地正在实施天水岷山生态公园项目建设，剩余 226.94 亩土地将作为城市教育及城市道路预留用地。2018 年岷山公司收储项目申请债券额度 0.5 亿元，2018 年 9 月 14 日到账 0.5 亿元，目前债券已全部用于项目收储工作。

### （三）所有者权益的实现与分配

充分发挥土地储备服务保护修复生态环境、改善民生、经济发展的作用，使天水市岷山公司片区成为第二产业、第三产业、生态公园等多种要素相协同的城市空间。通过收储项目使生态产品和工业产品供给能力不断增

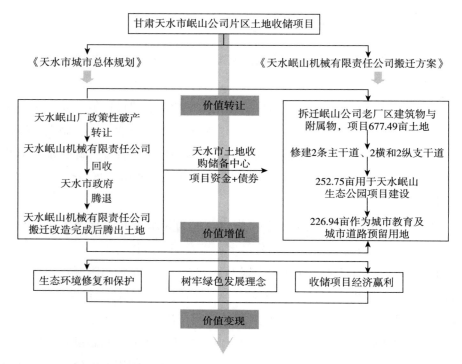

图 6-1 岷山片区土地收储项目自然资源资产权益关系图
资料来源：作者自绘。

强，走出了一条依托良好地理优势和生态环境，实现自然资源变资产的综合性表征空间的建设路径。

天水市岷山公司片区土地收储项目树牢绿色发展理念。科学制定了造币厂、步兵学校和岷山厂老旧厂房的修复方案及区域内古树名木鉴定工作，制定了科学合理的保护利用方案，确保建设和保护同步推进。充分利用厂区原有建筑、树木，最大限度保护现有生态资源和自然环境。新建的岷山生态公园将为市民打造植被良好、环境优美的城市氧吧和健身休闲乐园。

天水市岷山公司片区土地收储项目实现经济赢利。从政府角度而言，该项目 677.49 亩土地，收储成本 6.5 亿元，其中申请使用专项债券 0.5 亿元，其余资金为市财政筹措资金。目前其中的 197.8 亩土地已出让，上缴土地出让金 81 888.165 0 万元，出让土地已移交竞得方开工建设；其余 252.75 亩土地已用于岷山生态公园建设；剩余 226.94 亩土地将作为教育及道路预留用地。从企业角度而言，为企业发展提供了更好的保障。天水市政府在天水工业园区为岷山公司选址了185亩土地，用于实施岷山公司升级改造，将推进企业转型升级、提质增效，带动企业更好的发展。

## 二、杭州市西溪片区土地储备项目①

### (一)案例背景与核心目标要素分析

西溪片区位于杭州市西湖区，总面积21.88平方千米，以天目山路为界，分为南北两大区块。西溪湿地是国内罕见的集城市湿地、农耕湿地、文化湿地于一体的次生湿地，历经了东晋发轫、唐宋发展、明清全盛、民国衰落的演变过程。但是西溪湿地存在以下问题：第一，湿地面积锐减。历史上的西溪湿地，面积达60平方千米，东起松木场、古荡，西至留下镇小和山一带，地广人稀。随着工业化和城市化的推进，西溪湿地大量被侵占，湿地面积锐减至目前的10余平方千米。第二，生态功能退化。由于西溪湿地人口剧增，且当地产业结构以农业为主，而农业总产值中养猪业占了近70%，生产生活污染十分严重，造成河道淤塞、水质变劣，湿地生态功能遭到明显破坏。第三，景观破坏严重。由于缺乏严格保护和系统管理，西湖湿地内乱用土地、侵占水面、违章建房现象普遍；民居杂乱，垃圾积集，污水四溢，脏乱差现象十分突出。文化古迹损毁相当严重，先人留下的诗词、匾联、碑刻等散佚流失，传统建筑基本湮没，文化品位与鼎盛时期相比更是落差明显，面临消失的危险。第四，人居环境堪忧。整个区域属于杭州城郊接合部，一直都是数十年未变的破旧样子，蜿蜒的道路坑坑洼洼、起伏不平，基础设施配套落后。周边的农居点里更是乱搭乱建、租客密集、人员混杂，污水横流、房屋陈旧破败，脏乱差问题突出，环境堪忧。第五，产业发展落后。20世纪50年代末60年代初，西溪路沿线开始陆续进驻杭州啤酒厂、公交汽车制造厂、杭州中药二厂（青春宝）等企业，现在这些企业大都已经不符合时代发展的要求，土地利用率地低，经济效益不高。

---

① 案例内资料与数据来自杭州市土地储备交易中心、杭州市规划和自然资源局网站、杭州市西湖区人民政府网站。

面对上述困境，杭州市政府、西湖区政府采取了先生态保护，后产业发展，以生态保护推进城市有机更新的思路。统筹"生态-人居-产业"三要素，在开发土地进行储备的过程中，形成以自然资源资产为介质的生态产品价值外溢与变现的表征空间。

### （二）所有者权益的形成与流转

杭州市西溪片区的收储为生态价值的展现提供物质基础和空间保障，片区分为南区、北区两块，针对两区的实际问题和特殊情况开展分类收储计划。在南区块，考虑到湿地环境、文化已被严重破坏，急需保护的实际，2004 年 2 月，经杭州市政府批准，率先启动西溪湿地土地收购储备工作，在北区块，2008 年，杭州市和西湖区提出浙大科技园的强园扩园计划，运用土地收储机制，通过区域整体开发建设，打造集聚智慧产业和信息经济的西溪谷（图 6-2）。在南北区的收储过程中，采用以下措施。

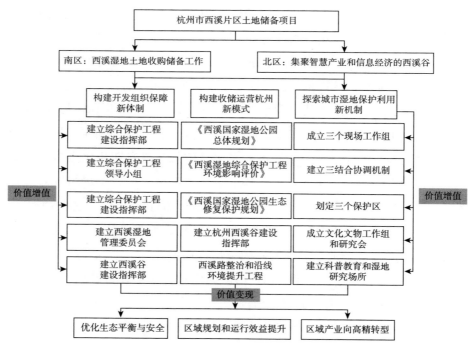

图 6-2　西溪区片土地收储项目自然资源资产权益关系图
资料来源：作者自绘。

一是以政府为主导，构建西溪区片保护开发组织保障新体制。在环境保护和生态优先理念指导下，在推进西溪湿地综合保护工程和西溪谷整体开发建设过程中，杭州市将健全组织机构作为首要任务。市政府成立以副市长为总指挥，市有关部门领导为成员的杭州市西溪湿地综合保护工程建设指挥部；区委、区政府成立由书记任组长，区长任第一副组长，其他有关区领导为副组长，区各有关单位主要领导为成员的西湖区西溪湿地综合保护工程领导小组，全面领导工程各项工作；成立了综合保护工程指挥部，负责具体实施工程建设工作，并建立了由湿地生态、动植物、水文地理、历史文化、生态设计、环境保护、园林规划、风景旅游等方面专家组成的西溪湿地专家组，负责西溪湿地生态资源保护利用的咨询、论证和监督工作；成立了西溪湿地管理委员会，负责建成后西溪湿地景区的运营和管理；成立了西溪谷建设指挥部，负责西溪谷整体规划、配套建设、环境保护、土地整理等各项开发建设工作。

二是以收购储备为引擎，构建土地储备运营的杭州模式。西溪湿地保护工程以保护为目的，按照浙江省国土资源厅《关于撤村建居集体土地权属处置的意见》（浙土资发〔2003〕117号）相关要求，市土地储备中心通过对蒋村乡区域内已撤村建居村的11个村社499公顷土地实施收购而实现对该区域土地的保护。根据杭州市人民政府《关于先行收购蒋村乡周家村等撤村建居村土地的批复》（杭政函〔2004〕21号）及《杭州市征用集体所有土地实施办法》"各区人民政府负责组织同级土地行政主管部门和乡（镇）人民政府实施辖区内征用集体所有土地事宜"的规定进行运作，并委托西湖区西溪湿地综合保护工程指挥部具体实施。同时，完善《西溪国家湿地公园总体规划》等综合性规划。制定《西溪湿地综合保护工程环境影响评价》《西溪国家湿地公园生态修复保护规划》等20多个专项规划。在相关专项规划通过专家评审和市政府批复后，进行征地拆迁和配套工程建设、相关手续的办理工作。通过针对自然资源的综合性规划和整理，扩大自然资源的资产属性，为自然资源的价值增值和区域规划运行提供可实现的生产要素。

西溪谷开发建设以产业发展为导向，运用政府土地储备机制，通过市场化资源配置方式，实现城市有机更新和经济社会高质量发展。根据杭州市土地储备模式，2008年，杭州市政府明确以杭州市土地储备中心为主平台，由西湖区政府作为西溪谷区块开发的做地主体，组建杭州西溪谷建设指挥部具体实施区域整体规划、征地拆迁、基础配套建设和资金筹措等具体工作，区域内出让地块收入扣除国家、省市计提规税费后，核拨西湖区政府用于西溪谷区域整体开发建设投入。截至 2019 年 9 月，西溪谷已完成啤酒厂地块、老和山 1 号、4 号地块等 26 宗 1 024.43 亩土地的做地出让工作，出让金总额达 146.26 亿元；推进了青春宝地块、天堂伞地块等 28 宗 861.75 亩土地。同时，通过征迁，推动了西溪路的整治和沿线环境提升工程，以优化整体生产生活环境服务系统而提升自然资源资产的价值。

三是以生态保护为核心，探索城市湿地保护利用新机制。西溪湿地的保护性开发严格坚持"生态优先"原则，实行施工申报确认、生态保护巡查、责任追究等生态保护机制，成立道桥、堤岸河道、绿化建筑三个现场工作组进行现场指挥，并邀请生态、古建筑等专家参加现场工作组，指导工程施工，建立设计、施工、监理三结合协调机制，努力把设计理念转化为现实景观，确保工程质量。对施工区域内的桑基、柿基和竹基鱼塘进行严格保护，修复和培育现有池塘、河汉、港湾等次生态环境，保留了各类湿地生物的栖息地。西溪的原生态是西溪湿地的命脉所系，原生态区域更多时候需要远离人类的频繁活动。为了加强原生态保护，划定了生态保护、生态恢复、历史遗存三个保护区，对西溪湿地中生态环境较好、最精华、最具湿地特色的区域实行相对封闭保护。按照一级保护区要求，一期工程设置的朝天暮漾、虾龙滩、费家塘三大生态保护区，占一期工程总面积的 94%；二期设置的合建港和包家埭生态保护区，占二期总面积的 41%。高度重视修复西溪的人文生态，保护物质和非物质文化遗产，专门成立了西溪文化文物发掘保护工作组和文化研究会，编辑出版了《西溪文化系列丛书》，形成了一大批西溪历史文化考证资料和调研报告；征集到了一大批体现西溪湿地传统生活形态的民间家具、农具、碑刻、浮雕；保留修缮了一批老房子并挖掘了陈聚兴染坊、西溪小花篮、西溪豆腐坊等独具西溪民间传统艺术特色的"七店八铺"；建成了深潭口、三深村等民俗文化旅游点并恢复了秋雪庵、西溪草堂、两浙词人祠等 45 处自然和人文景观；评选产生了"三堤十景"，西溪龙舟成功入选了首批国家非物质文化遗产扩展名录。同时。围绕发挥西溪国家湿地公园的科普、研究、展示等多种功能，开展了形式多样的科普宣传教育活动，建成了杭州湿地植物园、莲花滩观鸟区、环境监测站等科普教育和湿地研究场所。

杭州西溪片区收储项目南区部分，2008 年 9 月，西溪国家湿地公园基本成形，整体区片环境得到极大改善，知名度得到巨大提升。北区建立起集聚智慧产业和信息经济的西溪谷，明确了"高新科技航母、生态文化长廊、创新创意高地"的功能定位。自然资源通过收储以生态功能和高新技术的载体形式完成价值增值，以生态产品和生产产值的形式完成价值变现。

## （三）所有者权益的实现与分配

杭州市土地运营"西溪模式"的精髓，即以国家湿地公园为切入点，坚持积极保护的方针，以科学、求实、创新的理念，把生态保护与开发利用统一起来，与城乡结构调整、产业结构调整结合起来，从而实现人与自然相和谐、历史与现实相和谐、保护与开发利用相和谐。

### 1. 优化生态平衡与安全

西溪湿地既为中外游客提供了休闲健身、旅游度假、学习湿地科普知识等不可多得的好去处，也为扩大杭州人均绿化面积，打造低碳、节能减排的生态城市，维护杭州生态平衡和生态安全做出了巨大贡献。与 2005 年所录数据相比，西溪湿地的维管束植物新增了 474 种，现为 695 种；昆虫增加了 390 种，现为 867 种；鸟类增加了 90 种，现为 179 种；有国家一级重点保护动物 1 种、二级重点保护动物 19 种，二级重点保护植物 4 种。水质平均比 2005 年开园之前提高了三至四个标准，总体保持在 III 类水体以上，个别区域的个别指标，甚至达到了 I 类和 II 类水体的标准；西溪湿地缓解"温室效应"和"热岛效应"效果也非常显著，可对其周边约 15 平方千米的气温起到 0.5～1.5℃降低作用，估计每天可节水 500～800 吨，节电 10 万～30 万度。此外，西溪湿地还具有调节湿度、影响大气污染扩散、固碳等积极作用，固碳能力已达 40 万吨，年均空气优良天数达到 70％以上，负氧离子含量平均在每天每立方厘米 800 个以上，PM2.5 的监测数据逐年改善，全部优于市区平均水平。

### 2. 整体区域规划和运行效益提升

原住民成为西溪片区保护开发建设的最大受益者。目前，西溪湿地周边建筑面积达 100 多万平方米的蒋村花园、西溪花园、西溪人家、西溪水岸、西溪雅苑等安置房已全部建成，西溪湿地 4 000 多户拆迁户都能住进公寓式新住宅，允许农转居公寓办理"三证"。农转居公寓可以和商品房一样上市交易、抵押贷款和出租。根据商品房价格，这些公寓式住宅的售价达到每平方米 4 万元左右，拆迁户的住房面积是减少了，但财产性收入却成倍增加了。西溪湿地搬迁户全部纳入城镇居民社保体系，参保率达 98%。同时，涉及的各村集体均享受 10% 留用地政策这一确保失地农民有保障、有住房、有工作的"聚宝盆"。返聘一部分原居民，使他们承担在西溪国家湿地公园从事农耕、养鱼或从事公园管理或者为西溪谷开发引进的各类高品质企业提供三产服务。

发挥政府整体开发的优势，实现城市整体区域规划效率和运行效益的最大化。以西溪路的整治提升工程为例，通过征迁谈判，完成沿线 19 家国有用地单位、401 家集体用地单位（农户 84 户、商户 302 户、企业 15 家）搬迁退让，累计拆迁 8 万平方米，拆违 1 万平方米，退让土地 7 万平方米。将道路从原来的 30 米、双向 4 车道拓宽到 50 米（含 10 米绿化带）、双向 6 车道，打造了一条东起玉古路，西至天目山路的景观大道，提升了整体交通能力。另外，西溪谷区域内还建设各类景观节点和休闲公园，完善了支小路网，打造了 17.75 千米的沿山慢行道，彻底改变了区域脏乱差的面貌，实现了整体环境的提升优化，获得企业和市民的好评和肯定，优质企业竞相入驻，也进一步提升了区域土地价值。

**3. 区域产业向高精转型**

随着知名度、美誉度的不断提升，西溪湿地的入园游客和经营收入实现了跨越式增长。2015 年累计接待 483 万人次，实现总收入 2.74 亿元；2016 年全年，西溪湿地累计接待游客 486 万人次，实现总收入 2.67 亿元；2017 年，西溪湿地累计接待游客 493 万人次，实现总收入 3.08 亿元。2018 年，西溪湿地累计接待游客 465.36 万人次，实现总收入 2.45 亿元。

西溪谷区块通过土地收储机制，腾出空间引进了蚂蚁金服、网商银行、浙商创投、天目里、珀莱雅总部等重点项目，打造了浙江大学国家大学科技园、赛伯乐基金小坞、阿里巴巴淘员外培训基地、区块链产业园等重点平台；也有省市互联网金融协会、省市区块链协会等机构。区域累计建成楼宇面积达 110 万平方米，在建楼宇面 100 多万平方米。西溪谷核心区 3.1 平方千米也成为省级特色小镇（西溪谷互联网金融小镇），确立了以蚂蚁金服为核心的金融科技产业生态圈，实现了区域产业从低散向高精的转型升级。仅核心区的年税收就从原先的 3 亿多元增长到了现在的 30 多亿元。

## 三、重庆市地票交易土地储备模式①

### （一）案例背景与核心目标要素分析

重庆市土地资源紧缺，但农村闲置、废弃建设用地等现象却屡见不鲜，建设用地占用耕地、林地、草地也时有发生，严重破坏当地的生态空间和生态产品的建设。2008 年开始，重庆探索开展了"废弃土地"建设收储为"新增用地"的价值转化项目，推进复垦交易改革。在自然资源资产的价值来源方面，将权属清晰、在土地利用总体规划范围内的农村闲置、废弃的建设用地，特别是易地扶贫搬迁与地质灾害避让的建设用地进行复垦，腾出的建设用地指标经公开交易后形成地票等。土地由"荒地"变为"宝地"，突破了城乡土地市场的隔离，在不增加建设用地总量的前提下，提升生态修复效益和生态产品供给能力。

### （二）所有者权益的形成与流转

重庆市在土地收储方面，采取"地票制"的价值置换形式，土地收储的价格仅与拍卖的价格有关，在实现农民土地财产权变现的同时也有效避免了自然资源资产的流失，实现自然资源资产的价值增值（图 6-3）。

"地票制"的推进将自然资源资产的权属进行转移，先行进入市场，完成自然资源资产的价值变现，而后通过新使用权人的再次开发实现价值的增值和二次变现。明确复垦条件并设定复垦验收标准，田地经检验可申请地票交易，完成所有权或使用权的让渡。新使用权人在交付补偿款或者与农户签订入股分成协议后，办理农用地转用手续，进入土地储备库，这样的做法使

---

① 案例内资料和数据来自重庆市土地储备整治中心、重庆农村土地交易所、《生态产品价值实现典型案例》。

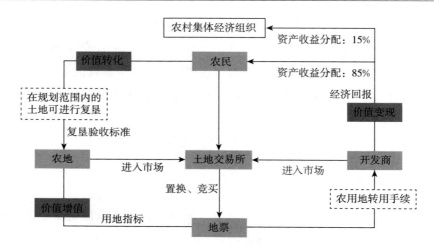

图 6-3　重庆市地票交易收储中自然资源资产权益关系图

资料来源：作者自绘。

得地票市场规模平均每年 3 万亩左右，以平台为保障和中介，推进自然资源资产的市场化，将权益流转到新使用权人手中。储备实施阶段，通过地票收益在扣除复垦成本后，由原土地使用权人与集体经济组织以 85∶15 的比例进行利益分配，保障农户权利，为农户带来额外的经济效益。对于地票购买者而言，在占补平衡的规划下，复垦的土地包括耕地等无差别化交易，在获得地上收益并和原产权人完成利益分配后，也不缴纳多余补偿款。2020 年实现地票交易 2.71 万亩（图 6-4）、54.51 亿元；占补平衡指标交易 4.42 万亩、14.82 亿元；农村实物产权流转交易 11.87 万亩、合同金额 5.51 亿元。

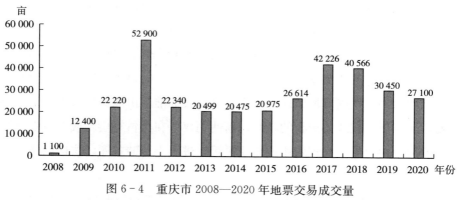

图 6-4　重庆市 2008—2020 年地票交易成交量

注：数据来自重庆市土地储备整治中心、重庆农村土地交易所。

### （三）所有者权益的实现与分配

重庆市的地票交易制度以自然资源资产的生态价值实现为主，兼顾经济价值的显化。在推进地票交易的间接收储过程中，重庆市土地储备实现将地票改革与农户的户籍改革、自然资源资产的产权改革、乡村振兴等工作齐头并进。不仅自然资源资产的所有者权益得到保障，也提高了相关生态开发和修复工作，地票运用市场化机制激励"退建还耕还林还草"，2019 年重庆市完成农村建设用地复垦 35.97 万亩。地票这种间接土地储备模式将闲置废弃建设用地开发恢复为耕地、森林、草原等自然生态系统，促进合理、有序、稳健的生态资源开发。

## 四、南平市"森林生态银行"土地储备模式①

### （一）案例背景与核心目标要素分析

福建省南平市森林覆盖率高达 78％，但山林林权属分散，而且自 2003 年以来"均山到户"的推行以来，产权分散情况加剧，76％以上的产权处于碎片化状态，自然资源难以连片收储运用、资产缺乏变现潜力、第三方投融资少等问题凸显。为更好地发挥自然资源的资产属性，南平市推进"碎片化土地"建设成为"系统性资源"的自然资源资产价值转化工作，2018 年南平市在顺昌县开展分散收集、整体利用行动，将数量丰富但较为分散的自然资源资产，通过规划与运营的方式，进行集中收储和整合优化，提高自然资源资产的整体性和系统性。

### （二）所有者权益的形成与流转

福建省南平市为保障碎片化的自然资源不产生碎片化的权益，借鉴商业银行的运作模式，建立资源向资本转化的"森林生态银行"价值增值和变现平台，以"分散化输入、整体化输出"的收储方式，输入零散土地，输出整

---

① 案例内资料和数据来自南平市土地储备中心、南平市生态银行公共服务平台、《生态产品价值实现典型案例》。

合后的连片优质资源包，进行价值置换，以租赁、托管、作价入股、赎买的四种形式保障权益的实现和资源的集约利用（图 6-5）。

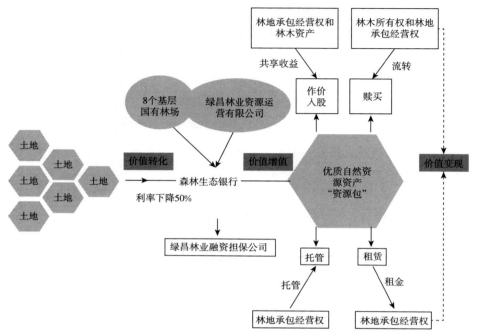

图 6-5 南平市收储中自然资源资产权益关系图
资料来源：作者自绘。

建立"森林生态银行"运行管理机构框架，承担资源统计、收储和价值流转责任。本地区内的顺昌县国有林场控股和 8 个基层国有林场共同参股，成立绿昌林业资源运营有限公司，该公司对本地区的自然资源资产分布情况、质量情况、等级情况、权属特征等率先进行调查摸底，建立"一图、一表、一库"数据库管理模式，明确自然资源资产的权属问题。同时，"森林生态银行"还成立了融资担保公司，贷款利率比其他项目担保利率降低近50%，为后续价值的置换提供资金支持。

森林生态银行推进自然资源资产的价值增值和变现。原产权人将自然资源资产享有的权益集中流转至"森林生态银行"，由银行根据原产权人的需求推出市场化的价值流转形式，包括入股、托管、租赁、赎买四种流转方式，集中收储形成连片"优质资源包"分类管理，以便于实现自然资源资产的价值增值。四种价值流转形式对应不同的价值变形方式：对于希望共同经营成为股东的，以承包权和部分资产作价出资入股，林农变股东，可以享受长远利益分红；对于无力经营但还想保有部分产权的，可采取委托代理的方式，缴纳管理费用，由专业团队和人员统一管理，采伐后进行利益分成；对于希望拥有更多自然资源资产的，如果"银行"有其他农户存入，也可以采取租赁的形式，获得成片土地的经营权，支付租金费用；还可以按照试点地区自然资源资产赎买实施方案的规定，进行赎买，转移所有自然资源资产的全部权益，一次性获得补偿金。

### （三）所有者权益的实现与分配

福建省南平市森林生态银行将"农户"变为"储户"及"资源"变为"资产"，提高了资源价值和生态产品的供给能力，使得资源得以整合利用，提高资源的利用效率和价值显化程度。就自然资源资产的所有者权益分配而言，对于社会而言，分散的土地被整合开发，提高生态环境质量，打造绿水青山，也可以通过专业的人员管理，开拓新的生态产品，实现了森林生态"颜值"、林业发展"素质"、林农生活"品质"共同提升。对于分散的自然资源资产的原产权人，将优质资源包交给优质团队管理，使得森林自然资源资产的质量和生态系统承载能力不断提高，出材量比分散经营提高25％左右，带来生态价值的同时也具有经济效应。对于"资源包"的承包者即新使用权人而言，高质量的生态产品会与市场对接，建立福建省第一个竹林碳汇项目，启动了华润医药综合体、板式家具进出口产业园、西坑旅游康养等产业项目，还与欧美国际市场对接，打造南平品牌，实现生态产品产业化发展，带来经济收益。

## 第二节　模式总结

根据甘肃天水市岷山公司片区土地收储案例、杭州市西溪片区土地储备案例、重庆市地票交易土地储备案例、南平市森林银行土地储备案例的主导价值核心要素，从其所有者权益的转化、流转、增值、变现形式中归纳得出以"综合收储+成本分摊"为核心的生态成本价值实现模式。

　　根据土地产权视角下的利益主体与物质生产资料的相互关系这一维度，以"综合收储＋成本分摊"的土地储备模式运行机理，建立了绿水青山与金山银山的价值转化平台和渠道，实现自然资源资产的生态产品价值。一是搭建自然资源资产的市场化流转平台或者政府直接与原产权人对接，通过分散化输入、整体化输出，整合形成连片优质资源包，保障权益的实现和资源的集约利用。二是以综合收储的方式打通自然资源资产的权益流转。土地原产权人在达到平台或储备中心设定的针对自然资源资产交易门槛和条件后，可将土地以委托、入股、租赁、售卖等综合收储的形式转让，双方签订托管协议，未收储但由新权益者在协议范围内对土地使用权、收益权等进行处置，从而实现对一个片区内土地的规划、招商、开发。三是自然资源资产的成本与利益管理。集中收储形成连片"优质资源包"分类管理，四种价值流转形式对应不同的成本分摊和价值变形方式，以便于实现自然资源资产的价值增值：对于希望共同经营成为股东的，以承包权和部分资产作价出资入股，自然资源资产所有者变股东，可以享受长远利益分红；对于无力经营但还想保有部分产权的，可采取委托代理的方式，缴纳管理费用，由专业团队和人员统一管理，后期进行利益分成；对于希望拥有更多自然资源资产的，如果平台有其他产权人存入，也可以采取租赁的形式，获得成片土地的经营权，支付租金费用。或者成为生态功能和高新技术的载体形式，租赁吸引企业入驻；还可以按照试点地区自然资源资产赎买实施方案的规定，进行赎买，转移所有的自然资源资产的全部权益，一次性获得补偿金。

　　通过公共价值维度分析，该土地储备模式的主要特征为，在保证自然资源资产得到高效利用的同时，实现成本的分摊，也能够保障政府、原持有者、开发商的多元化需求，保障生态价值的实现。一是该模式利用综合收储模式推动存量用地整合开发，提升土地节约集约利用水平。通过作价出资入股、赎买、出租等方式盘活低效存量建设用地，将分散或闲置低效的自然资源资产进行集中化管理，保障所有者权益。二是在收储的过程中完善配套设施，带来自然资源资产的价值增值。以生态价值为主导的模式中，除完成收储的基本任务之外，生态环境都会在很大程度上得到提升，收储项目周边的道路、水质、电路等也会得到基本保障，提高居民的生活质量。三是利用政府的权威性推进地区的企业入住和投资。收储项目可以由政府直接完成，也可以通过政府购买服务，吸引第三方企业参与收储项目，使优质的、符合本地发展方向的特色企业对地区的产业建设进行投融资，吸引资本。最后，缓解了地方政府征地压力和开发成本压力，在当前征地越来越难的情况下，通过产权托管的形式实现了土地的集中连片利用，同时通过买方与卖方的直接对接协调解决实现成本分摊，缓解财政压力。但是生态产品的价值难以测度、难以认可，产品的生长周期长，所产生的生态价值无法具体通过明确的数据进行测量，而且生态产品一般难以变现，需要对接上下游产业，将自然资源真正资产化。

# 第三节 适用性与应用思考

## 一、收储模式适用场景

从改进的价值分析网模型的土地空间生产演化后的核心目标要素维度方面而言，该模式收储主体具有以市场为主的特征，根据收储区域，该模式适用于土地流转市场成熟发达区域，土地原使用权人自愿申请将土地使用权进行托管，收储完成后的生态产品也通过市场化的形式实现价值变现；根据问题导向，该模式适用于土地权属零散、地方政府征地压力较大、土地开发利用低效、生态功能退化等问题地区，有利于整体区域的环境修复和产业的开发。

## 二、收储模式的创新机制与风险

根据案例中的所有者权益的形成与流转分析，该模式的核心创新点为市场化的土地使用权托管的土地整备制度，在土地征收、土地价值变现与市场机制间架设了桥梁，实现了对自然资源资产的统筹利用。森林银行案例与地票交易案例以"资源包"的形式进入市场，既化解了自然资源资产破碎化问题，又缓解政府征地压力，对构建城乡统一的建设用地收储制度具有重要的借鉴意义（图6-6）。甘肃天水市岷山公司片区土地收储案例和杭州市西溪片区土地储备案例，皆在收储后实现生态产品和地块的入市，优化生态平衡与安全，对接第三产业和高精尖产业，提升区域规划和运行效率。在模式实施的风险方面，这种自然资源资产权益实现模式，需要现有政策和法律层面上的进一步明确和许可。

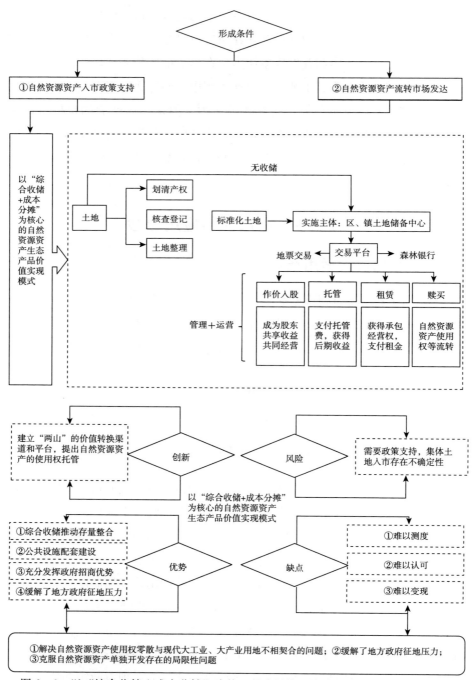

图 6-6 以"综合收储＋成本分摊"为核心的自然资源资产生态产品价值实现模式
资料来源：作者自绘。

# 第七章 以"储保结合＋效益互促"为核心的社会价值实现模式案例分析与模式总结

## 第一节 案例分析

### 一、宁波市现代化土地储备模式[①]

#### （一）案例背景与核心目标要素分析

宁波市陆域总面积 9 816 平方千米，建设用地总量 1 851 平方千米，自然资源资产开发强度 18.88%，带来的价值显化程度低。而且在城市发展过程中，2019 年前列入宁波市区年度土地储备计划且继续在做地的项目共有 274 宗、面积 1 310 公顷，其中做地超过三年未纳入储备库的项目共有 121 宗、面积 625 公顷，占总面积的 47%，土地储备结项难、效率低、周期长，无法跟上城市发展的用地需求，使用权未充分利用，形成"堰塞湖"效应，未能带来价值收益。

为有效解决市级统筹力不足、传统管理模式低效等问题，宁波市构建新的现代化管理体系，配合"一库四计划"，明确自然资源资产的权属配置和价值转换路径，推进自然资源资产的价值提升。市级土地储备统筹范围由原三江片 80 平方千米逐步拓展至市六区及前湾新区 4 339 平方千米，将低效、混乱的土地通过使用权的回收和再出让实现空间规划和现代化统一管理，升

---

① 案例内资料与数据来自宁波市自然资源和规划局、宁波市自然资源整治储备中心、宁波市自然资源和规划大数据中心。

级为智慧化、系统化、高效化的储备用地，利用科技赋能助力自然资源资产的价值转化和价值增值。

## （二）所有者权益的形成与流转

宁波市为了更好地提高全民所有自然资源资产的价值实现，建立了土地储备出让委员会，利用现代化的管理系统，促进土地储备的数字化转型，搭建"资产流"与"现金流"双体系进行自然资源资产的价值置换，通过不同部门的闭环管理配合保障自然资源资产的流转。建立自然资源资产价值流转的统一实施管理机构。构建市区两级土储出让管理委员会，市储委会在市自然资源规划局下设办公室，实行市储委会办公室实体化运作，涉及市发改、财政、资规、住建等部门以及各区政府、功能区管委会、重大平台指挥部等上下两级联动、多方协同的管理谋划机制。为规范价值流转的全流程，宁波市 2020 年出台《市级土地储备项目成本核算管理办法》等，以成熟土地出让费用为收储主要资金支持，建立了土地储备"预算管理-做地资金管理-成本管控-决算管理"的资金管理路径。从前期谋划到项目实施构建了"资产流"体系，对土地价值量从预算管理到成本管控构建了"资金流"体系，从而进一步提升土地的价值增值效应（图 7-1）。"资产流"与"资金流"相互协同衔接，初步搭建了发改、财政、资规、住建等各政府职能部门协同谋划的土地资源闭环管理系统，促进了国土空间资源配置更加精准高效，促进自然资源资产的市场化配置和价值变现，防止国有自然资源资产的流失。

### 1. 强化市级统筹力，从封闭转向开放

组织架构上，宁波市土地储备整合设立市土地储备出让管理委员会（以下简称市储委会），市储委会在市自然资源规划局下设办公室，实行市储委会办公室实体化运作，承担组织协调、规划管理、督促指导职能，办公室内设项目、资金、规划、储备、出让、配套工作组，构建了市发改、财政、资规、住建等部门以及各区政府、功能区管委会、重大平台指挥部等上下两级联动、多方协同的管理谋划机制（图 7-2）。市自然资源整治储备中心作为市六区及前湾新区范围内唯一的土地储备平台，由各级做地主体负责实施土地储备项目。调整各类开发区、卫星镇、中心镇以及指挥部、封闭运作区块原有的管理模式，由市自然资源规划部门会同市财政、审计、住建、交通、

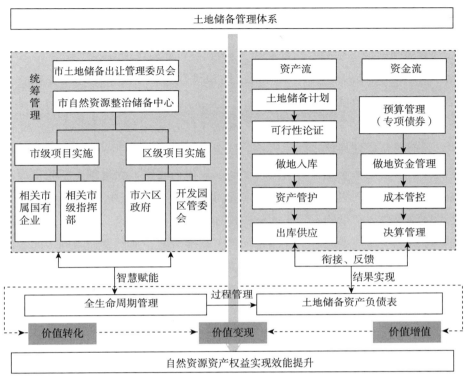

图 7-1 宁波市收储中自然资源资产权益关系图
资料来源：作者自绘。

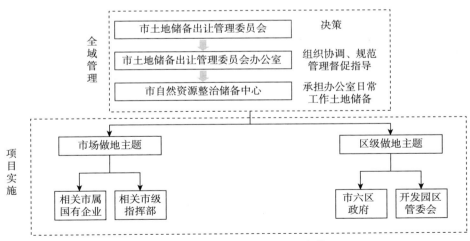

图 7-2 宁波市收储管理组织架构
资料来源：作者自绘。

国资委等部门全面部署开展市级原封闭区块储备土地资产、资金、负债等情况核查，取消对特殊区块的财政体制返还政策。

**2. 加强前期谋划力，从控制跨入调控**

为提高土地储备项目生成的系统性和科学性，宁波市土地储备建立了"五年专项规划-项目可行性方案论证-三年滚动计划-年度计划"的前期谋划体系。

五年专项规划是落实国民经济和社会发展规划、国土空间规划等的近期建设规划，确定未来城市重点储备空间、规模与时序，促进国土空间资源高效配置和高质量利用，提升国土空间资源经济、社会、生态价值和城市品质，目前宁波市"十四五"土地储备规划已形成初步成果。根据五年专项规划，各做地主体开展编织土地储备项目可行性方案，通过实地踏勘、内业研究等方式明确区块发展方向、开发周期、出让时序、资金平衡及规划设计等，确保土地储备项目的科学性。以宁波市原供销社地块为例，经项目可行性方案深入研究论证后，调整控规方案，净收益从亏损 1.5 亿～3 亿元调整为盈利 4.4 亿～7.3 亿元。

三年滚动计划是一个建立项目库的过程，根据土地储备规划、可行性方案论证等，对三年内可收储的土地资源，在总量、结构、布局、时序等方面做出统筹安排，优先储备空闲、低效利用等存量建设用地。

年度计划上，宁波市创新性地实行"项目准入标准"制度，按开发导向、开发条件、项目实施和综合效益等制定正负面清单，对于"符合城市发展的战略导向"等正面清单标准采用赋分制，得分高的项目优先纳入年度计划，对于"位于生态敏感带"等负面清单标准则从严把关。自 2019 年起，宁波市土地储备在年度计划编制过程中率先全国利用大数据建立了规模测算的计量模型，结合经济社会条件、市场调控方向、用地需求、规划指标等面板数据，科学确定年度土地储备做地、入库、出让规模，为科学决策提供依据。

**3. 实施挂图作战，从跑量转型提质**

宁波市土地储备为确保项目实施，按照"任务项目化、项目清单化、清单责任化"的要求，围绕"做地入库-资产管护-出库供应"环节，对纳入年度计划的做地项目实施"挂图作战"，建立"五色图"管控体系，对各做地主体实施五色预警管理；实行"一图一表一指数"项目管理、推进、督查"赛马"机制，编制《经营性用地出让项目"挂图作战"表》，并对每一宗地进行现场问诊，紧盯关键节点，倒排工期，落实责任，进一步加快做地进度和节奏，有效保障土地要素的稳定供应。根据 2020 年初印发的《关于进一步落实土地储备出让统筹管理工作的通知》，宁波市土地储备从权属状况、规划条件、建设条件等方面分别对土地入库验收和出库提出 6 条具体标准和7 条具体标准，助力宁波储备地块从"净地"向"优地"飞跃。

**4. 优化资金管控，从记账迈向预算**

为规范价值流转的全流程，宁波市 2020 年出台《市级土地储备项目成本核算管理办法》等，以成熟的土地出让费用为收储主要资金支持，建立了土地储备"预算管理-做地资金管理-成本管控-决算管理"的资金管理路径。从前期谋划到项目实施构建了"资产流"体系，对土地价值量从预算管理到成本管控构建了"资金流"体系，从而进一步提升土地的价值增值效应。"资产流"与"资金流"相互协同衔接，初步搭建了发改、财政、资规、住建等各政府职能部门协同谋划的土地资源闭环管理系统，促进了国土空间资源配置更加精准高效，促进自然资源资产的市场化配置和价值变现，防止国有自然资源资产的流失。

## （三）所有者权益的实现与分配

宁波市土地储备切实履行"两统一"职责，实现城市更新公共价值导向下的社会提升，参与全域土地综合整治，引入"智慧储备"进一步丰富国土空间治理工具内涵，提升全域自然资源资产的价值增值效率，将土地储备与土地整治互通互融，分别应用于规划区内外的国土空间治理，更好地推进存量时代的城市更新行动。智慧化土地储备制度使存量土地盘活力度更为明显，将低效用地转变为高质量新增地块，2017—2020 年，宁波市土地储备新增做地计划存量建设用地占比从 36％跃升至 75％，减少自然资源资产的浪费和流失，配合城市更新行动更好地行使，提升价值显化。同时，在开发和储备自然资源资产后，能够通过市场化配置推进"招拍挂"，将实物价值转变为资金资产。2020 年宁波市六区共出让经营性用地包括住宅与商服共 601.22 公顷，成交出让金 1 340 亿元，分别同比增长 10.05％和 37.00％，经营性用地出让收入位列全国第七，再创历史新高。商服用地平均楼面地价 3 314 元/平方米，同比提升 40.8%；住宅用地平均楼面地价 12 065 元/平方米，同比提升 28%，形成良性的土地储备"规划-融资-建设-开发-供应-收益"闭环，有效保证自然资源资产的使用权益与收益权益。

## 二、杭州市京杭大运河土地储备项目①

### （一）案例背景与核心目标要素分析

杭州因河而兴，城市的发展随着大运河而展开，大运河杭州段全长80 千米（含运河二通道 26 千米），穿越杭州城区及周边，汇入钱塘江，沿岸涉及余杭、拱墅、上城、下城、江干、下沙六个行政区，沿岸居民近300 万人。2004 年，杭州市政府批复明确将南起江干区三堡船闸，北到余杭区塘栖镇，总长约 39 千米，两岸各 500～1 000 米范围纳入运河（杭州段）综合整治与保护开发工程的规划范围。截至 2018 年底，运河杭州段综保工程实施完成石祥路以南段 17 千米的综合保护开发，正在实施大城北段6 千米沿岸的规划建设，累计已投入保护建设资金超 400 亿元。

京杭大运河是世界上里程最长、工程最大的古代运河，也是最古老的运河之一，运河对中国南北地区之间的经济、文化发展与交流，特别是对沿线地区工农业经济发展起到了巨大的促进作用。大运河开掘于春秋时期，完成于隋朝，繁荣于唐宋，取直于元代，疏通于明清。清末民初以来，由于战争、动乱、过度人为干预和缺乏严格保护，运河逐步走向衰落。一是生态功能退化。由于运河沿线老城区段和大城北工业区段人口剧增和以工业为主产业布局，生产生活污染十分严重，造成河道淤塞、水质变劣，生态功能遭到明显破坏。二是景观破坏严重。由于缺乏严格保护和系统管理，运河沿线乱用土地、违章建房现象普遍；民居杂乱，垃圾集积，污水四溢，脏乱差现象十分突出。文化古迹损毁相当严重，先人留下的诗词、匾联、碑刻等散佚流失，传统建筑基本湮没，文化品位与鼎盛时期相比更是落差明显，面临消失的危险。三是人居环境堪忧。运河沿线居住人口达 300 万人，其中大部分属

---

① 案例内资料与数据来自杭州市土地储备交易中心、运河集团。

于杭州城郊接合部和城市旧城棚户区，一直都是数十年未变的破旧样子，道路坑坑洼洼，基础设施配套落后。沿线居民点里更是乱搭乱建、租客密集、人员混杂，污水横流、房屋陈旧破败，脏乱差问题突出，环境堪忧。四是产业发展落后。拱墅区是杭州重化工业集聚区域，由于航运等优势，运河拱墅区段布局了杭州炼油厂、中石化、丝绸厂等大量重化工、高污染的企业。这些企业在一定时期为国民经济发展发挥了巨大的作用，但是发展至今大都已经不符合时代发展的要求，土地利用率低，环境污染严重。

为传承运河文化，规范自然资源资产使用，运河收储项目建立从"违章用地"到"文化空间"的价值转化项目，以"还河于民，申报世界文化遗产和打造世界级旅游产品"为目标，通过土地储备机制，实现运河景观与工业遗存保护利用并举。

## （二）所有者权益的形成与流转

在环境保护和生态优先理念指导下，在推进运河（杭州段）综合整治和保护开发工程过程中，杭州市将健全组织机构作为首要任务，保障所有者权益。以保护为目标，构建运河综合整治和保护开发的顶层制度和规划设计，负责自然资源资产的流转，通过收储全流程构建土地储备运营的杭州模式，完成土地的价值增值，提升自然资源资产的社会和生态属性，最终通过社会综合效益、地区经济效益和个体辐射效益形式完成价值变现（图7-3）。

**1. 政府为主导，构建组织保障新体制**

在环境保护和生态优先理念指导下，在推进运河（杭州段）综合整治和保护开发工程过程中，杭州市将健全组织机构作为首要任务。2003年成立杭州市京杭运河（杭州段）综合保护委员会与杭州市运河集团。2014年以后，运河综保委与运河集团独立运作，运河集团成为市政府直属的国有企业继续负责运河杭州段保护开发，运河综保委主要承担运河世界遗产保护监管职责。

2019年，为进一步推进大城北段保护开发工作，杭州市成立了市级领导小组和专职协调推进机构：杭州市大城北地区规划建设指挥部办公室，运河集团作为市级实施统筹主体，通过市区联动、以市为主的开发模式负责大城北核心区和核心功能性、引领示范性项目的开发建设。

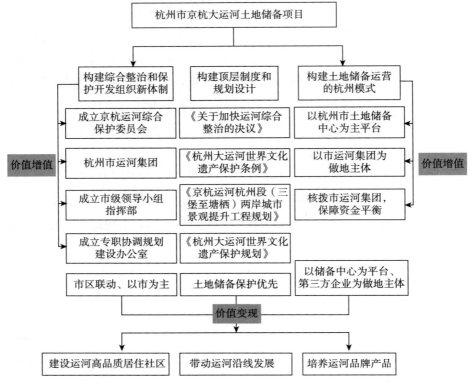

图 7-3　京杭大运河收储中自然资源资产权益关系图
资料来源：作者自绘。

## 2. 保护为目标，构建顶层制度和规划设计

2000 年，杭州市九届人大五次会议作出《关于加快运河综合整治的决议》。2002 年，杭州市第九次党代会将"运河（杭州段）综合整治和保护开发工程"列入了新世纪城市建设的"十大工程"。2003 年，杭州市政府成立京杭运河（杭州段）综合保护委员会和杭州市运河集团具体承担实施运河综合保护开发工作，并提出"还河于民，申报世界文化遗产和打造世界级旅游产品"三大目标。2006 年 6 月，习近平总书记乘坐水上巴士西湖号考察运河时指出，"希望杭州能再接再厉，继续做好运河综保工作，使杭州的经济和自然环境和谐发展。"2006—2012 年，杭州七次推出"新运河"。2014 年 6 月，大运河入选世界文化遗产名录。2016 年杭州市第十二届人民代表大会常务委员会第四十一次会议首先通过《杭州大运河世界文化遗产保护条例》，

作为运河保护传承利用的指导性文件。2017年出台《京杭运河杭州段（三堡至塘栖）两岸城市景观提升工程规划》。2017年6月，习近平总书记对建设大运河文化带作出重要指示：大运河是祖先留给我们的宝贵遗产，是流动的文化，要统筹保护好、传承好、利用好。2019年1月，杭州市委十二届六次全会提出，"高标准推进大城北区块建设，成为展示我国城市有机更新成果的重要窗口""加快大运河文化带规划建设，成为展示中华文明影响力凝聚力感召力的重要窗口"，大城北所在的新城区段是大运河文化带建设战略的主要承载区。同年，完成了《杭州大运河世界文化遗产保护规划》，获得批复。通过编制规划与布局战略，突出土地储备保护优先的理念。利用运河景观与工业遗存保护利用，通过文化地标类项目打造，展现5000年良渚文化、2500年运河文化、800年南宋文化、120年近现代工业文化的文化融合与传承。

**3. 以收储为引擎，构建储备运营新模式**

运用政府土地储备机制，通过市场化资源配置方式，实现城市有机更新和经济社会高质量发展。根据杭州市土地储备模式，2007年，杭州市政府明确以杭州市土地储备中心为主平台，由市运河集团作为京杭运河（杭州段）综合整治和保护开发区域的做地主体，负责具体实施区域整体规划、征地拆迁、基础配套建设和资金筹措等具体工作，区域内出让地块收入扣除国家、省市计提规税费后，核拨市运河集团用于京杭运河（杭州段）综合整治和保护开发建设投入。以大城北为例，根据目前测算，预计投入资金为721亿元，可出让土地收入1 000亿元，出让收入核拨市运河集团用于综合整治和保护开发资金投入资金达685亿元，基本实现资金平衡。

## （三）所有者权益的实现与分配

杭州市土地运营"运河模式"的精髓，即以"还河于民，申报世界文化遗产和打造世界级旅游产品"为目标，通过土地储备机制，坚持保护优先的方针，以科学、求实、创新的理念，把居住环境、人文保护与开发利用统一起来，与城市有机更新、城乡结构调整、产业结构调整结合起来，从而实现人与自然相和谐、历史与现实相和谐、保护与开发利用相和谐，实现社会、生态、经济等三大效益的协调和可持续发展。

## 1. 建设运河高品质居住社区

实施民居安置工程，建设运河高品质居住社区。企业搬迁、"城中村"改造、安置房建设等显著改善了运河沿岸低收入阶层和城中村居民的居住条件，让两岸百姓成为运河综保工程的最大受益者。十余年来，通过拆迁安置，近 1 万户住户改善了居住条件。高度重视对运河历史遗产的保护，坚持应保尽保的原则，确保运河两岸的古桥、古街、古塔、古建筑和非物质文化遗产充分保留，展现运河原汁原味的历史文化风貌。着力运河文化研究工作，相继编纂和出版《中国运河开发史》《杭州运河丛书》等书籍 27 册，共计 400 余万字。保护修缮小河直街、拱宸桥西、大兜路、塘栖水北街、市南街等历史街区，总面积达 29 万平方米。按照申遗标准和要求，完成申遗点段环境整治等工作，在 2014 年 6 月 22 日卡塔尔首都多哈召开的第 38 届世界遗产大会上，中国大运河成功入选世界文化遗产名录，其中大运河（杭州段）列入遗产河道总长 110 千米，共有 11 个遗产点段。

## 2. 带动运河沿线发展

通过截污、清淤等工程对运河主干道和支流实施水体治理，累计搬迁污染企业近 500 余家，显著提升沿岸居住环境，有效促进了运河水质的改善。沿岸公园绿化整治建设 130 万平方米，运河主城区两岸约 21 千米游步道、景观带基本贯通，重塑特色城市滨水风貌景观，惠及沿岸居民 200 多万人，整体提升运河沿线生态效益。注重工业老厂房和仓库的改造利用，按照"应保尽保、修旧如旧"原则，完成历史建筑保护修缮约 29 万平方米，保护利用长征化工厂、通益公纱厂、桥西土特产仓库、杭一棉、红雷丝织厂、大河造船厂等工业遗存，并将其改造为博物馆和文创产业基地，提升运河沿线区域文化品质。

## 3. 培养运河品牌产品

着力产业培育，发展运河旅游。开辟运河水上旅游线，以工业遗存及历史建筑的保护修缮为基础，利用丰富的历史文化价值，有机结合现代产业，积极培育运河旅游。形成拱宸桥西博物馆群落、三大特色历史街区、香积寺、运河天地、浙窑公园等重要节点；打造了水上巴士与漕舫船两大水上观光旅游产品；京杭大运河杭州景区、塘栖古镇景区两大 4A 级旅游景区年均游客接待量达到 1 400 万人次规模。

## 三、鲦鱼洲工业区活化利用开发项目案例①

### (一) 案例背景与核心目标要素分析

鲦鱼洲工业区活化利用开发项目地块位于东莞市万江区坝头片区与莞城区、博夏片区相接的鲦鱼洲半岛，西邻东江支流，东靠厚街水道。地理区位优势明显，是东莞早期工业发展的聚集地。但 20 世纪 90 年代以后，随着东莞工业重心转移，工业区逐步衰退，区内大量工业厂房及建筑荒废，造成土地资源浪费。另一方面，作为东莞最具特色的工业遗址之一，项目地块内共 6 处建筑被纳入东莞市历史建筑名录，以及多栋建筑属于Ⅰ、Ⅱ类保护建筑，具有很高的活化利用价值。

为了改变废旧工程和建筑的土地浪费问题，鲦鱼洲工业区土地储备项目结合当地的文化特色，完成从"废旧建筑"到"综合园区"的自然资源资产的价值转化（图 7-4）。项目用地面积为 107 566 平方米，现有建筑面积约 5.3 万平方米，主要为厂房、办公和宿舍楼。地块土地权属属于市土地储备中心。为减轻土地一级开发成本，预热地块，增加土地价值，保护历史遗迹，市土储中心结合鲦鱼洲土地利用现状及片区发展现状，决定采用 1.5 级开发模式对鲦鱼洲工业区进行活化利用开发。

图 7-4　鲦鱼洲工业区活化项目开发前（左图）与开发后（右图）

---

① 案例内资料和数据来自东莞市自然资源局土地储备中心、东莞实业投资控股集团。

## （二）所有者权益的形成与流转

地块土地权属属于市土地储备中心，由储备中心组织价值流转和置换。市土储中心结合鳡鱼洲土地利用现状及片区发展现状，决定采用1.5级开发模式对鳡鱼洲工业区进行活化利用开发，减轻土地一级开发成本，预热地块，实现价值增值，保护历史遗迹（图7-5）。

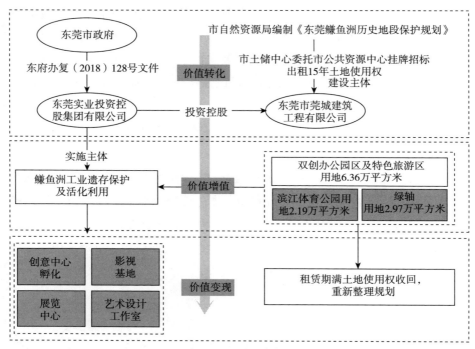

图7-5　东莞市收储中自然资源资产权益关系图
资料来源：作者自绘。

一是编制1.5级开发项目资格准入及认定申请材料，厘清所有者权益。鳡鱼洲工业区项目用地面积为107 566平方米，现有建筑面积约5.3万平方米，主要为厂房、办公和宿舍楼。市土地储备中心按照《东莞市1.5级开发操作指引》规定要求，清查自然资源资产的面积和权属，编制项目资格准入及认定申请材料，组织评估公司评估确定土地租金，市土储中心根据临时规划条件及土地租赁期限，为资源的市场化流转设定规范性政策。

二是委托交易中心公开出租，完成自然资源资产的价值流转。市土地储备中心委托市公共资源交易中心以网上交易方式挂牌出租项目地块土地使用权，租赁期限 15 年。项目地块由东莞实业投资控股集团有限公司竞得，项目租金一次性支付并全额缴入市财政国库，自然资源资产经济价值显化。

三是项目实施主体依据要求进行活化开发，推动自然资源资产的价值增值和变现。东莞实业投资控股集团有限公司作为实施主体按照土地出租合同约定的规划用地性质、规划要求和其他条件要求对租赁地块进行开发、利用和经营，在约定期限内享有使用权和收益权。按照《东莞鱼洲历史地段保护规划》要求和初步规划方案，开发内容主要为历史建筑保护、Ⅰ及Ⅱ类保护建筑改造及活化利用、新建建筑。将保护建筑活化升级，融合设计、研发、制作、交易、展览多样化功能，构建集创意品牌推广、文化交流、艺术创作、展览展示、教育培训为一体的文化创新发展及综合服务基地；新建文创办公及休闲娱乐配套设施，囊括文化创意零售、艺术影剧院、国际精品商铺、高端餐饮等丰富业态。打造集市政、河堤、林荫大道、滨江绿地为一体的综合景观带为城市提供完备的生活休闲与休憩场地，提升项目的整体品质。

四是约定期满收回土地，完成自然资源资产的流转，收回使用权益，保证所有者权益。项目租赁期限届满，租赁土地由市土储中心无偿无条件收回，市自然资源局履行收回行政审核职能；租赁土地上依法建设的建筑物、构筑物的使用期限与土地租赁期限相同，期满后承租人须自行拆除并恢复原状，费用由承租人承担。

### （三）所有者权益的实现与分配

鱼洲项目充分发挥地块作为工业历史遗存、风景宜人、滨水景观、旅游等的自然人文优势，实现自然资源资产的社会文化价值。就所有者权益配置而言，对于政府方面，在对鱼洲的历史遗存进行保护的同时，引入文创、科创、展览、文旅等新的产业要素或文化资源，将鱼洲打造成全国工业遗存改造的标杆项目、粤港澳大湾区"国际制造中心"的展示窗口、东莞历史文化保护的示范单位、东莞城市升级改造的先行标兵、东莞重要的旅游集散地，完成文化价值的衔接。对于个体角度，鱼洲项目的资产活化和项目建设为市民提供了就业岗位和休闲娱乐场所，具有经济价值，也对当地文化形成了良好的影响，从个体层面显化文化价值。

## 四、下围社区土地储备案例[①]

### (一)案例背景与核心目标要素分析

下围社区土地储备项目位于深圳龙华区东部,西临龙华观澜新中心区,南临华为-富士康高新工业区,区位较好。规划的五和大道从项目范围内经过,南北贯通,北接观澜大道,南连沈海高速,是龙华-坂田中部组团的交通要道。五和大道作为区重点民生项目,道路的建成通车有助于完善龙华区区域道路系统,缓解区域交通压力,其建设实施受到社会各界的广泛关注。但五和大道及其支路平安路的建设需要征收下围社区土地约 8 公顷。在推进的初期,本项目按照房屋征收的路径进行,受到了较大的阻力。一方面,政府的征收补偿标准与下围社区的土地收益预期有较大差距;另一方面,由政府征收土地再供应的做法剥夺了原农村社区作为土地实际占有者的开发权利。因此,五和大道、平安路等项目历时 5 年仍然无法推进,政府面临较大的压力。

2015 年,政府引入土地储备,通过协调所有权、使用权、经营权,破解五和大道、平安路实施难题的政策工具,有效解决了五和大道、平安路等项目的落地,既完善了片区道路系统,又优化了下围社区的空间结构,建立起集道路修建、违章拆除、环境改善为一体的表征空间(图 7-6)。

图 7-6　下围社区土地储备利益统筹项目现状图

①　案例内资料和数据来自深圳市土地储备中心、深圳市城市规划协会网站。

## （二）所有者权益的形成与流转

项目实施范围总面积 8.8 公顷，其中合法供地 0.3 公顷，未完善征（转）地补偿手续用地 8.4 公顷。现状用地以居住、工业用地和其他用地为主，其中居住用地面积约 1.9 公顷，工业用地面积为 0.6 公顷，还有 4.2 公顷其他用地。现状建筑物主要为原村民住宅，多建于 20 世纪 90 年代中后期，层数多为 2～3 层，建筑凌乱，配套设施不完善。范围内有永久性建筑物面积约 9 818.6 平方米，砖墙铁皮房面积 1 515.1 平方米及其他各类青苗、附着物等。下围社区通过以下具体措施开展收储工作（图 7-7）：

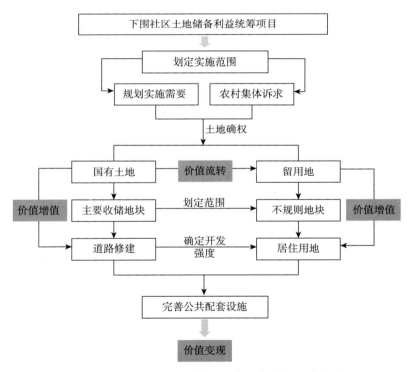

图 7-7　下围社区收储中自然资源资产权益关系图
资料来源：作者自绘。

一是通过范围划定明晰所有者权益，确定项目实施和利益平衡。下围项目划定实施范围主要基于两方面因素：①规划实施需要，结合五和大道、平安路和石皮山公园等项目用地红线确定，将公共城市基础设施建设需要征用的农村集体土地纳入土地整备范围，解决项目用地问题；②农村集体的发展诉求，将农村集体规划为经营性用地但因产权限制无法开发的土地纳入实施范围，通过土地确权重新赋予农村集体土地开发权能。实施范围的划定既体现了政府实施规划、落实项目的意图，也体现了农村集体开发土地、确权发展的愿望，两者必须形成交集。

二是根据政策规定和土地权属确定留用土地的最大规模，转变自然资源资产属性。土地分配方案是土地整备项目的核心。土地分配方案以土地产权为基础，以政策规则为依据。根据《土地整备利益统筹试点项目管理办法（试行）》，政府储备用地规模为 7 公顷，主要包括五和大道、平安路以及石皮山公园等公共基础设施用地；下围社区通过协议方式获得留用地 2 公顷。这一过程中完成了土地确权，下围社区 9 公顷存在土地遗留问题的农村集体土地转变为 2 公顷产权清晰的国有土地，进行自然资源资产的属性转化，实现了土地价值和土地权能的提升。

三是在法定图则的基础上明确选址与用地性质。下围社区 2 公顷留用地的位置需结合法定图则和农村集体诉求协商确定。项目实施范围内已有法定图则覆盖，但是由于不规则的土地产权边界与规则的法定图则地块之间存在空间错位，因此需要对留用地范围进行选址研究。结合土地产权状态，土地储备单元规划对法定图则的地块边界进行调整，将法定图则基于技术理性的规则地块调整为基于协商平衡的不规则地块。从增量用地规划视角来看，不规则的用地方案似乎无法满足土地方正、规整的技术要求，但是从存量用地规划视角来看，不规则的用地选址方案恰恰体现了土地产权空间特征，也是土地利益结构在面向实施的规划方案中的投影。土地储备单元规划不仅是空间结构的反映，更是基于协商结果对土地利益结构的应对，保障所有者权益和使用权的利益最大化。

四是考虑标准规范与社区诉求等确定开发强度。用途方面，留用地功能原则上依据法定图则确定，以保持片区功能完整性。由于留用地所在地块法定图则规划为居住用地，且与农村集体利益诉求一致，因此留用地按照居住用地安排。开发强度方面，考虑到本项目实施的主要目的是保障五和大道等重要交通基础设施的落地，因此可按要求将地块容积率在测算规则的基础上适当提高。通过多轮反复沟通协商，最终以在编图则容积率、社区诉求容积率为基础，结合《深圳城市规划标准与准则》的密度分区要求、留用土地平面布局研究和参考周边新开发项目容积率，确定容积率为 3.86。满足村民的诉求，显现地块的民生功能和社会价值。

五是维护法定图则刚性要求，落实并完善公共配套设施，完成自然资源资产的价值增值。为了维护法定图则的配套设施供需平衡，本项目的公共服务设施规划在法定图则的基础上，按照项目建设不对图则片区产生额外配套的原则，由地块自行承担因建筑规模增加带来的配套需求。除了落实原法定图则规划的社区及配套设施，本项目还考虑到现状周边设施的建设情况，规划新增若干设施，不仅能满足本身的居住配套，还能为周边提供优质配套服务，进一步完成自然资源资产的价值增值。

### （三）所有者权益的实现与分配

下围社区的收储通过利益的平衡统筹，完成土地流转，开展结合村民诉求的收储，完成道路的建设和居住用地的划分，自然资源资产以社会价值中的民生属性和公共属性为体现形式完成价值变现。

一是创新了存量用地规划实施机制。土地整备利益统筹一揽子解决观湖下围社区的土地遗留问题，未征转土地已完善用地手续并纳入规划管理范畴，有效遏制了违法用地和违法建筑，加强了农村社区规划实施。原有的破旧违法建筑正在拆除，环境优美的新型社区正在建立。

二是保障了重大基础设施实施。项目启动后，下围社区积极配合政府开展工作，甚至在留用土地出让合同签订之前，就主动先将五和大道用地移交政府。截至 2018 年底，下围项目已基本完成实施，五和大道即将建成通车，5 年的断头路问题终于得到有效解决。

三是作为首个获批的土地储备利益统筹项目，起到了良好的示范和带动作用。下围项目是利益统筹试点阶段首个成功实施的案例，检验了试点政策的可行性，也带动了其他社区参与土地整备的积极性。利益统筹试点阶段，利益分配政策逐步明晰，下围项目从实施范围划定到核发留用土地批复，率先走过了土地整备利益统筹的全流程，验证了政策设计的合理性与科学性。尤其是土地整备规划研究，下围项目在编制思路、工作内容和技术路线上有较大创新，所以后续的规划技术编制指引即以之为蓝本起草，将个案实践成功地转化为技术通则。此外，下围的实施效率很高，实施效果也立竿见影，形成了很好的示范效应。在下围项目的示范和带动作用下，许多农村社区申请纳入利益统筹试点目录。

# 第二节　模式总结

　　根据宁波市现代化土地储备案例、杭州市大运河土地储备案例、东莞市鲻鱼洲工业园区土地储备案例、下围社区土地储备案例的主导价值核心要素，从其所有者权益的转化、流转和增值形式中归纳得出以"储保结合＋效益互促"为核心的社会文化价值实现模式。

　　根据土地产权视角下的利益主体与物质生产资料的相互关系这一维度，以"储保结合＋效益互促"为核心的自然资源资产收储实现路径的运行机理立足于保障城市基础设施、公共服务设施和重大产业的社会和文化主导价值实现项目土地供应，促进社区转型和文脉传承，一是以原农村或社区实际掌控的自然资源资产为所有者权益的价值来源，按照政府主导、社区主体、社会参与的原则，开展收储前期的清查和确权活动。二是通过货币补偿、土地确权、用地规划等全生命周期管理手段实现自然资源资产的价值增值，进行系统性收储。借助现代化的管理方式，明晰资产与资金的双线关系，在收储的同时做到保障城市公共利益、社区发展权益和历史文化场景，实现可持续发展。在规划、土地、资金、产权等多角度统筹手段的实施下，解决历史遗留问题，完成未来空间的更新与发展，实现政府、原农村社区居民及相关权益人多方共赢。三是储报结合完成后期的管理和配套政策，实现良性循环。在收储的过程中，注重对文化遗产和基础设施的配套建设，提供安置点等收储中服务和旅游开发等收储后服务，在提高收储效率的同时也为下次的储备奠定良好的基础。

　　通过公共价值维度分析，该模式的特征以统一收储为主要原则，在收益分配、管理机制和出让等关键步骤上因地制宜地做出探索，在资源收储和资源保护上双管齐下，保证片区的收支平衡与集体整备，具有以下特征：一是突出多元效益。在统一收储的模式上探索土地的增值收益由政府和权益人共享，例如东莞市、杭州市、深圳市的收储案例中实现文脉传承和社区建设的过程中融入商业开发与产品塑造，通过有利于调动原产权人、外部资金参与土地整备的积极性，顺利实现大范围的自然资源资产储备，实现居民幸福、社会发展与历史传承的多重效益互相促进；二是利用科技赋能。如宁波市重点"业财一体化"持续迭代土地整治储备数字管理可以构建并迭代完善外部统筹、内部控制的"双驱动"体系，实现部门间土地资源配置信息资源的互联互通、协同管理和共建共享，实现土地储备出让统筹管理与土地资源精准配置的坚实基础；三是储备和管理保护。杭州、宁波、东莞和深圳案例中所有地块在收储过程中进行供水、排水、供电、通讯、供气、环卫、公交等基础设施条件建设，再进行出让，土地价值得以大幅提升，且项目开发建设后，购房人也可立即入住。而以往土地的点对点、逐个地块收储的模式，过分依赖周边现有的基础设施条件和城市配套，往往地块价值难以充分体现，且老旧的城市基础设施难承其重。

但是这种统筹收储的模式，由于其协调主体和利益比较多，实施周期比较长，难以满足公共基础设施、重大产业项目快速落地的需求。在补偿机制方面，由于落差会增加拆迁谈判难度。

# 第三节　适用性与应用思考

## 一、收储模式的适用场景

从改进的价值分析网模型的土地空间生产演化后的核心目标要素维度方面而言，本模式收储主体以政府机构收储为主要特征，根据问题导向，该模式适用于解决收储面积大、亟须落实国家战略、权属混乱的地块，通过完善配套设施，解决各种社会问题，加强规划实施。

## 二、收储模式的创新机制与风险

根据案例中的所有者权益的形成与流转分析，以"储保结合＋效益互促"为核心的自然资源资产收储实现路径充分调动了各方力量，对利益关系、产权关系、空间关系等进行统筹，以推动城市规划在存量用地上的实施，促进城市发展。在大收储的总方向上，不同地区对于收储的资金平衡、管理方式、收储原则进行了创新：一是创新土地的收储管理方式，在收储中

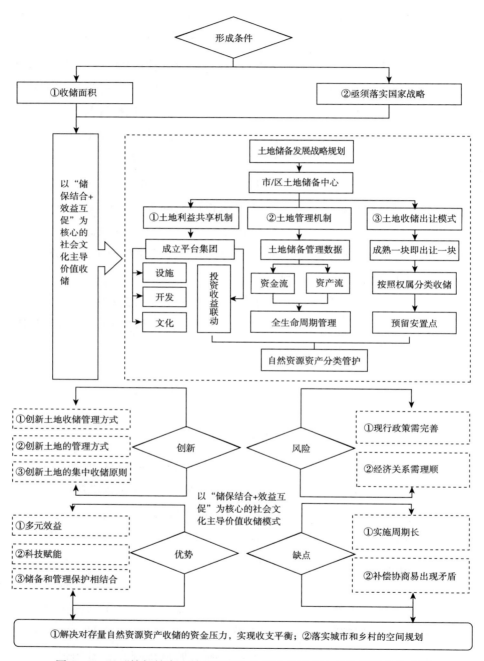

图 7-8  以"储保结合＋效益互促"为核心的社会文化价值实现模式图
资料来源：作者自绘。

保护和管理，在保护和管理中收储，通过土地流转、规划不同的收储区域计算土地未来增值收益，对资金的筹集和使用进行明确计算；二是创新土地的管理方式。通过现代化的土地储备全生命周期管理系统，土地储备可实现空间化、数字化、智能化的全生命周期闭环管理，将数字化优势成功转化为城市治理效能，确保土地资源精准高效配置和效益最大化；三是创新土地的集中收储原则，坚持采取出让一批、做优一批、储备一批，分阶段实施的出让理念，加快自然资源资产的闭环循环利用效率，更易统筹地区整体社会价值的提升（图7-8）。

　　但是该模式也具有以下风险：一是现行政策有待完善。目前土地整备利益统筹政策制度较为粗放、许多制度细节并不明确，且还存在政府审批的不确定性较高的问题；二是社区和乡村认知度有待提高。相较于原有的土地储备模式，片区利益统筹项目推广时间较短，社区及其成员对此类项目的认知度、信任度仍有待提高，可能对项目的顺利推进造成负面影响；三是可能存在经济关系未理顺问题，"钉子户"问题造成"拆迁困局"，项目可能发生相关搬迁补偿安置协议无法及时签署及备案、政府拒绝收储土地导致留用土地无法及时出让等不利情况，严重影响项目实施进度。

# 第八章　结论与展望

## 第一节　主要结论与建议

结合新时期土地储备转型发展的新方向、新挑战与新使命，对八个具有代表性的土地储备转型案例中核心目标分析和所有者权益形成、流转与分配进行分析，得出三种价值实现路径与模式创新，分别为以"资产重组＋权益分享"为核心的自然资源资产经济价值收储实现路径、以"综合收储＋成本分摊"为核心的自然资源资产生态产品价值收储实现路径、以"储保结合＋效益互促"为核心的自然资源资产社会文化价值收储实现路径。在研究对比不同模式的适用场景、运行机理、特征评价和创新与风险，针对自然资源资产的收储规划、收储机构、收储成本、收储效益等方面提出以下建议，并对新时期土地储备转型发展的趋势加以展望。

### 一、全面加强国有土地资产统筹管理

构建储备土地统筹管理新机制，全面加强国有储备土地资产统筹管理。2021 年 6 月中办、国办印发《全民所有自然资源资产所有权委托代理机制试点方案》，明确提出对土地等资源，以建立储备制度、进行实物管护为主。将尚未设立使用权或使用权已消灭、以国家所有权形态存在的国有建设用地纳入储备，明确管理主体，实施统一管护、开发、利用和监管，进一步加强国有储备土地资产统筹管理。摸清政府能处置的国有储备土地资产家底，探索将土地储备机构以及各类开发区（园区）管委会、国有平台公司、乡镇人民政府（街道办事处）或相关单位承担具体实施工作的储备土地纳入统计范围，进行全口径统计。用好用活国有储备土地资产，促进保值增值，切实履

行国有储备土地的所有者职责,维护所有者权益。

编制动态调整的收储实施计划。依托"两统一"职责,根据经济、社会、文化、生态的价值导向,分类编制计划,完成自然资源资产的价值转化主导路径规划。对于经济导向的收储计划的价值转化路径侧重未来收益与成本的考量,对于社会文化导向的自然资源资产的价值转化规划则要涵盖民生计划和社会重点战略项目的落实,对于以生态价值转化为主导的收储计划编制要注重成果的测度和产品的价值变现预判,在收储端严格实行用地出让预研判和动态调整制度,编制土地储备规划,完成收储计划的编制,构建专项计划、年度计划两级体系的有效衔接。

建立储备土地清产清查统计核算制度,科学编制储备土地资产负债表。充分利用资源调查成果和土地储备管理台账,对国有储备土地资产数量、分布、用途、价值等进行清查统计,摸清储备土地资产家底。加强国有储备土地资产管理,以明晰储备土地资产、负债内涵为前提,以储备土地资产清查统计为基础,以资产价值评估及负债核算为手段,编制全民所有储备土地资产负债表,研究厘清国有储备土地资产与负债之间的关系,全面反映核算期储备土地资产、负债的规模、构成以及所有者权益变动情况,准确掌握国有储备土地所有者权益,全面反映政府实际所有的储备土地资产价值,为编制全民所有自然资源资产负债表提供经验借鉴。

## 二、完善多元化的资金筹措方式

新时期土地储备需要承载保障所有者权益、实现生态产品价值、推动共同富裕、落实国土空间规划等六方面职能升级,但面临融资渠道收窄与收储成本上升的突出矛盾,根据地方案例分析,土地储备项目在前期缺少启动资金,土地出让后在未扣除做地成本的情况下计提资金用于其他方面支出,收支不能平衡。除用足土地收益基金、土地专项债等现有政策外,还需要拓展多元化融资渠道。土地储备转型发展拓宽融资渠道应从"开源"和"节流"两个方面入手。开源方面,一是现有政策用足,优化现有融资渠道政策,将政策用足,去除资金使用不必要的障碍。督促地方尽快建立完善国有土地收益基金制度,由储备土地出让净收益、土地储备租赁收入、其他财政性资金等构成,封闭运行。探索开展省、市、县联合收储,由省级土地储备机构和市级或县级储备机构开展联合收储，省级土地储备机构对收储项目、资金管理、成本控制严格把关，确保土储资金真正地用于土地储备项目；二是融资模式创新，即土地权益置换、债权融资与股权融资。资金节流方面，有"完善成本回收核算体系""优化土储机制，缩短土地储备周期""土地储备与国土空间规划、城市更新规划、土地供应计划、市政建设规划衔接"三种模式。

## 三、创新分类补偿和共享的收益分配格局

土地储备利益分配机制要从用之于城到用之于民的转变，为土地储备创新收益分配机制指明方向。

创新分类补偿和共享的收益分配，积极探索土地储备成本回收新机制。根据主导价值创新土地收储权益共享和整备补偿方式，丰富价值变现形式。对于实现社会文化价值的收储项目可运用"基础补偿＋权益共享"价值变现思路核算的土地收储整备补偿和利益共享货币总额，以等价值为原则。土地储备涉及存量国有建设用地收购的，可根据土地评估结果协商以货币补偿方式收购；也可由原使用权人交回政府并约定以实物补偿方式置换，在置换同等条件或同等价值的国有土地使用权基础上还可给予一定比例的补助和奖励，置换后的土地应依法确权登记。可综合采用货币、物业、股权等多种方式进行补偿和变现，丰富土地收储整备补偿方式与路径。对于经济和生态等公共价值的收储价值实现路径可采取政府主导方式实施或无偿提供收储整备土地的低效存量用地再开发项目，引导社会资本参与片区综合开发、生态修复及土地综合整治，由社会资本与土地储备机构联合开发，社会资本投入的成本及合理回报率可作为土地开发建设补偿费计入出让底价，探索通过赋予一定期限的自然资源资产使用权等产权安排，激励社会投资主体从事相关工作并取得合理回报。可给予一定政策倾斜，并通过"资源包"的形式分配推进存量土地收储整备，完成价值变现。

构建收储补偿标准动态调整机制，实施价值变现的精细化管理。由于土地价值涨幅大而征地补偿标准的提高又往往存在滞后性，因此征地补偿标准难以准确体现土地价值，建立平台对土地现状及用途进行动态监控并及时调整，使征地补偿标准与土地价值相匹配，充分保障了被征地者共享土地增值

的权益，避免出现因补偿标准未能体现土地价值而使失地者漫天要价的情况。

## 第二节 土地储备转型发展的思考与展望

### 一、收储角色由"供给主体"向"统筹主体"转变

在新时代"1＋N"多主体参与建设用地市场新格局下，土地储备价值实现路径要从实施和直接供给主体转型为规划和管理多元参与者的统筹主体。

统筹储备存量与供应流量的关系，合理统筹土地成片开发年度实施计划与新增建设用地储备规模，实现年度新增土地储备规模（含新增建设用地、存量建设用地）与近三年平均年供应的储备土地面积持平，确保"以储保供"，做好重点功能片区、基础设施、新区开发建设等统筹工作。把握储备土地前期开发及供应的节奏，对拟供应的土地，及时组织前期开发并按供地计划供应；对暂不供应的土地，做好管护和临时利用，根据调控需要，可依法调整规划用途或压缩开发时间后加快上市。土地储备机构可以通过市场化手段调动原使用权人和第三方从业机构等参与土地储备的征拆补偿、前期整备、日常管理等项目管控和统筹微观供应全流程。管理土地储备信息公开，房地产调控重点城市应在每年初公布土地供应计划的同时，公开住宅储备土地总面积、年度新增住宅储备土地面积、年度可供住宅储备土地面积等指标，正确引导市场预期。

同时，统筹土地批、征、储、供、用全生命周期信息化管理。加快土地储备信息化建设，是落实所有者职责、维护所有者权益的内在要求，也是推进资产管理体系和国土空间治理体系现代化的客观要求。结合"批、储、供、用"全生命周期信息化管理要求，围绕土地储备规划计划、项目管理、地块管理、入库标准、出库供应等环节构建土地储备全业务链条信息化管理体系。强化规划计划引导，根据国民经济和社会发展规划、国土空间规划及产业发展规划，编制土地储备规划、三年滚动计划和年度计划，对土地储备规模、结构、布局、时序进行统筹安排，构建土地储备"一张图"，引导土地有序开发建设；全面实施项目管理，将储备地块、片区等纳入项目管理，

建立土地储备项目库；规范入库标准，对存在污染、文物遗存、矿产压覆、洪涝隐患、地质灾害风险等情况的土地，在按照有关规定由相关单位完成核查、评估和治理之前，不得入库储备；建立储备土地供应出库单填报机制，储备土地出库供应时填报预出库单，预出库单自动生成预出库单号，供地方案和出让公告、划拨公示应关联预出库单号，未关联不得出库供应。

## 二、收储过程由"独立收储"向"片区收储"转变

《土地储备管理办法》明确了土地收储的范围，因收储后的用途具有差异，为了合理平衡收储的投入与收益，对于复杂的地块，未来自然资源资产的价值实现路径可由"单块分类收储"转变为"联合打包收储"的趋势。对需要以政府储备为主进行改造开发的，结合国土空间规划的编制和实施以及城市更新、成片开发等工作划定储备片区，实施统一规划、统一储备、统一开发、统一配套、统一供应，推进城乡空间整体性、系统性改造和更新。由于土地储备专项债的可预期性和稳定性不足，土地收入已趋于"过载"，计提土地储备基金的空间有限。因此，未来可以基于股权融资、债权融资、土地权益置换融资三类思路，探索新型融资渠道[①]。将规划为经营性建设的土地，与规划为以投入为主导的基础设施进行捆绑收储，以经营性用地的出让收益来平衡基础设施的建设及后期运营管理的投入支出，打造"经营性用地＋基础设施用地"的自然资源资产收储包组合，也可以通过土地权益置换融资，形成"所有权、使用权（含出租和转租）、经营权"三权分置。合理确定片区主导功能，科学配置经营性用地、民生用地、公共服务和基础设施用地比例，也可以通过实现土地储备资产"售后回租"；对生产导向的片区，重点整合资源，提高配置效率，通过债权融资，强化资金支撑，促进产业集聚；对生活导向的片区，重点解决老旧小区等居住区的功能缺陷问题，增加养老、文化、体育、休憩等空间，激发社区活力，提高人居环境质量。可将重大基础设施完成后增值收益较丰厚的与周边收储成本较大的项目进行打包实施，形成土地收储资金闭环链条，打造"基础设施＋周边项目"资源包，

---

① 柴铎，杨红，吕东函. 土地储备转型发展的多元化融资方式探析［J］. 中国土地，2022（6）：31－33.

探索新时代土地储备转型新模式；对生态导向的片区，重点开展生态修复和环境治理，提供更多优质生态产品，通过股权融资，探索生态产品价值外溢的实现途径，探索将生态修复支出纳入土地前期开发成本。合理安排开发时序，做好资金平衡，通过预算合理安排片区内的土地出让收入使用范围，统筹保障土地收储和基础设施开发建设，实现滚动开发、良性循环。

## 三、收储时序由"固定收储"向"弹性收储"转变

为解决远期战略规划布局与短期闲置资源开发的矛盾，土地储备未来的价值实现路径将向弹性收储方向转变，探索以租代管，降低政府管护成本，为短期项目与中小企业提供短期的用地保障，防止自然资源资产的闲置。将需要预热、基础设施尚未完善、短期内不能出让的地块以弹性租赁形式投入市场，临时出租期限调整到最高10年，租赁给承租人进行过渡性开发利用，对储备土地进行提质，待配套完善、价值提升后，政府按约定收回土地，对不符合要求的租户在租期到期后一律不再续签，并即时清场，清场后的地块实施属地管理并按远景规划实施；对近期不具备开发价值和景观价值的储备土地，按现状进行生态围蔽管理。此外，"弹性回租"也可以将在库土地储备资产盘活发展，尝试土地储备资产"售后回租"，约定利润率后由企业垫资完成开发，直接将使用权出让给该企业，再由政府"回租"土地使用权。土地供应时，采用转租方式配置给用地企业，形成类似"所有权（国家）、承包权（一级开发企业）、经营权（用地企业）"三权分置的格局。垫资企业也可自行开发（类似一、二级联动）或转让、出租、入股、抵押土地。[①]

## 四、收储成效由"单一价值"向"多元价值"转变

未来土地储备不仅注重用地需求的经济价值满足，更要立足于社会价值、文化价值、生态价值的统一，打通多元化的价值实现路径，积极推动"做优地"，以制定相关标准为基础，实现"多效合一"的自然资源资产的高质量运营。新时代土地储备从用之于城到用之于民的转变，兼顾社会民生价

① 柴铎，林梦柔，刘鸿.价值运行视角下社会资本参与土地储备的三阶形态［J］.中国土地，2022（10）：14-17.

值，要求"土地储备到哪里，城建基础配套设施建设到哪里"，提高土地的附加值；土地储备的同时也打造生态价值，在土地收储的过程中，以可持续发展为原则，通过科学管护和规模化、专业化经营，提高生态资源质量、资产价值和生态系统承载能力；未来土地储备也注重文化空间的打造，注重历史建筑的保留和文化空间的塑造，建立土地储备多重价值的考核机制来保障做地质量，通过打造区域土地储备转型的"优地"来适应城市发展需求。

# 参 考 文 献

柴铎，林梦柔，刘鸿，2022. 价值运行视角下社会资本参与土地储备的三阶形态 [J].
中国土地（10）：14 - 17.

柴铎，杨红，吕东函，2022. 土地储备转型发展的多元化融资方式探析 [J]. 中国土地
（6）：31 - 33.

陈水光，兰子杰，苏时鹏，2022. 自然资源资产价值可持续实现路径分析 [J]. 林业经
济问题，42（1）：21 - 29. DOI：10.16832/j. cnki. 1005 - 9709.20210069.

陈宇航，张建军，林建，魏锋华，唐勇，吕品田，赵宏伟，杨旭波，闫格，2019. 让农
民成为城市发展的"合伙人"：广东省肇庆市鼎湖区农村土地征收政策创新调查报告
[J]. 中国发展观察（13）：55 - 5.

崔久富，郭贯成，范怀超，李学增，2021. 全民所有自然资源资产核算的中国方案：基
于土地分等定级的启示 [J]. 中国土地科学，35（1）：18 - 25.

戴维·哈维，2010. 巴黎城记：现代性之都的诞生 [M]. 桂林：广西师范大学出版社.

樊杰，2017. 资源环境承载力专题序言 [J]. 地理科学进展，36（3）：265.

范喜秋，徐洁，王颖，2021. 浅析新时代城市自然资源的资产化 [J]. 中国土地（2）：
51 - 52. DOI：10.13816/j. cnki. ISSN1002 - 9729.2021.02.15.

郭韦杉，李国平，王文涛，2021. 自然资源资产价值核算研究：以陕北佳县林木资源为
例 [J]. 干旱区资源与环境，35（7）：1 - 7. DOI：10.13448/j. cnki. jalre. 2021. 178.

韩璐，孟鹏，吴昊，等，2021. 基于价值链视角的高技术产业用地效率变化研究：以浙
江省为例 [J]. 中国土地科学，35（4）：26 - 34.

郝庆，封志明，赵丹丹，魏晓，2019. 自然资源治理的若干新问题与研究新趋势 [J].
经济地理，39（6）：1 - 6.

何芳，2014. 城市土地再利用产权处置及权益分配研究：城市存量土地盘活理论与实践
[M]. 北京：科学出版社：144.

何芳，汪丹宁，廖飞，胡文瑛，2014. 城市土地收储利益分配实践梳理 [J]. 城市问题
（5）：55 - 60.

胡冬冬，栾一博，余帆，2021. 武汉市土地储备转型的实践探索 [J]. 中国土地（8）：24-26.

胡金燕，2022. 常州：城市更新下的土地整备规划创新 [J]. 中国土地（5）：55-56. DOI：10.13816/j. cnki. ISSN1002-9729.2022.05.19.

黄彩凤，2018. 从制度变迁角度看土地储备管理新规 [J]. 中国市场（20）：128-129.

冀福俊，宋立，2017. 资本的空间生产与中国城镇化的内在逻辑：基于新马克思主义空间生产理论的视角 [J]. 上海经济研究（10）：3-12.

金鼎，郭海，2019. 基于TOD理念的川道城市土地利用模式转型研究 [J]. 都市快轨交通，32（4）：14-18.

厉伟，孙文华，2007. 土地垄断供给、纵向市场关系与房地产价格：兼论基于价值链分析的房地产市场竞争促进政策 [J]. 当代财经（6）：5-9.

刘芳，张宇，姜仁荣，2015. 深圳市存量土地二次开发模式路径比较与选择 [J]. 规划师，31（7）：49-54.

刘宁，2022. 国家公园自然资源资产化管理反思 [J]. 南京工业大学学报（社会科学版），21（2）：47-54，111-112.

卢俊义，张来凤，2019. 构建土地"大储备"格局：安徽省蚌埠市土地储备工作的探索实践 [J]. 中国土地（7）：51-52.

卢现祥，李慧，2021. 自然资源资产产权制度改革：理论依据、基本特征与制度效应 [J]. 改革（2）：14-28.

卢新海，邓中明，2004. 对我国城市土地储备制度的评析 [J]. 城市规划汇刊（6）：27-33，95.

卢新海，杨喜，陈泽秀，2020. 中国城市土地绿色利用效率测度及其时空演变特征 [J]. 中国人口·资源与环境，30（8）：83-91.

罗命清，2016. 土地收储融资现状分析与对策 [J]. 中国集体经济（12）：18-19.

蒙涯，2020. 上海大型居住社区土地储备工作探讨 [J]. 上海国土资源，41（4）：14-17，33.

裴泽宁，刘潇，周航，2019. 军用土地储备模式创新研究 [J]. 中国军转民（4）：43-46.

乔小勇，2015. "人的城镇化"与"土地城镇化"发展关系研究 [J]. 中国科技论坛（6）：117-123.

丘水林，庞洁，靳乐山，2021. 自然资源生态产品价值实现机制：一个机制复合体的分析框架 [J]. 中国土地科学，35（1）：10-17，25.

孙超，2013. 土地储备融资与土地收益的分配研究 [J]. 经济经纬 (3)：41 - 46..

邰丽华，李梦，2019. 资本逻辑主导的城市空间生产研究 [J]. 经济纵横 (2)：26 -
  33，2.

谭荣，2021. 自然资源资产产权制度改革和体系建设思考 [J]. 中国土地科学，35 (1)：
  1 - 9.

唐文倩，2017. 构建国有自然资源资产化管理新模式 [J]. 中国财政 (16)：32 -
  34. DOI：10.14115/j. cnki. zgcz. 2017. 16. 024.

王璇，邻艳丽，2021. "飞地经济" 空间生产的治理逻辑探析：以深汕特别合作区为例
  [J]. 中国行政管理 (2)：76 - 83.

温勇鹏，2022. 浅谈土地储备成本管控体系建设：以宁波市为例 [J]. 浙江国土资源
  (7)：37 - 38. DOI：10. 16724/j. cnki. cn33 - 1290/p. 2022. 07. 027.

夏方舟，杨雨濛，严金明，2020. 城乡土地银行制度设计：一个新型城乡土地资本化制
  度探索 [J]. 中国土地科学，34 (4)：48 - 57.

严金明，张东昇，夏方舟，2019. 自然资源资产管理：理论逻辑与改革导向 [J]. 中国
  土地科学，33 (4)：1 - 8.

杨红，2022. 土地储备制度建设历程及思考 [J]. 中国土地 (10)：10 - 13.

岳隽，陈小祥，刘力兵，2016. 整村统筹土地整备中原农村土地利益协调：基于深圳的
  案例分析 [J]. 国土资源科技管理，33 (5)：86 - 93.

岳隽，戴小平，赖伟胜，罗超英，仝兆远，2015. 整村统筹土地整备中规划土地政策互
  动：基于深圳的研究 [J]. 城市规划，39 (8)：70 - 74，79.

张文明，2020. 完善生态产品价值实现机制：基于福建森林生态银行的调研 [J]. 宏观
  经济管理 (3)：73 - 79.

张颖，王丽艳，葛秋磊，2016. 新形势下天津滨海新区土地储备机制创新研究 [J]. 城
  市 (9)：19 - 25.

张宇，2012. 高度城市化区域土地整备运作机制研究：以深圳市为例 [J]. 特区经济
  (1)：21 - 23.

赵海月，赫曦滢，2012. 列斐伏尔—空间三元辩证法‖的辩识与建构 [J]. 吉林大学社
  会科学学报 (2)：22 - 27.

赵亚莉，龙开胜，2020. 自然资源资产全民所有权的实现逻辑及机制完善 [J]. 中国土
  地科学，34 (12)：11 - 16，43.

周景行，2018. 关于自然资源资产化管理的思考 [J]. 农业科技与装备 (3)：82 -
  83. DOI：10. 16313/j. cnki. nykjyzb. 2018. 03. 034.

朱道林，张晖，段文技，杜挺，2019. 自然资源资产核算的逻辑规则与土地资源资产核算方法探讨 [J]. 中国土地科学，33（11）：1-7.

朱力，2021. "空间结构化"：一个解释当代中国空间生产的理论框架 [J]. 城市发展研究，28（9）：8-15.

朱晓辉，2021. 新时期土地储备的转型发展与路径探析 [J]. 砖瓦世界（1）：19.

朱亚鹏，田肖肖，2020. 新时代背景下农村土地征收安置的制度创新：肇庆土地入股的案例分析 [J]. 甘肃行政学院学报（3）：115-123，128.

邹利林，王占岐，王建英，2011. 农村土地综合整治产业化发展盈利模式的构建 [J]. 经济地理，31（8）：1370-1374.

Aaron Wildavsky, 1973. If Planning is Everything, Maybe It's Nothing [J]. Policy Sciences, 4 (2): 31-34.

Ann L. Strong, 1979. Land Banking-European Reality [M]. America Porspect: 144-145.

Araji S, 2018. Natural Resource Revenues: Effect on the Pattern of Domestic Investments Relative to International Assets Investments [J]. International Economics and Economic Policy, 15 (3): 661-682.

Arnason R, 2007. Property Rights Quality and the Economic Efficiency of Fisheries Management Regimes: Some Basic Results [M]. Blackwell Publishing Ltd.: 32-35.

Bromley D W, 1991. Environment and Economy: Property Rights and Public Policy [M]. Oxford: Basil Blackwell Ltd.: 60.

David Pearce, 1987. Valuing Natural Resources and the Implications for Land and Water Management [J]. Resources Policy (12): 255-264.

Fang Q S, Li H X, 2021. The Concept Delimitation, the Value Realization Process, and the Realization Path of the Capitalization of Forest Ecological Resources [C] //Natural Resources Forum. Oxford, UK: Blackwell Publishing Ltd.

Fishmen, R. P. and Gross, R. D, 1972. Public Land Banking: A New Piaxis for Urban Growth [M]. Case Western Reserve Law Review (Summer): 897-975.

Grainger C A, Costello C J, 2014. Capitalizing Property Rights Insecurity in Natural Resource Assets [J]. Journal of Environmental Economics and Management, 67 (2): 224-240.

Henry Bain, 2002. The New City [M]. Ibid: 209-211.

Kothandaraman P, Wilson D T, 2001. The Future of Competition: Value-Creating

Networks [J]. Industrial Marketing Management, 30 (4): 379－389.

Kraus, Alan, Robert H, Litzenberger, 1973. A State-Preference Model of Optimal Financial Leverage [J]. The Journal of Finance, 28 (4): 911－922.

Meijer R, Jonkman A, 2020. Land-policy Instruments for Densification: The Dutch Quest for Control [J]. The Town Planning Review, 91 (3): 239－258.

R. González-Val, F, 2018. Pueyo Natural Resources, Economic Growth and Geography [J]. FEEM Working Paper. No. 26.

Shreedhar G, Tavoni A, Marchiori C, 2020. Monitoring and Punishment Networks in an Experimental Common Pool Resource Dilemma [J]. Environment and Development Economics, 25 (1): 66－94.

Slywotzky A, 2004. Exploring the Strategic Risk Frontier [J]. Strategy & Leadership, 32 (6): 11－19.

Terry, L A, &Donald, R L, 2000. Environ-capital Operation [M]. Beijing: Tsinghua University Press: 122－143.

Vatn A, 2005. Institutions and the Environment [M]. Northampton: Edward Elgar Publishing: 68－80.

# 附　　录

## 一、广州市土地储备创新发展思路

广州市为推进粤港澳大湾区建设，建设具有独特魅力和发展活力的国际大都市，促进城市空间结构发展并为重点地区提供用地支撑，强化土地储备和土地精准供给。土地储备主要以新增建设用地为主，存量用地收储主要集中在国有旧厂房，对重大功能片区、重点产业项目、重要基础设施、民生设施用地应储尽储、连片储备。广州市土地储备管理政策梳理见附表1。

**附表1　广州市土地储备管理政策梳理**

| 广州市 | |
|---|---|
| 规划管控 | 1. 全市土地储备规划由市国土资源主管部门牵头，市发展改革、财政、住建等相关部门和各区政府配合，根据国民经济和社会发展规划、土地利用总体规划、城市总体规划、城市环境总体规划和土地市场供需状况等共同编制，经市土地管理委员会审议通过后组织实施，以五年为一个规划期。<br>各区国土资源主管部门依据市土地储备规划，编制各自行政区域内的土地储备规划。<br>2. 全市年度土地储备计划由市国土资源主管部门牵头，按照"自上而下与自下而上相结合"原则，市发展改革、财政、住建等相关部门和各区政府配合，根据土地储备规划、土地利用年度计划和土地市场供状况等共同编制，经市政府批准后实施，并将年度土地储备任务下达各区。各区国土资源主管部门应按照全市年度土地储备计划编制要求，具体负责编制行政区域内年度土地储备计划，经区政府批准后报市国土资源主管部门，纳入全市年度土地储备计划。纳入年度土地储备计划的城市更新项目涉及的土地，视为纳入年度城市更新计划。<br>3. 土地储备计划分为红线储备和实物储备两种类型。①红线储备是指根据城乡规划和土地利用总体规划，纳入土地储备范围并进行规划控制的宗地。红线储备以取得规划选址意见或规划研究范围意见为完成标准。在土地储备规划选址范围内申请选址的其他项目，应先取得土地储备机构的意见；②实物储备是在红线储备的基础上，通过征收、收购或收回等方式依法取得的宗地，以注销原产权或完成用地结案为完成标准 |

（续）

| 广州市 | |
|---|---|
| 储备范围 | ①优先储备闲置、空闲和低效利用的国有存量建设用地；②列入城市建设规划的重大基础设施周边土地；③政府为实施城市规划而进行开发建设的用地；④城市更新项目涉及的土地 |
| 前期开发与管护利用 | 1. 前期开发：<br>储备土地前期开发可依法通过招标方式采购。经市政府审批，市级储备项目的前期开发可交由市代建局、市中心区交通项目办等市属建设管理行政事业单位或属地区政府具体承担。<br>①市属建设管理行政事业单位具体承担的，建设项目资金纳入土地储备资金预算，并由土地储备机构在编制预算时列明用款单位、具体项目和金额，预算批复后由财政部门按照预算及国库集中支付有关规定办理预算下达和资金拨付手续。<br>②属地区政府具体承担的，建设资金可按照项目概算评审结果预拨给区，据实结算；经市政府批准的项目可将资金按概算评审结果以"多不退、少不补"的总价包干形式转移支付给区。<br>2. 管护利用：<br>①储备土地可由土地储备机构自行管理，委托属地政府、地块原权属人管理或者采取临时利用方式，也可按政府采购相关规定确定管理单位。<br>采取自行管护、委托管护的，应达到通水、通电、通路、平整土地和场地围蔽的要求。<br>采取临时利用方式管护的，原则上用作社会公共停车场，避免建设临时性建筑。<br>采取公开招标方式确定围蔽实施单位的，招标（采购）限价可按围蔽管理年度预算总额（不限定具体储备地块和具体项目）确定，根据储备土地管理需要，按实际工程量进行结算。<br>②经批准临时利用储备土地的，应缴纳储备土地临时使用费，储备土地临时使用费由土地储备机构委托取得各专业评估行政管理部门备案的评估机构评估确定 |
| 资金来源及运行 | 1. 资金来源：<br>土地储备项目所需资金应当严格按照规定纳入政府性基金预算，从国有土地收益基金、土地出让收入和其他财政资金中统筹安排，不足部分可依法通过发行土地储备专项债券筹集解决。<br>经批准的土地储备项目年度总预算可预留一定额度的土地储备预备金，预备金不对应具体项目。年度预算计划内各项目资金可调剂使用（使用土地储备专项债券资金的除外）。<br>2. 资金运行：<br>市级储备项目由区具体组织实施的，相关费用实行转移支付。由市财政部门按市级土地储备机构申请转移支付至区财政部门，项目决算后的剩余费用由区财政部门返还市财政部门 |

（续）

| 广州市 | |
|---|---|
| 运作机制 | 按照"市区联动、利益共享、明确分工、统筹保障"的总体思路与原则，结合市、区储备工作范围，将年度土地储备计划全部分解落实，并可划分为四种收储方式。①市自主收储。完全由市投资储备及具体实施的项目，出让金全额缴入市财政。②区自主收储。区自主进行从立项到储备一系列过程，市只参与出让、审批环节，具体收储工作区交与镇街实施。③市委托区收储。由市负责主导，给予规划指标和资金支持，具体工作由区政府组织，实际推进由镇街进行；除增城区、南沙区外，出让均由市执行。④市区合作收储。市、区共同投资的土地储备项目，其土地出让收入分成比例视市、区两级投入情况，在合作开发前报土地储备专业委员会审议后报市政府审定 |
| 收益分配 | 全市经营性用地宗地（不含工业用地以及经营性邮政设施、教育设施、体育设施、公共文化设施、医疗卫生设施、社会福利设施等社会事业用地）按出让收入10%提成市重大基础设施项目建设资金，优先用于轨道交通建设。提成后，市、区按如下方式分配土地出让收入：<br>1. 市自主收储。市全部投资并由市级土地储备机构自行实施的项目，土地出让收入全部归市。<br>2. 区自主收储。由区全部投资并实施的项目，中心七区范围内的，土地出让收入按照市、区15∶85进行分配。外围四区范围内，属于商品住宅类（不含更新改造项目用地）土地出让收入按照市、区10∶90进行分配。<br>3. 市委托区收储。市全部投资并由区实施的项目，土地出让收入按照市、区85∶15进行分配。<br>4. 市、区合作收储。按市、区投资比例进行出让收入分配，所有成本和政策性计提均按照市、区投资比例承担。<br>工业用地以及经营性邮政设施、教育设施、体育设施、公共文化设施、医疗卫生设施、社会福利设施等社会事业用地的土地出让收入全额归投资主体本级财政 |
| 监督管理 | 1. 土地储备机构及其委托管理单位应当加强储备用地安全管理，设置安全警示，发现储备土地上存在违法用地、违法建设、地块被侵占、违规排放污染物、乱倒余泥渣土、垃圾等行为，应当及时阻止并报告辖区政府，由辖区政府牵头及时采取措施，依法进行处理。<br>2. 实行全市土地储备项目库管理制度，市、区3年内需要安排投资的土地储备项目全部入库管理。项目入库申报采取集中申报和追加申报两种方式。未纳入土地储备项目库管理的项目不得申报年度土地储备计划，不得作为经营性用地公开出让。<br>3. 建立全市统一的土地储备管理平台，通过信息化手段统筹全市土地储备项目以及年度土地储备计划申报与执行，统一统计口径、统一电子数据，实现全市土地储备信息动态更新与共享 |

（续）

| 广州市 | |
|---|---|
| 主要来源政策 | ①《广州市人民政府关于印发广州市土地储备管理办法的通知》（穗府规〔2018〕4号）；②《广州市国土资源和规划委员会关于印发广州市土地储备工作激励机制方案的通知》（穗国土规划字〔2018〕44号）；③《广州市发展改革委广州市国土规划委印发关于加强土地储备投资管理意见的通知》（穗发改规字〔2018〕3号）；④《广州市人民政府办公厅关于加强土地管理的实施意见》（穗府办规〔2018〕7号）；⑤《广州市人民政府办公厅关于印发广州市改革优化土地储备市区联动机制方案的通知》（穗府办函〔2020〕15号） |

注：资料来自《广州市人民政府关于印发广州市土地储备管理办法的通知》《广州市国土资源和规划委员会关于印发广州市土地储备工作激励机制方案的通知》《广州市发展改革委广州市国土规划委印发关于加强土地储备投资管理意见的通知》《广州市人民政府办公厅关于加强土地管理的实施意见》《广州市人民政府办公厅关于印发广州市改革优化土地储备市区联动机制方案的通知》。

## （一）多模式联动明确收储分工

目前，广州市共有12家土地储备机构纳入土储机构名录，实现土地储备"全市一盘棋"局面。其中，市级1家、区级11家，以市土地管理委员会为平台，由市自然资源管理部门牵头，11个区政府和市相关部门各负其责并充分协调的领导机制和工作机制。从市区两级土地储备范围来看，市级土地储备机构负责市政府指定的重点功能片区、重点项目以及市级（含）以上国资旧厂地块和轨道交通场站上盖综合体用地储备工作。区级土地储备机构负责上述范围以外的其他区域（包括轨道交通场站综合体周边地块）。市与区可通过市、区合作方式在各自储备工作范围内开展土地储备工作，具体合作方式包括市委托区、市自主、区自主以及市区合作等（附表2）。其中，市委托区模式由市负责主导，进行全局统筹，给予规划指标和资金支持，具体工作由区政府组织，市区两级按规定比例进行土地出让收入分成。完全由市投资储备及具体实施的项目，出让金全额缴入市财政。区自主实施模式由区自主进行从立项到储备一系列过程，市只参与出让、审批环节，具体收益分成视中心七区和外围四区用地类型按比例分配。市、区共同投资的土地储备项目，其土地出让收入分成比例视市、区两级投入情况确定，在合作开发前报土地储备专业委员会审议后报市政府审定。

**附表 2　广州市市、区土储机构收储区域划分表**

| 职责分工 | 区域划分 | |
| --- | --- | --- |
| | 中心七区（越秀、海珠、荔湾、天河、白云、花都、番禺区） | 外围四区（黄埔、南沙、从化、增城区） |
| 市级土地储备机构 | 市政府指定的重点功能片区、重点项目以及市级（含）以上国旧厂地块和轨道交通场站上盖综合体用地 | 市政府指定的重点功能片区、重点项目和轨道交通场站上盖综合体用地 |
| 区级土地储备机构 | 上述范围以外的其他区域（包括轨道交通场站综合体周边地块） | 上述范围以外的其他区域（包括轨道交通场站综合体周边地块） |

注：资料来自广州市规划和自然资源局网站。

## （二）率先编制土地储备专项规划

广州市土地储备规划由市、区自然资源主管部门分别负责市、区两级的规划编制，发改、财政、住建等职能部门配合，编制周期为五年，从储备用地规模、布局、项目库管理、行政区划、实施时序等方面强化规划统筹作用。2004 年，广州市编制了全市层面的土地储备规划《广州市经营性土地储备规划（2005—2010 年）》，是全国最早开始编制土地储备规划的城市之一。随后又陆续编制了《广州市经营性土地储备规划（2011—2016 年）》《广州市土地储备规划（2012—2020 年）》、各区 2012—2020 年土地储备规划和《2012—2016 年广州市轨道交通沿线土地储备规划（首批）》《广州市土地储备"十三五"规划》等，通过土地储备的先行规划应对土地供需复杂化和土地价格的不断升值。

## （三）年度计划以红线划定实物收储

广州市土地储备计划按年度编制，分为红线储备和实物储备两种类型，土地储备工作按照以上两类分别进行，红线储备是指根据城乡规划和土地利用总体规划，纳入土地储备范围并进行规划控制的宗地。红线储备以取得规划选址意见或规划研究范围意见为完成标准。在土地储备规划选址范围内申请选址的其他项目，应先取得土地储备机构的意见。实物储备是在红线储备的基础上，通过征收、收购或收回等方式依法取得的宗地，以注销原产权或完成用地结案为完成标准。通过以上两种编制方式，广州市编制了年度土地储备计划《广州市 2016 年土地储备计划》《广州市 2017 年土地储备计划》《广州市 2018 年土地储备计划》《广州市 2019 年度土地储备计划》等。

## （四）第三方介入推进成片连片土地储备

《广州市人民政府关于提升城市更新水平促进节约集约用地的实施意见》（穗府规〔2017〕6 号）中提出，经市政府批准后可由市城市更新部门组织国有全资企业具体实施成片连片项目的整备，为加强重点区域成片连片整理开发，快速清除闲置低效、散乱污企业，进一步提升土地储备效能。同时支持区属国企通过并购等方式取得土地使用权。

### 案例一：广州黄埔片区统筹土地储备项目[①]

黄埔创智云谷规划面积约 0.4 平方千米，结合长岭居高端人才服务片区功能，围绕新一代信息技术、人工智能、生物医药、区块链、数字经济等产业方向，对接科学城和知识城科研产业资源，建设科技创新研发和转化平台。黄埔区对于连片、跨镇街、涉及多权属人的项目，例如穗港智造特别合作区，探索引入区属国企参与，利用市场化运作规律，发挥区属国企的作用，解决跨镇街范围规模以上产业园区收储整备瓶颈。还有长岭之门储备片区，统筹项目由华润置地与广州开发区投资集团联手开发，其中核心区总用地面积约 250 万平方米，总建筑面积约 354 万平方米，总投资超 400 亿元。黄浦区的收储项目将周边区域统筹改造，国企的引入带来了资金、技术和项目，解决项目地块之前存在零散分布、配套亟待完善、产业能级不高、业态低端低效等发展上的现实挑战，解决土地碎片化和利用低效化的问题。土

---

[①] 案例内资料和数据来自广州市黄埔区人民政府网站、广州开发区土地开发储备交易中心。

地储备项目的推进使得广州黄埔片区门户形象提升、城市功能补足、产业错位互补、片区统筹发展四大升级策略，充分挖掘土地价值，配合城市战略性升级。

## 二、深圳市土地储备创新发展思路

深圳市增量土地数量不足，主要针对存量土地再开发，采用土地储备和城市更新是目前深圳发展较为成熟、应用较为广泛的土地价值提升模式。深圳市政府于 2011 年发布了《深圳市人民政府关于推进土地整备工作的若干意见》（深府〔2011〕102 号），启动了土地储备与城市更新的探索和实践。土地储备以政府为主导，立足于盘活存量土地资源，拓展城市更新空间，保障重大公共基础设施和产业项目落地。深圳市土地储备管理政策梳理见附表 3。

**附表 3　深圳市土地储备管理政策梳理**

| 深圳市 | |
| --- | --- |
| 规划管控 | 土地整备规划、计划管理。以规划引导土地整备。市规划国土部门会同各区政府、市发展改革委、财政部门及其他相关主管部门，根据国民经济和社会发展规划、土地利用总体规划、城市总体规划，组织编制土地整备专项规划，统筹土地整备数量和空间分布。<br>1. 土地整备专项规划应当明确全市土地整备的区域及其方向、目标、时序、总体规模和整备策略，规划期限为 5 年。整备规模应当在近期建设用地需求基础上，预留一定弹性。市土地整备机构根据土地整备规划的要求，会同各区政府及相关职能部门编制土地整备年度计划，明确整备项目、房屋征收项目、安置房项目、储备土地管理及整备资金安排，经市规划国土部门审查并报市政府批准后实施。<br>2. 土地整备年度计划应与近期建设和土地利用规划年度实施计划相衔接。土地整备年度计划应当明确年度新增整备土地的总量、年度拟供应土地情况、整备时序、空间布局、土地融资规模、整备项目资金安排等。土地整备年度计划应当优先整备重点发展地区用地、产业用地、重大项目用地和民生工程用地。对纳入土地整备规划、计划的区域，市规划国土部门不再受理城市更新项目申报。<br>3. 土地整备项目规划以土地整备项目实施范围为基础，通过制定项目土地分配方案、明确留用土地规划控制指标以及提出公共配套设施优化调整建议，以规划统筹各方利益，促进空间资源整合，保障重大项目实施 |

（续）

| 深圳市 | |
|---|---|
| 储备范围 | 储备范围：①政府统一征收后尚未出让的；②宝安、龙岗两区城市化转为国有的可建设用地；③政府依法收回的；④政府以收购方式取得的；⑤政府以置换方式取得的；⑥挖山、填海形成尚未出让的；⑦其他需要储备的规划已确定为农业用地、林业用地、城市公园、郊野公园、水库、水源保护区、河道及海堤管理范围内的土地，并已确定移交给政府相关部门管理的，不纳入土地储备。<br><br>整备范围：①现有土地用途、建筑物使用功能明显不符合社会经济发展要求，影响城市规划实施的；②为保证规划实施，促进产业发展，确保重大项目供地，需要提前进行成片土地开发的；③用地零散，用地效率低下或不利于城市空间和功能的战略性优化的；④现有建筑物的卫生状况恶劣，严重影响环境或危害健康，不适合居住的；⑤存在征转地历史遗留问题，尚未理顺经济关系的；⑥由政府依法组织对危房集中、基础设施落后等地段进行旧城区改建的；⑦通过填海（填江）造地取得土地的；⑧依法或者经市政府批准应当进行土地整备的其他情形 |
| 前期开发与管护利用 | 前期开发：<br>1. 储备土地整治包括对储备土地进行必要的清理、场地平整、围网、绿化及树立界桩与标志牌等整治工作。储备土地需要进行整治的，由市土地储备机构制定整治方案，报主管部门审批。<br>2. 整治工程造价预算在20万元以上（含20万元）的，应当按照市政府采购中心的招标程序确定施工单位；在20万元以内的，由市土地储备机构选定施工单位，施工合同采取包干方式确定工程价款，结算时不再调整。<br>管护利用：<br>1. 储备土地管理可以采取市土地储备机构自行管理和委托管理两种方式。委托管理应当采取公开招标，由市政府采购中心负责招投标工作。<br>2. 土地储备机构对储备土地进行短期利用的，应当通过挂牌或公开招标的方式，按照价高者得的原则确定短期利用主体。短期利用收益应当按照"收支两条线"的方式纳入财政专户 |
| 资金来源及运行 | 储备资金来源：土地储备资金在财政设立专户，实行收支两条线管理，接受市财政部门的指导和监督。<br>①财政拨付的土地储备资本金；②财政（含国土基金）拨付的土地储备专项资金；③通过银行贷款或其他融资方式筹措的资金；④土地储备运作过程中的收益；⑤储备土地短期利用收益。土地储备运作收益和短期利用收入实行委托银行代收制度，所收款项直接进入财政专户。<br>整备资金来源：①发改和财政部门每年安排用于房屋征收和土地储备的费用；②通过储备土地抵押融资筹措的资金；③储备土地短期利用收益；④上述资金产生的利息收入。列入年度计划的土地整备项目所需的资金，由市土地整备机构负责拨付，区政府负责管理和使用。市土地整备资金在投向上向重点地区和重点产业倾斜。 |

（续）

| 深圳市 | |
|---|---|
| 资金来源及运行 | 资金运行：<br>　　市土地整备局根据土地整备的资金需求、土地的出让情况及土地整备计划，向市财政部门申请拨付用于土地整备的各项资金。<br>　　市土地整备局根据土地整备项目实施进度，在签订的包干协议中约定的包干价及不可预见费之和的额度内安排拨付土地整备资金。<br>　　签订包干协议后，区土地整备机构提出申请并经区政府确认后，通过土地整备项目所在的市规划国土派出机构报市土地储备中心和市土地整备局，市土地整备局向区土地整备机构拨付。<br>　　项目实施方案完成审批后，由市规划国土部门派出机构与各区土地整备机构签订土地整备资金拨付协议书。协议书签订后，各区土地整备机构根据项目进展情况向市规划国土部门提出资金拨付申请，市规划国土部门核对后向市财政部门申请拨付资金 |
| 运作机制 | 　　深圳市土地储备中心负责对政府征用、转用、收回、收购、土地整备的建设用地及地上建（构）筑物、附着物进行管理；对城市更新项目中按规定移交政府的建设用地进行管理。深圳市城市更新、土地整备具体由市城市更新和土地整备局统筹，区更新整备部门负责实施；市土地储备中心参与验收，负责入库；深圳市土地出让由市规划和自然资源局统筹按年度供应计划组织实施，土地出让收益严格按收支两条线管理。<br>　　市土地储备中心根据土地整备项目实施方案，对整备后的土地进行验收。整备土地在理顺经济关系、明确权属、完善征转地手续并完成土地清理后，移交市土地储备中心统一入库管理。市土地储备中心要对移交入库的土地组织实施必要的前期开发整理，使其具备供地条件，同时加强监管，防止违法侵占行为的发生 |
| 收益分配 | 　　土地整备项目资金中应安排相当于包干价20%的资金额度拨付给各区政府，作为实施土地整备的不可预见费。具体承担土地整备工作的事务机构按包干价的2%计提业务费。<br>　　整备土地出让前，市土地整备机构应委托市国土房产评估发展中心对整备土地进行成本核算。整备土地的出让收入在返还土地整备成本后进行市、区分成，分成比例适当向区政府倾斜 |
| 监督管理 | 　　1. 创新土地整备项目审计模式。授权各区政府审计部门对本区土地整备项目进行审计。对于重大项目和应急项目，各区政府审计部门应全程参与土地整备工作，依法对土地整备项目实施方案的落实情况和土地整备资金的使用情况进行跟踪审计。<br>　　2. 各区政府应按照土地整备任务书的要求完成土地整备工作。土地整备完成情况纳入绩效考核指标体系。市监察部门对土地整备的效能情况进行监察。 |

（续）

| 深圳市 | |
| --- | --- |
| 监督管理 | 　　3. 土地整备相关职能部门及各区政府应切实履行土地整备的职责，因履行不力，造成严重后果的，依法追究相关负责人的法律责任和行政责任。<br>　　4. 土地整备规划成果纳入"一张图"信息系统。市规划国土房产信息中心负责将批准的土地整备规划纳入"一张图"信息系统的建设 |
| 主要来源政策 | 　　①《深圳市土地储备管理办法》（深圳市人民政府令第 153 号）；②《深圳市土地储备管理办法实施细则》（深国房〔2006〕775 号）；③《深圳市人民政府关于推进土地整备工作的若干意见》（深府〔2011〕102 号）；④《深圳市土地整备资金管理暂行办法》（深府办〔2012〕2 号）；⑤《深圳市土地整备利益统筹项目管理办法》（深规土〔2018〕6 号）；⑥《关于进一步优化土地整备项目管理工作机制的若干措施》（深府办函〔2018〕281 号）；⑦《深圳市土地整备规划编制技术指引（试行）》（深规土〔2016〕891 号）；⑧《土地整备利益统筹试点项目实施方案编制技术指引（试行）》（深规土〔2016〕890 号）；⑨《土地整备项目审批工作规程》（深规土〔2017〕720 号）；⑩《关于规范土地整备规划审批有关事项》（深规土〔2018〕805 号） |

　　注：资料来自《深圳市土地储备管理办法》《深圳市土地储备管理办法实施细则》《深圳市人民政府关于推进土地整备工作的若干意见》《深圳市土地整备资金管理暂行办法》《深圳市土地整备利益统筹项目管理办法》《关于进一步优化土地整备项目管理工作机制的若干措施》《深圳市土地整备规划编制技术指引（试行）》《土地整备利益统筹试点项目实施方案编制技术指引（试行）》《土地整备项目审批工作规程》《关于规范土地整备规划审批有关事项》。

## （一）土地储备与城市更新协同联动

　　城市更新以土地储备为基础，土地储备是城市更新的重要手段，二者相互配合协调联动，能更好地撬动土地价值，全方位提高城市综合发展水平。土地储备与城市更新的目标一致，可以激活存量土地，充分盘整土地资源；可以实现公共价值，提升公共服务质量；可以打通政策通道，发挥政策联动优势。城市更新与土地储备联动的实施原则一致，一方面，为了同时满足存量土地再开发过程中政府、权利人以及市场这三个主要利益主体的诉求，在联动过程中需要遵循效率与公平兼顾原则。市场主体在土地再开发过程中主要追求效率，即项目尽快立项及实施，而权利人在再开发过程中具有公平诉求，希望邻近区域拆迁补偿标准相接近。另一方面，联动的实施还需要遵守审时度势原则，即政府需结合不同时期区域发展的情况、需求以及在不同阶段各土地再开发路径的发展特点来制定相应的联动方案和策略，把握联动应用的边界和程度。土地储备将低效土地统筹规划整理，为城市更新的实施做好前期准备，土地储备与城市更新在目标和原则上一致协同，在功能作用上相互配合。

## 案例二：下围社区土地储备项目[①]

下围社区土地储备项目位于深圳龙华区东部，西临龙华观澜新中心区，南临华为-富士康高新工业区，区位较好。规划的五和大道从项目范围内经过，作为区重点民生项目，五和大道及其支路平安路的建设需要征收下围社区土地约 8 公顷，推进城市更新，更好地规划城市布局。在推进的初期，本项目按照房屋征收的路径进行，受到了较大的阻力。一方面，政府的征收补偿标准与下围社区的土地收益预期有较大差距；另一方面，由政府征收土地再供应的做法剥夺了原农村社区作为土地实际占有者的开发权利。

下围社区通过重新确权赋能、明确土地性质的方式推动土地收储，落实社区的更新与城市规划布局。一是范围划定是项目实施和利益平衡的基础。下围项目划定实施范围主要基于规划实施需要和农村集体的发展诉求，通过土地确权重新赋予农村集体土地开发权能。二是根据政策规定和土地权属确定留用土地的最大规模。土地分配方案以土地产权为基础，以政策规则为依据。下围社区通过协议方式获得留用地。这一过程中完成了土地确权，下围社区存在土地遗留问题的农村集体土地转变为产权清晰的国有土地。三是在法定图则的基础上明确选址与用地性质。结合土地产权状态，土地整备单元规划对法定图则的地块边界进行调整，将法定图则基于技术理性的规则地块调整为基于协商平衡的不规则地块。四是考虑标准规范与社区诉求等确定开发强度。以在编图则容积率、社区诉求容积率为基础，结合《深圳

---

[①] 案例内资料和数据来自深圳市土地储备中心、深圳市城市规划协会网站。

城市规划标准与准则》的密度分区要求、留用土地平面布局研究和参考周边新开发项目容积率，确定容积率为 3.86。五是维护法定图则刚性要求，落实并完善公共配套设施。除了落实原法定图则规划的社区及配套设施，本项目还考虑到现状周边设施的建设情况，规划新增若干设施。

本项目创新了存量用地规划实施机制，保障了重大基础设施实施，推动城市更好地更新规划布局。同时，作为首个获批的土地整备利益统筹项目，起到良好的示范和带动作用，下围项目从实施范围划定到核发留用土地批复，率先走过了土地储备利益统筹的全流程，验证了政策设计的合理性与科学性。尤其是土地储备规划研究，进一步加强专项规划统筹。

## （二）土地储备以规划计划统领

深圳市以专项规划加强部门统筹，以年度计划推进项目实施。推进存量用地盘活专项规划编制，已编制《深圳市土地整备专项规划（2011—2015 年）》《深圳市土地整备专项规划（2016—2020 年）》《深圳市城市更新专项规划（2010—2015 年）》《深圳市城市更新专项规划（2016—2020 年）》，2022 年 7 月发布《深圳市城市更新和土地整备"十四五"规划》。按年度编制存量用地盘活计划，机构改革前，深圳市的年度土地整备计划、年度城市更新计划单独编制。但是，随着原深圳市城市更新局、深圳市土地整备局取消与深圳市城市更新和土地整备局的组建，深圳市年度土地整备计划和城市更新计划合并为年度城市更新和土地整备计划，并注重加强与城市更新项目的联动开展。

## （三）专项债券用于土地整备，破解储备资金难题

深圳市土地储备专项债券由市财政局主导发行。2019 年 6 月 27 日首次发行土地储备专项债券，两期共计 16 亿元，资金使用单位为深圳市各区土地整备机构。土地储备专项债券具有还款周期长、利息低等优势，解决以政

府主导的统征统转后大量用地的历史遗留问题、需要大量的资金对原农村社区进行补偿、土地整备项目周期长、产权整合成本高的项目储备资金的问题。

## 三、南昌市土地储备创新发展思路

秉承"规划引领、供应导向、优化结构、储优做精、近细远粗、重点倾斜"的原则，按照"控制总量、盘活存量、统筹增量、提升质量"的工作思路，南昌市从储备新增建设用地为主向盘活存量低效用地为主转变，从收储经营性用地为主向全口径收储转变，从供应导向向要素保障并举转变，为南昌市高质量跨越式发展提供用地保障。

### （一）加强领导、高位推动，全面协调土地收储工作

南昌市政府成立了"南昌市朝阳洲地区基础设施领导推进工作领导小组"，市政府分管副市长任组长，分管副秘书长任副组长，建委、财政、规划、国土、园林、房管等市直相关部门主要领导为成员，各单位各司其职负责新城范围内开发工作。同时建立市级调度、区级实施的协调机制，市政府每月召开专题会议听取汇报，推进工作领导小组每周召开一次调度会，研究工作中的重大问题。辖区政府西湖区政府成立相应工作组，及时协调解决相关问题，掌握跟进城市基础配套设施、安置房建设进度，并解决拆迁过程中遇到的各类问题。

### （二）封闭运作、统一收储、统一供应

市政府提出了"大收储"的土地运作模式，即由南昌市土地储备中心对区域内所有土地统一收储、统一整理、统一供应、统一管理，土地收储资金由市土地储备中心筹措并投入。在完善区域内基础设施建设的基础上，土地"成熟一块，出让一块"。土地出让后，土地出让收入封闭运作，即扣除规定计提的各项资金和收储成本后，收益部分滚动用于土地收储及专项用于朝阳新城基础设施开发建设。此种模式，也有利于根据市场环境，合理安排供地时序、供地结构和供地规模，结合市委、市政府的具体需求，为全市高质量发展落实赶超保驾护航。

同时，在具体收储过程中，坚持公平、公正、阳光收储的原则，不与民争利，极力维护好企业、个人合法利益。按照不同的权属类别分类实施收储，即：一是对土地权属边界清晰的集体土地，与镇人民政府按照征地补偿包干费签订土地征收协议，并予以补偿；二是其他单位国有土地，从尊重历史、尊重事实、维护国资、促进稳定的角度，采取单独洽谈的模式，收储价格在第三方评估价格的基础上磋商后，报南昌市朝阳洲地区基础设施领导推进工作小组予以明确；三是国有农场的土地，按其实际改制费用予以补偿。

此外，南昌市政府在朝阳新城范围内预留了安置及生产用地合计1 950亩，建设了8个村集体集中安置点；其他居民的拆迁安置在南昌市土地储备中心出资代建的隆泰苑、抚生佳园、桃花园综合安置小区等三个安置房项目中解决。

## 案例三：南昌市朝阳新城土地收储模式①

朝阳新城位于南昌市老城区的西湖区辖区范围内，自然资源资产需要完成从"无序用地"建设为"成熟社区"的价值转化。

南昌市政府成立了"南昌市朝阳洲地区基础设施领导推进工作领导小组"统筹自然资源资产的价值置换，提出了封闭运作的"大收储"的土地运作模式，即由南昌市土地储备中心对区域内所有土地统一收储、统一整理、统一供应、统一管理，完成价值转化与价值增值。一是土地收储资金由市土地储备中心筹措并投入，转变自然资源资产属性，形成和行使新增所有者权益，建立市级调度、区级实施的协调机制，土地"成熟一块，出让一块"，保障自然资源资产的价值置换。土地出让后，土地出让收入封闭运作，即扣除规定计提的各项资金和收储成本后，收益部分滚动用于土地收储及专项用于朝阳新城基础设施开发建设。同时，在具体收储过程中，按照不同的权属类别分类实施

---

① 案例内资料和数据来自南昌市土地储备中心、南昌市人民政府网站、南昌市西湖区政务门户网站。

收储，即：一是对土地权属边界清晰的集体土地，与镇人民政府按照征地补偿包干费签订土地征收协议，并予以补偿；二是其他单位国有土地，从尊重历史、尊重事实、维护国资、促进稳定的角度，采取单独洽谈的模式，收储价格在第三方评估价格的基础上磋商后，报南昌市朝阳洲地区基础设施领导推进工作小组予以明确；三是国有农场的土地，按其实际改制费用予以补偿。完成资产的权属变更，统筹使用权和收益权管路。

二是完成朝阳新城土地储备开发，推动自然资源资产的价值增值。朝阳新城道路、园林绿化、水系整治等土地前期开发工作均由南昌市土地储备中心作为业主单位与相应施工单位签订委托代建协议，并提供资金保障，所需费用全部列入朝阳新城总成本。"土地出让到哪里，配套就做到哪里"，保障土地的高质量使用权益，提升自然资源资产区域价值。

三是在确保土地收储"量"的同时，力求在地块管理的"质"上进行统筹规范，推进自然资源资产的附加价值提升，更好地完成市场化交易，实现自然资源资产的价值变现。南昌市土地储备中心积极探索土地管护模式，对已收储土地进行有效监管。①实行土地专业有偿看管制度；②对已收储未供应土地按规划用途分类进行管护，经营性用地由南昌市土地储备中心委托属地政府进行日常性看管和经常性巡查，并签订委托管护协议，支付管护费用；非经营性用地移交给属地政府进行管护，签订移交管护协议，属地政府在符合条件的前提下可优先临时利用该部分土地，但并不支付管护费用。

朝阳新城的土地储备项目不仅完成收支平衡，还产生额外的经济价值收益，同时对本地的民生和社会方面也产生附加价值。

在自然资源资产的经济价值所有者权益分配方面，朝阳新城共有17 550亩土地，已完成收储土地约17 400亩，土地收储成本合计约101.41亿元（含土地征迁、安置房建设、基础设施建设等），已供应土地10 010亩（含出租银燕物流用地约390亩），其中出让土地面积约4 350亩，土地出让金总额261.45亿元。自开发建设以来，朝阳新城土地出让收入达 261.45 亿元，扣除市级财政返还土地储备中心的 101.41 亿元用于土地收储外，剩余 160.04 亿元全部上缴南昌市财政，用于支持南昌市城市建设，为南昌市经济社会生态发展提供了资金要素保障。

### （三）做精储优、提升土地价值

朝阳新城土地前期开发由南昌市城投、水投、园林等单位负责，由南昌市土地储备中心负责朝阳新城土地开发整理及项目资金筹措工作，自此朝阳新城道路、园林绿化、水系整治等土地前期开发工作均由南昌市土地储备中心作为业主单位与相应施工单位签订委托代建协议，并提供资金保障，所需费用全部列入朝阳新城总成本。"土地出让到哪里，配套就做到哪里"，所有地块在具备供水、排水、供电、通讯、供气、环卫、公交等基础设施条件的基础上，再进行出让，土地价值得以巨大的提升，且项目开发建设后，购房人也可立即入住。而以往土地的点对点，逐个地块收储的模式，过分依赖周边现有的基础设施条件和城市配套，往往地块价值难以充分体现，且老旧的城市基础设施难承其重。

### （四）精细化管理，建立收储土地后续管理长效机制

在确保土地收储"量"的同时，力求在地块管理的"质"上进行统筹规范。为避免出现已收储土地被占用、倾倒垃圾等现象，南昌市土地储备中心积极探索土地管护模式，对已收储土地进行有效监管。一是实行土地专业有偿看管制度。南昌市土地储备中心分别与南昌市城管支队、西湖区朝农管理处、西湖区桃花镇、西湖区执法分局、南昌市公安局直属机动支队等多家单位签订了土地监管协议书，委托上述单位按属地管理原则，各司其职，对朝阳新城各自管辖的区域进行全面监管，所需费用列入土地收储成本。二是对已收储未供应土地按规划用途分类进行管护。经营性用地由南昌市土地储备中心委托属地政府进行日常性看管和经常性巡查，并签订委托管护协议，支付管护费用；非经营性用地移交给属地政府进行管护，签订移交管护协议，

属地政府在符合条件的前提下可优先临时利用该部分土地，但并不支付管护费用。

## 四、南京市土地储备创新发展思路

南京市目前采用土地储备成片开发的模式，具体做法如下：一是对接功能板块（各级政府、园区及平台）根据控规做好片区区域划定工作；二是对划定区域进行勘测定界；三是对片区进行成本评估及收益测算，拟定征收计划、资金安排计划及地块挂牌上市计划并分解到年度，形成可行性研究报告；四是将上述成果提交区土地出让与储备工作领导小组专题会审议，确定项目主体和实施主体；五是待区土地出让与储备工作领导小组专题会批准后，签订收储协议，约定各自责任和义务，按计划推进片区收储运作。

目前，作为南京市土地储备项目，采用成片开发模式的江宁区基本完成的片区有：自行收储的东山街道泥塘片区 133.333 3 公顷（2 000 亩）、东山街道杨家圩片区 109.866 7 公顷（1 648 亩）、禄口街道肖家山片区 57.429 3 公顷（861.44 亩）。正在推进的片区有联合收储的滨江新城片区 210 公顷（3 150 亩）、汤山工业集中区南部片区 74.666 7 公顷（1 120 亩）等。

### 案例四：江宁区东山街道杨家圩片区土地收储[①]

杨家圩片区位于江宁老城区以南，地处东山副城核心片区内，毗邻外秦淮河风光带，与百家湖商业中心隔河相对，且地块内部有小龙湾水系，环境优美，地理位置优越。该片区占地总面积约 109.866 7 公顷（1 648 亩），范围内原分布有城中村及低效乡镇企业等，环境较差，江宁土储于 2003 年 2 月对东山街道杨家圩片区进行整体收储，撤销了骆村社区 9 个村民小组建制，农转非 1 772 人。

经区政府批准，该片区由城建集团作为实施主体进行片区前期开发，2008 年 6 月江宁土储委托城建集团征收农户约 1 000 户，建筑面积约 22 万平方米，征收企业 7 家，建筑面积约 2 万平方米。

---

① 案例内资料和数据来自南京市江宁区土地储备中心、城建集团。

　　江宁土储目前采取土地储备成片开发的模式，具体做法如下：一是对接功能板块（街道、园区及平台）根据控规做好片区区域划定工作；二是对划定区域进行勘测定界；三是对片区进行成本评估及收益测算，拟定征收计划、资金安排计划及地块挂牌上市计划并分解到年度，形成可行性研究报告；四是将上述成果提交区土地出让与储备工作领导小组专题会审议，确定项目主体和实施主体；五是待区土地出让与储备工作领导小组专题会批准后，签订收储协议，约定各自责任和义务，按计划推进片区收储运作。

　　根据规划，杨家圩片区范围约109.8667公顷（1648亩）土地中，公园及绿地用地约12.6公顷（189亩），城市公共设施用地约5.7967公顷（86.95亩），教育用地约2.4587公顷（36.88亩），居住用地约32.9807公顷（494.71亩），商住、商业、商办用地约16.2573公顷（243.86亩），其他39.7733公顷（596.6亩）为小龙湾水域及道路用地。项目区域功能定位为高端居住、商务办公、商业、娱乐等综合用地，未来将打造成江宁区的"新街口"。

　　该片区基础设施及公建配套已基本建成，目前已投入资金约45亿元。集城市广场、文化公园、探索体验为一体的杨家圩文化公园已免费开放；提供政务、文化、科技体验等服务的江宁市民中心已于2015年底开放。片区内占地约10.5880公顷（158.82亩）的安置房已建成并交付使用。截至目前，杨家圩片区已出让土地面积16.1167公顷（241.75亩），地块于2015年8月挂牌出让，成交价款47.7亿元。剩余在库面积约20公顷（300亩）尚未出让，2021年三季度挂牌出让，挂牌底价约40亿元。

　　建设小龙湾路等市政道路，形成"井"字形市政路网。连接东山主城和开发区的小龙湾桥，全长1064米，2013年5月建成通车，实现了东山副城和开发区的无缝对接。重点打造江宁区政务服务中心，建筑面积5.94万平方米，是江宁区第一个获得国家绿色三星认证的公共建筑，是江苏省市民行政服务试点工程。该片区目前已经成为江宁区公共服务、教育民生和生态服务的中心区域，充分体现了土地储备在城市发展和生态文明建设中的重要抓手作用。

## 案例五：滨江新城土地储备片区[①]

滨江新城片区位于滨江开发区花园路以南、锦文路以北、弘利北路以东、景明大道以西，总占地面积约 210 公顷（3 150 亩）。该片区西邻长江新济洲国家湿地公园，东邻石刻湖公园，北靠江宁河，环境优美，风景宜人。根据规划，该地块实际可出让土地面积约 71.529 3 公顷（1 072.94 亩），其中二类居住用地约 33.431 3 公顷（约 501.47 亩），商办、商住用地约 35.632 0 公顷（534.48 亩），居住社区用地约 2.466 0 公顷（36.99 亩）。另外片区内安置房及配套用地面积约 8.162 7 公顷（122.44 亩），教育用地约 14.336 0 公顷（215.04 亩），养老院用地约 2.610 0 公顷（39.15 亩），医院用地约 5.950 0 公顷（89.25 亩）。

2020 年 1 月江宁土储联合滨江开发区对该片区进行整体收储，目前，片区范围内拆迁工作已基本结束。片区内配套的弘利北路、景明大街、栖凤路、兴城路、青莲路、中元北路等道路部分建成；配套的滨江第二小学、滨江综合医院均正在办理前期手续，2021 年底开工建设。

滨江新城片区土地储备总成本约 50.55 亿元，目前江宁土储已投入资金约 4 亿元，滨江开发区投入约 10 亿元。根据区域发展规划，该片区土地出让预计分三年完成。截至目前，该片区内于 2020 年 7 月挂牌出让土地 2 宗，面积合计 10.666 0 公顷（159.99 亩），均为二类居住用地，成交价款合计 22.2 亿元。

该片区的收储运作，促进了江宁滨江开发区城市基础设施配套建

---

① 案例内资料和数据来自南京市江宁区土地储备中心、滨江开发区。

设和城市化进程，推动了南京西南部的城市更新，增强了滨江开发区未来的公共服务、生态效益和民生保障等城市功能。

## 五、甘肃省土地储备创新发展思路

甘肃省土地储备资金实行专款专用、分账核算，并实行预决算管理，财政部门根据土地储备的需要以及预算安排，及时下达用于土地储备的各项资金。土地储备机构所在地财政部门会同国土资源主管部门组织实施对土地储备资金的绩效评价工作，编制绩效目标，监控绩效目标执行，建立了完善的绩效评价制度，并将绩效评价结果作为财政部门安排年度土地储备资金收支项目预算的依据。

### 案例六：甘肃天水市岷山公司片区土地收储项目①

岷山公司片区地处天水市未来城市发展的核心区域，加快该片区的开发建设，对于完善城市总体布局、优化城市功能、建设区域性现代化大城市具有十分重要的意义。2010年，天水市政府对其天水岷山机械有限责任公司（以下简称岷山公司）使用的生产用地进行了收回，由天水市土地收购储备中心储备。并约定待岷山公司搬迁改造完成后腾出该土地。

根据2019年8月5日天水市政府第46次常务会议、8月6日七届市委常委第54次会议讨论通过的《天水岷山机械有限责任公司搬迁方案》，岷山公司搬迁资金总费用6.5亿元。该项目共677.49亩土地，其中的197.8亩土地已出让，上缴土地出让金81 888.165 0万元。目前出让土地已移交竞得方，正在实施商业项目建设。其余252.75亩土地正在实施天水岷山生态公园项目建设，剩余226.94亩土地将作为城市

---

①　案例内资料和数据来自天水市土地收购储备中心、天水岷山机械有限责任公司。

教育及城市道路预留用地。2018 年岷山公司收储项目申请债券额度 0.5 亿元，2018 年 9 月 14 日到账 0.5 亿元，目前债券已全部用于项目收储工作。

该储备项目一是注重生态环境修复和保护，切实做到生态保护、文物修复和开发利用统筹推进。二是树牢绿色发展理念。充分利用厂区原有建筑、树木，最大限度保护现有生态资源和自然环境。新建的岷山生态公园将为市民打造植被良好、环境优美的城市氧吧和健身休闲乐园。三是实现经济效益。该项目 677.49 亩土地，收储成本 6.5 亿元，其中申请使用专项债券 0.5 亿元，其余资金为市财政筹措资金。目前其中的 197.8 亩土地已出让，上缴土地出让金 81 888.165 0 万元，出让土地已移交竞得方开工建设；其余 252.75 亩土地已用于岷山生态公园建设；剩余 226.94 亩土地将作为教育及道路预留用地。四是为企业发展提供了更好的保障。天水市政府在天水工业园区为岷山公司选址了 185 亩土地，用于实施岷山公司升级改造，将推进企业转型升级、提质增效，带动企业更好的发展。

## 六、重庆市土地储备创新发展思路

随着 2002 年 10 月《重庆市国有土地储备整治管理办法》正式发布，重庆市正式建立起了土地储备与土地整治制度。2008 年，重庆市国土房管局颁布《关于进一步加强土地储备整治工作的通知》，2016 年 2 月，出台财综〔2016〕4 号文，重庆市正式剥离了重庆市地产集团的土地储备功能，并在 2017 年发布的《土地储备机构名录》(2016 版)中规定成立重庆市土地储备整治中心以专门承担土地储备职责。针对重庆地产集团账面因历史原因形成的储备土地资产，公司与市土储中心签订协议，将账面存量的储备土地划出，市土储中心于未来若干年向公司支付存量储备土地剥离对价款。同时，重庆地产集团还是公租房的主要承建者。重庆的土地储备实行"土储中心"模式。城投公司早期承担土地储备职能，参与土地征购、储存、供应三个环节。

案例七：重庆市地票交易土地储备模式[①]

重庆市土地资源紧缺，但是农村闲置、废弃建设用地等现象却屡见不鲜，建设用地占用耕地、林地、草地也时有发生，严重破坏了当地生态空间和生态产品的建设。2008年开始，重庆探索开展了"废弃土地"建设收储为"新增用地"的价值转化项目，推进复垦交易改革。重庆市在土地收储方面，采取"地票制"的价值置换形式，土地收储的价格仅与拍卖的价格有关，在实现农民土地财产权变现的同时也有效避免了自然资源资产的流失，实现自然资源资产的价值增值。"地票制"的推进将自然资源资产的权属进行转移，先行进入市场，完成自然资源资产的价值变现而后通过新使用权人的再次开发实现价值的增值和二次变现。重庆市的地票交易制度以自然资源资产的生态价值实现为主，兼顾经济价值的显化。在推进地票交易的间接收储过程中，重庆市土地储备实现将地票改革与农户的户籍改革、自然资源资产的产权改革、乡村振兴等工作齐头并进。

## 七、六安市土地储备创新发展思路

安徽六安市推进政府储备地块长效管理工作，努力打造"有颜值"的政府储备地块，全面实现政府储备地块美化、洁化，通过市区联动、部门配合，初步解决了政府储备地块"脏乱差"、管护难等问题，取得了明显成效。为破解储备土地管护难题，出台《六安市人民政府办公室关于印发六安市中心城区储备土地管护办法的通知》，构建权责清晰的管理机制，明确储备地块管理方面的具体要求。巩固储备地块环境整治成果，对已整治结束的储备地块继续监管，对发现的问题及时整改落实。同时推进城区储备地块环境整治工作，不断排查零星地块中存在的环境问题并提出整治意见。

---

[①] 案例内资料和数据来自重庆市土地储备整治中心、重庆农村土地交易所、《生态产品价值实现典型案例》。

## 案例八：安徽六安市淠河两岸收储项目[①]

六安市淠河综合治理工程由六安市政府于 2008 年 7 月启动，六安市土地储备中心为配合淠河综合治理工程，同步启动土地收储，完成收储老淠河两岸土地面积约 200 公顷。六安市于 2012 年提出创建国家节水型城市，通过建设两岸护堤、清理河床垃圾、植树种花造景，先后在老淠河及凤凰河建设橡胶坝三座。淠河橡胶中坝于 2008 年 9 月开工，中坝坝长 520 米，单跨长 86 米，分六跨，坝袋高 4.5 米，2009 年 4 月竣工蓄水后回水面积达 11.44 平方千米，蓄水量达 4 300 万立方米；2012 年 9 月开始建设老淠河城北橡胶坝和凤凰河橡胶坝。城北橡胶坝于 2013 年 5 月竣工蓄水，坝长 530 米，分 6 跨，单跨长 88 米，坝袋高 3.5 米。中坝与城北坝河道长 9.3 千米，蓄水量 2 000 万立方米；凤凰河橡胶坝为单跨 50 米，整治后河道长 6.6 千米，蓄水量 200 万立方米。

收储项目具有以下功效：一是带来生态效益。橡胶坝升坝蓄水后，回水长度达 40 千米，总蓄水量 6 500 万立方米，形成"一岛两岸"生态景观。改善和提高了六安城区生态环境和水资源的利用率。2011 年 12 月，被水利部命名为第十一批国家水利风景区，目前正在进行国家湿地公园试点建设。二是具有民生效益。老淠河河西景观带长 6 220 米，整个公园取意为"山水折扇"。占地面积 175 万平方米，分上中下三大功能区。上游为生态滨水区；中游为都会景观区，以红色为主色调的中心广场位于都会景观的中轴线，广场占地面积 2.5 万平方米，广场中心区域约 1 万平方米，可容纳 1 万人，又称万人广场；下游为休闲健身区，里面设有体育、沙滩、水上运动区，有足球场、网球场、篮球场、排球场大小 14 个运动场，设有 1 280 米长沙滩浴场。整个河西景观带设有 5 千米长塑胶跑道。在这里分别成功举办了 2010 年

---

[①] 案例内资料和数据来自六安市土地储备中心、六安市人民政府、六安市水利局。

国际手球邀请赛、2011 年全国女子沙滩手球锦标赛及 2011 年全国赛艇锦标赛。2013 年 9 月第十五届亚洲赛艇锦标赛以及六安市每年传统龙舟赛都在这片水域举办。三是具有文化效益。成功申创国家水利风景区。为了充分发挥新老淠河的治理成果，开拓水利旅游资源，组织人员收集整编新老淠河自然、历史、人文等方面的资料，2011 年 10 月，淠河水利风景区成功申报为第十一批国家级水利风景区。2012 年 3 月 22 日至 4 月 22 日，反映淠河水利风景区的巨图《人水和谐·美丽六安》在北京天安门广场展示，这是安徽省首家享受如此"待遇"的水利风景区。

## 八、黔东南州土地储备创新发展思路

贵州为加强自然资源资产管理和防范风险的要求，进一步规范土地储备管理，增强政府对城乡统一建设用地市场的调控和保障能力，促进土地资源的高效配置和合理利用，编制《黔东南州州级 2022—2024 年度土地储备三年滚动计划》。根据黔东南州国民经济和社会发展规划、国土规划、土地利用总体规划、城乡规划等，编制土地储备三年滚动计划，合理确定未来三年土地储备规模，对三年内可收储的土地资源，在总量、结构、布局、时序等方面做出统筹安排，优先储备空闲、低效利用等存量建设用地，配合城市更新行动满足地方社会经济可持续发展对土地资源的需求。

### 案例九： 贵州省黔东南州原州农业局 片区土地储备项目[①]

贵州省黔东南州原州农业局片区土地储备项目将低效存量用地改造升级助力城市更新。该项目位于凯里市北京东路北侧、文化北路东侧，

---

① 案例内资料和数据来自黔东南苗族侗族自治州（简称黔东南州）土地储备中心、黔东南州人民政府门户网站、黔东南州农业农村局。

项目原计划收购储备黔东南州原州农业局片区土地面积 107.54 亩，涉及黔东南州原州农业局、州农校（已撤并搬迁）、原木浆厂、种子公司等单位。后为开发改造该片区，州市统筹，将州公安局、州水产大楼、州木材公司办公大楼、洗马河街道办事处社区服务中心、永丰公司单位及部分土地纳入储备范围，面积共 132.49 亩。

土地储备项目根据顶层设计规划，通过对土地的统一储备、统一供应和管理，增强政府对土地的统一调控能力，完善城市功能、提升城市品位和改善人居条件。片区现状为市区国有存量建设用地，区位条件优越，实施条件成熟，其规划用途是：商业用地 14.06 亩，住宅用地 98.9 亩，其他设施用地 19.53 亩，预计土地储备成本 35 009.68 万元。该项目土地储备面积 132.49 亩，拆迁安置 573 户，建（构）物拆迁面积 53 443.03 平方米。经测算，项目总投资 35 009.68 万元，其中：土地补偿费 19 751.48 万元、地上建（构）物补偿费 9 176.16 万元、不可预见费 867.83 万元、财务费用（利息）5 214.21 万元。

通过土地储备的实施，发挥了旧城改造的作用，改变该片区脏、乱、差现象，提升老百姓的居住环境和生活质量。而且通过储备土地出让，增加财政收入。储备土地出让后，预计土地出让收入 42 396.8 万元（单价 320 万元/亩），扣除土地储备成本 35 009.68 万元，为财政增加 7 387.12 万元收入。在土地储备过程中，也形成一定的固定资产。通过该项目实施，就地安置原住户建筑面积 53 443.03 平方米，按每平方米 2 800 元建筑成本计算，将形成 14 964.05 万元的固定资产；建成二类居住面积 55 000 平方米，按每平方米 2 800 元建筑成本计算，将带动 15 400 万元的固定资产；提供 39.75 亩土地用于道路管网、绿化等基础设施和公益事业。

## 九、西安市土地储备创新发展思路

西安市土地储备管理政策梳理见附表 4。

**附表 4　西安市土地储备管理政策梳理**

| 西安市 | |
|---|---|
| 规划管控 | 市资源规划主管部门根据国民经济和社会发展规划、国土空间规划，组织编制土地储备中长期计划，合理确定土地储备规模，统筹安排土地储备的总量、结构、布局和时序，优先储备空闲、低效利用等存量建设用地。<br>资源规划主管部门会同财政、文物等部门根据本辖区城市建设、民生保障和土地市场调控的需要，组织编制年度土地储备计划，报本级人民政府批准并按照规定程序备案 |
| 储备范围 | ①依法收回的国有土地；②收购的土地；③行使优先购买权取得的土地；④已办理农用地转用、征收批准手续并完成征收的土地；⑤其他依法取得的土地 |
| 前期开发与管护利用 | 1. 前期开发：土地储备机构应当按照年度土地供应计划对储备土地实施必要的前期开发。土地储备机构可以通过政府采购或者根据有关规定采用其他方式实施储备土地的前期开发。<br>2. 管护：土地储备机构应当建立巡察制度，加强储备土地的管护，也可以委托其他单位进行管护。土地储备机构及其委托单位发现储备土地上存在违法占地、违法建设、倾倒垃圾等行为的，应当及时制止，并报告有关部门依法处理 |
| 资金来源及运行 | 土地储备资金来源主要包括：①财政部门从已供应储备土地产生的土地出让收入中安排用于土地储备的资金；②财政部门从国有土地收益基金中安排用于土地储备的资金；③发行地方政府债券筹集的土地储备资金；④经财政部门批准可用于土地储备的其他财政资金 |
| 运作机制 | 储备土地完成前期开发整理，具备供应条件的，纳入年度土地供应计划，由资源规划主管部门按照规定程序统一组织土地供应 |
| 监督管理 | 市人民政府应当加强对土地储备工作的领导，建立健全土地储备运行协调机制，研究土地储备工作中的重大事项。<br>资源规划主管部门负责土地储备工作，制定土地储备监管制度，对土地储备机构、土地储备资产等进行动态监管。<br>发改、财政、住建、生态环境、文物、城管等部门，按照各自职责，做好土地储备相关工作。<br>资源规划主管部门所属土地储备机构承担土地储备的具体实施工作 |
| 主要来源政策 | 《西安市土地储备条例》（2022 修订） |

注：资料来自《西安市土地储备条例》（2022 修订）。

## （一）充分考虑民生保障需要

合理确定土地储备规模，优先储备空闲、低效利用等存量建设用地。高度重视教育、医疗、养老等重要民生问题，要求资源规划主管部门在组织编制年度土地储备计划时，应当充分考虑民生保障需要，科学编制年度土地储备计划，并报本级人民政府批准。经批准的年度土地储备计划不得擅自调整。

## （二）建立土地巡察制度进行土地管护

储备土地未供应前，一般处于闲置状态，关注其合理利用、科学管护情况。根据 2022 年 6 月 1 日实施的《西安市土地储备条例》规定，土地储备机构应当建立巡察制度，加强储备土地的管护，规定土地储备机构及其委托的单位发现储备土地上存在违法占地、违法建设、倾倒垃圾等行为的，应当及时制止，并报告有关部门依法处理，保护储备土地免受破坏。临时利用储备土地不得修建永久性建筑物、构筑物，期限一般不超过两年，不得影响土地供应。

# 十、包头市土地储备创新发展思路

包头市土地储备管理政策梳理见附表 5。

**附表 5　包头市土地储备管理政策梳理**

| 包头市 | |
| --- | --- |
| 规划管控 | 市土地行政主管部门应当会同市发展改革、财政、规划等行政主管部门共同拟定本市土地储备规划和年度计划，经市人民政府批准报自治区国土资源行政主管部门备案后实施。其中，涉及新征收土地的，纳入土地利用年度计划。市土地储备年度计划应当向社会公告。根据市土地储备年度计划，市土地储备机构实施土地储备时，市规划行政主管部门应当按照城市总体规划的要求出具城市规划设计要点和用地红线图 |
| 储备范围 | ①无具体使用权人的土地；②依法没收的土地；③依法收回的荒芜、闲置的国有土地；④破产企业的划拨土地；⑤土地使用期限届满，土地使用者未申请续期或者申请续期未获批准的土地；⑥因单位搬迁、解散、撤销、产业结构调整或者其他原因停止使用的原划拨的国有土地；⑦因实施城市规划、旧城区改造需要收购、置换的土地；⑧法院或者银行在处置抵押财产时，需要转移以划拨土地使用权为抵押物的土地；⑨以出让方式取得土地使用权后，未按法律、法规规定的要求投入和开发，并超过期限又不具备转让条件的土地；⑩土地使用权人提出申请，土地储备机构认为应当储备的土地；⑪经核准报废的公路、铁路、机场、矿场等占用的国有土地；⑫经市人民政府批准其他需要储备的土地 |

（续）

| 包头市 | |
|---|---|
| 资金来源及运行 | 市人民政府设立土地储备资本金，专户储存，专款专用。市土地储备机构可以以入库储备土地作为抵押，向金融机构申请贷款，筹集土地储备资金 |
| 运作机制 | 纳入市土地储备库的土地，除依照有关法律法规规定可以以划拨或者协议方式出让的土地之外，一律采取招标、拍卖、挂牌方式供地 |
| 收益分配 | 土地储备净收益全部上缴市财政。市人民政府应当按照上年度实施土地储备净收益的一定比例安排土地储备资金，用于补充资本金 |
| 监督管理 | 市人民政府土地行政主管部门负责全市土地储备行政管理工作。市人民政府设立的土地储备机构负责土地储备的具体实施工作。市发展改革、规划、房产、城乡建设、财政等行政主管部门按照各自的职责，做好土地储备的相关工作 |
| 主要来源政策 | 《包头市土地储备条例》（包头市第十三届人民代表大会常务委员会公告第17号） |

注：资料来自《包头市土地储备条例》。

包头市土地储备中心实施"土地储备管理提升"计划，建设了土地储备项目管理应用系统，将互联网、大数据技术与土地储备管理深度融合，推动电子政务、辅助决策建设，整合土地收储、土地供应、一张图等各类数据资源，实现土地储备数据资源统一管理。一是形成持续完善的土地储备数据资源体系，涵盖土地收储、土地供应、储备融资、债券置换等相关统计数据，形成丰富的数据产品，为综合分析提供丰富的数据和优质服务；二是建立数据全业务动态更新机制，周期性数据定期更新入库，为决策分析提供翔实数据支撑；三是强化数据资源统一管理，系统包括多个土地储备相关的应用模块，对市本级土地储备状态实时汇总分析，为业务系统定制数据产品，提供全面优质服务；四是实现数据管理全过程标准化，为数据生产，与自然资源部土地监测系统汇交、利用、共享及保管等全过程标准化管理提供依据。

## 十一、汕头市土地储备创新发展思路

汕头市土地储备管理政策梳理见附表6。

### 附表6 汕头市土地储备管理政策梳理

| 汕头市 | |
|---|---|
| 规划管控 | 土地储备机构应当会同发展改革、国土资源、城乡规划、财政等行政管理部门，组织编制年度土地储备计划。年度土地储备计划应当根据国民经济和社会发展规划、土地利用总体规划、城市总体规划和近期建设规划以及市场需求编制，经土地储备管理委员会审议通过并报本级人民政府批准。土地储备机构应当将年度土地储备计划向社会公开并具体实施 |
| 储备范围 | ①依法收回、没收的土地；②收购、置换的土地；③政府行使优先购买权取得的土地；④已办理农用地转用、土地征收批准手续的土地（包括政府存量土地）；⑤城市、镇规划区内无土地使用权人的土地；⑥依法围填江海、滩涂或者开垦整理形成的国有建设用地；⑦其他依法取得的土地 |
| 前期开发与管护利用 | 1. 前期开发：土地储备机构应当根据储备土地的实际情况进行必要的道路、供水、供电和土地平整等前期开发，使储备土地具备供应条件。储备土地前期开发可以实行土地平整和基础设施建设分开报批、分类招标、分步实施的运作模式。储备土地前期开发的具体办法由市人民政府另行规定。<br>2. 管护利用：储备土地供应前，土地储备机构应当对储备土地进行必要的看护、管养；经土地储备管理委员会批准，土地储备机构可以通过出租、临时使用等方式加以利用 |
| 资金来源及运行 | 市、县人民政府设立土地储备资金，专项用于征收、收购、优先购买、收回、置换土地以及储备土地供应前的开发和管理等工作。土地储备资金来源包括：①从已供应储备土地产生的土地出让收入中安排的资金；②从国有土地收益基金中安排的资金；③土地储备机构向金融机构融资的资金；④可用于土地储备的其他资金；⑤上述资金产生的利息收入。鼓励和引导社会资本依法参与土地一级开发 |
| 收益分配 | 市、县人民政府每年从已供应储备土地产生的土地出让纯收益中安排不低于百分之十的资金用于土地储备资金积累 |
| 监督管理 | 市、县人民政府应当定期向本级人民代表大会常务委员会报告土地储备工作的实施情况，并接受监督。市、县人民政府应当建立土地储备监督管理制度，加强对有关部门实施土地储备工作的监督检查，并对监督管理情况进行通报。市、县人民政府应当定期检查土地储备计划的执行情况。<br>财政、审计部门应当对土地储备资金使用情况、土地储备开发成本的开支情况、土地储备机构财务状况等进行监督检查，并将监督检查结果报告本级人民政府 |
| 主要来源政策 | 《汕头经济特区土地储备条例》 |

注：资料来自《汕头经济特区土地储备条例》。

## （一）前期开发进一步明确"通"和"平"的标准

2015 年 12 月出台的《土地储备管理办法》规定土地储备机构应对储备土地进行必要的前期开发，使之具备供应条件，并明确前期开发范围可以包括道路、供水、供电、供气、排水、通信、照明、绿化、土地平整等基础设施建设。原国土资源部《关于加大闲置土地处置力度的通知》进一步明确了前期开发范围的低限，要求建设用地出让前应完成必要的通水、通电、通路、土地平整等前期开发。汕头在此基础上，进一步明确"通"和"平"的标准，要求前期开发完成"三通一平"低限的同时，明确储备土地前期开发可以实行土地平整和基础设施建设分开报批、分类招标、分步实施的运作模式，并授权市政府另行规定储备土地前期开发的具体办法。这一制度设计，既建立了土地前期开发的基本框架，又为政府对土地前期开发的具体操作提供了法律支撑。

## （二）丰富土地储备资金渠道和方式

考虑收购土地过程中短期内难以有效缓解资金紧缺的实际，针对上述问题做出明确规定，为分期付款的收购方式提供法律支撑：一是填补制度空白，明确土地储备机构可以采取分期付款的收购方式；二是规定土地如果存在他项权的，土地使用权人应当与土地储备机构签订收购合同前依法解除他项权，或者取得他项权人同意并承诺在收到价款后依法优先偿还他项权人。这样规定既与国家法律和有关规定相衔接，又为采取收购方式收储土地提供了法律支撑。

## 十二、中山市土地储备创新发展思路

中山市土地储备管理政策梳理见附表 7。

附表 7  中山市土地储备管理政策梳理

| 中山市 | |
| --- | --- |
| 规划管控 | 土地储备计划按年度编制。年度土地储备计划每年中期可调整一次，调整计划按照原计划编制程序进行。年度土地储备计划包括：①上年度末储备土地结转情况（含上年度末拟收储土地及入库储备土地的地块清单）；②年度新增储备土地计划 |

（续）

| 中山市 | |
|---|---|
| 规划管控 | （含当年新增拟收储土地和新增入库储备土地规模及地块清单）；③年度储备土地前期开发计划（含当年前期开发地块清单）；④年度储备土地供应计划（含当年拟供应地块清单）；⑤年度储备土地临时管护计划；⑥年度土地储备资金需求总量 |
| 储备范围 | ①依法收回的国有土地；②收购的土地；③行使优先购买权取得的土地；④已办理农用地转用、征收批准手续并完成征收的土地；⑤城市、镇规划区范围内经依法确认的无主土地；⑥其他依法取得的土地 |
| 前期开发与管护利用 | 1. 前期开发：市土地储备中心应委托属地各镇区政府组织开展对储备土地必要的前期开发，为政府供应土地提供必要保障。储备土地的前期开发应按照该地块的规划，完成地块内道路、供水、供电、供气、排水、通信、排污、围挡等基础设施建设，并进行土地平整，满足必要的"通平"要求。具体工程要按照有关规定，选择工程勘察、设计、施工和监理等单位进行建设。前期开发费用由市土地储备中心和属地各镇区政府按照合作储备协议规定共同承担，纳入土地储备成本。<br>2. 管护利用：市土地储备中心应对纳入储备的土地采取自行管护、委托管护、临时利用等方式进行管护；建立巡察制度，对侵害储备土地权利的行为要做到早发现、早制止、早处理。对储备土地的管护，可以由市土地储备中心的内设机构负责，也可由市土地储备中心按照相关规定选择管护单位 |
| 资金来源及运行 | 土地储备资金应当严格按照规定纳入政府性基金预算，从国有土地收益基金、土地出让收入和其他财政资金中统筹安排，不足部分可依法通过申请土地储备专项债券筹集解决。土地储备专项债券资金管理严格按照上级关于地方政府土地储备专项债券管理的规定执行 |
| 运作机制 | 划拨方式：军事、保障性住房、征地留用地、涉及国家安全和公共秩序、政府及公益事业单位投资建设的能源、交通、市政、水利、教育等基础设施项目使用储备用地，经项目单位向市政府申请并批准后，由项目单位与市土地储备中心签订相关出库协议，并向市土地储备中心支付土地储备成本后，向市自然资源局申请办理划拨供地手续。<br>出让方式：除上述用地按划拨方式供地外，其余用地以出让方式供地，其中工业、商业、旅游、娱乐、商品住宅等经营性储备用地和同一宗用地有两个或两个以上意向人的协议出让用地，必须以公开方式出让；除应当采用公开方式出让的储备用地，其余均可以采用协议方式出让。<br>公开出让储备用地的，由市土地储备中心按照土地公开出让要求拟定公开出让方案报市自然资源局，经市自然资源局审核，报市土地管理委员会审议及市政府批准后，办理公开出让手续。<br>协议出让储备土地的，由市土地储备中心按规定取得建设项目用地预审报告书及建设用地规划条件后，向市自然资源局申请协议出让土地 |
| 收益分配 | 市土地储备中心在持有储备土地期间，临时利用土地取得的零星收入全部缴入同级国库，纳入一般公共预算，实行"收支两条线"管理 |

（续）

| 中山市 | |
|---|---|
| 监督管理 | 市自然资源局负责全市土地储备计划的统筹编制和执行情况的监督管理；监管市土地储备中心业务运行、资产管理及使用，定期考核，加强对市土地储备中心的管理与指导；及时核准上传市土地储备中心在土地储备监测监管系统中的信息，审核调整土地储备计划及资金需求，并根据年度预算加强对土地储备资金使用情况、土地储备零星收入缴入国库情况等的监督检查，会同相关部门做好土地储备专项债券额度管理及申报等工作；对分解到各镇区政府的年度土地储备计划执行情况实行年度考核。<br>市财政局根据年度预算加强对土地储备资金使用情况、土地储备零星收入缴入国库情况等的监督检查；负责审核土地储备专项债券申报、还本付息等工作，确保土地储备资金专款专用。<br>镇区政府职责：①加强属地范围内土地储备的统筹力度，根据土地储备计划，协调对接征收、收储、办证、前期开发、招商、供地和财务管理等土地储备相关工作，配合市土地储备中心做好土地储备的具体实施工作。②储备土地征收入库时，按照《中山市农村集体土地征收管理办法》要求，配合市土地储备中心完成征地前期及征地批后实施的相关具体工作。③储备土地收储入库时，按照《中山市存量建设用地收储实施方案》等规定配合完成储备土地入库工作。④储备土地出库前，配合市土地储备中心完成相关供地前期工作，主要包括：按照市土地储备中心委托，完成对储备土地必要的前期开发；按照净地出让等要求，协助出具相关证明文件。⑤与市土地储备中心合作储备的土地出库后，负责核算相关土地储备成本和收益，向市土地储备中心申请土地收益分成。⑥负责落实储备土地的供后监管。<br>市发展改革、工业和信息化、商务、人力资源社会保障、生态环境、住房城乡建设、国资委等相关部门可对年度土地收储和年度储备用地供应提出初步需求及建议；对储备土地征收、收储、出让、划拨、供后监管等环节的实施依法履行职责，保障土地储备工作顺利开展 |

| 主要来源政策 | 《中山市土地储备管理实施办法》《中山市国有建设用地供应管理办法》 |
|---|---|

注：资料来自《中山市土地储备管理实施办法》《中山市国有建设用地供应管理办法》。

中山市实现"批、供、用"全流程监管联动。中山市不断加强土地储备的市级统筹力度，将建立全市土地储备"一盘棋"的机制。从严格用地准入、科学设置用地出让条件、优化土地供应管理、强化供后跟踪监管等方面，进一步完善"批、供、用"全流程监管联动机制，将从源头上减少土地低效利用。土地供后监管建立了供后监管机制，市、镇两级联动，落实镇区政府和相关部门的供后监管职责，避免土地使用权人不按出让条件和合同约定开发建设，从而引发土地低效利用或土地闲置。另外，为避免用地碎片化，明确公开出让最小面积，住宅用地单宗公开出让面积不得小于 15 亩且不超 210 亩，工业、商业用地单宗公开出让面积不得小于 10 亩。中山市的全流程监管有利于调控土地市场、促进土地资源合理利用，保证土地高效、集约利用，提高建设用地保障能力，发挥市土地储备中心在土地市场中的蓄水池和调节器作用。

## 十三、天津市土地储备创新发展思路

天津市土地储备管理政策梳理见附表 8。

附表 8　天津市土地储备管理政策梳理

| 天津市 | |
| --- | --- |
| 规划管控 | 　　市土地储备机构应当根据国民经济和社会发展规划、国土空间规划等，组织区规划和自然资源主管部门、区土地储备机构编制土地储备三年滚动计划，合理确定未来三年土地储备规模，对三年内可以收储的土地资源，在总量、结构、布局、时序等方面做出统筹安排，优先储备空闲、低效利用等存量建设用地，并提交市规划和自然资源主管部门和市财政部门。<br>　　根据城市建设发展和土地市场调控的需要，结合土地储备三年滚动计划、年度土地供应计划、地方政府债务限额、余额、地区债务到期和风险状况、国土空间规划、生态红线管控等因素，各区规划和自然资源主管部门（土地储备机构）会同同级财政部门于每年第三季度，组织编制完成本辖区内下一年度土地储备计划，提交市规划和自然资源主管部门和市财政部门备案后，报同级人民政府批准；市土地储备机构于每年第三季度编制完成下一年度市级土地储备计划，经市规划和自然资源主管部门审核后，会同市财政部门报市人民政府批准。列入年度土地储备计划的项目，应当提前进行可行性研究论证，具备经济可行性。<br>　　因土地市场调控政策变化或低效用地再开发等原因，确需调整年度土地储备计划的，当年 7 月底前可以调整一次，按原报批程序备案、报批 |
| 储备范围 | 　　①依法收回国有土地；②收购的土地；③行使优先购买权取得的土地；④已办理农用地转用、征收批准手续并完成征收的土地；⑤其他依法取得的土地。入库储备土地必须是产权清晰的土地 |
| 前期开发与管护利用 | 　　1. 前期开发：按照地块规划，地块内土地平整、围挡等由土地储备机构组织实施；地块内道路、供水、供气、排水等基础设施建设，根据《天津市政府投资管理条例》及《天津市发展和改革委员会关于印发天津市政府投资管理条例实施细则的通知》等规定实施。 |

（续）

| 天津市 |
| --- |

| 前期开发与管护利用 | 2.管护利用：土地储备机构应当对纳入储备的土地采取自行管护、委托管护、临时利用等方式进行管护；建立巡察制度，对侵害储备土地权利的行为要做到早发现、早制止、早处理 |
| 资金来源及运行 | 土地储备资金来源包括：财政部门从已供应储备土地产生的土地出让收入中安排给土地储备机构的相关储备成本、财政部门从国有土地收益基金中安排用于土地储备的资金、发行地方政府债券筹集的土地储备资金、经财政部门批准可用于土地储备的其他资金、上述资金产生的利息收入等。<br><br>各土地储备机构不得向银行业金融机构举借土地储备贷款或者以储备土地作为抵押品融资，不得新增隐性债务 |
| 运作机制 | 市规划和自然资源主管部门统一管理本市土地储备工作，区规划和自然资源主管部门负责管理本辖区土地储备工作。市土地储备机构负责统筹指导本市土地储备工作及承担本市行政辖区内重点项目等土地储备具体工作，区土地储备机构承担本辖区土地储备的具体实施工作。<br><br>市规划和自然资源主管部门、市财政部门按职责分别负责市级土地储备资金及形成资产的监管工作，区规划和自然资源主管部门、区财政部门按职责分别负责本辖区土地储备资金及形成资产的监管工作 |
| 监督管理 | 市、区土地储备机构于每月5日前将上月土地储备地块明细及业务开展情况按月向市、区规划和自然资源主管部门报告。区规划和自然资源主管部门于每月10日前将有关情况报送市规划和自然资源主管部门。市、区土地储备机构将土地储备资金使用情况及时报送同级财政部门。<br><br>建立土地储备年度考核机制。区规划和自然资源主管部门依据土地储备机构报送的土地储备业务开展情况报告、系统填报情况、年度土地储备工作计划完成情况、库存土地消化情况等指标，对土地储备机构进行年度考核评估，并将考核评估结果报送市规划和自然资源主管部门，市规划和自然资源主管部门适时对考核评估报告进行通报。<br><br>规划和自然资源主管部门应当对土地储备机构的业务运行、资产管理及资金使用进行监管和定期考核，加强对土地储备机构的管理与指导；及时审核土地储备机构在土地储备监测监管系统中的信息，审核调整土地储备计划及资金需求，配合财政部门做好土地储备专项债券额度管理及发行等相关工作。<br><br>规划和自然资源主管部门、财政部门按职责做好土地储备资金收支预决算、监督管理资金支付和收缴及土地储备专项债券发行、还本付息等工作。镇区政府职责：①加强属地范围内土地储备的统筹力度，根据土地储备计划，协调对接征收、收储、办证、前期开发、招商、供应和财务管理等土地储备相关工作，配合市土地储备中心做好土地储备的具体实施工作。②储备土地征收入库 |

（续）

| 天津市 | |
|---|---|
| 监督管理 | 时，按照《中山市农村集体土地征收管理办法》要求，配合市土地储备中心完成征地前期及征地批后实施的相关具体工作。③储备土地收储入库时，按照《中山市存量建设用地收储实施方案》等规定配合完成储备土地入库工作。④储备土地出库前，配合市土地储备中心完成相关供地前期工作，主要包括：按照市土地储备中心委托，完成对储备土地必要的前期开发；按照净地出让等要求，协助出具相关证明文件。⑤与市土地储备中心合作储备的土地出库后，负责核算相关土地储备成本和收益，向市土地储备中心申请土地收益分成。⑥负责落实储备土地的供后监管。<br>　市发展改革、工业和信息化、商务、人力资源社会保障、生态环境、住房城乡建设、国资委等相关部门可对年度土地收储和年度储备用地供应提出初步需求及建议；对储备土地征收、收储、出让、划拨、供后监管等环节的实施依法履行职责，保障土地储备工作顺利开展 |

注：资料来自《天津市土地储备管理办法》。

## （一）多规合一理念创新土地储备规划体系

探索多规合一规划体系是实现天津土地储备结构优化目标的关键。通过多规合一规划编制，构建信息联动平台，形成内容层次清晰的土地储备规划体系。实现发展规划、土地利用规划、城市规划三规合一的规划模式，依据产业发展政策、交通网络规划、空间结构优化等各种土地利用结构的影响因素，既从整体发展角度把握土地储备规模与结构，又要依据各功能区发展特点，做好土地储备专项规划，合理确定中长期、年度以及专项土地储备规划，切实贯彻宏观战略，完善做实中观决策，有效指导微观操作。

## （二）实行土地储备项目联席会商制度

建立土地储备项目联席会商制度，明确配套基础设施建设内容和原则，建立巡察制度，进一步规范储备土地供应前使用和管理要求。联席会议由规划和自然资源主管部门组织财政、发展改革、住房和城乡建设、生态环境、水务、城市管理等相关部门召开。土地储备项目实施方案经同级土地储备项目联席会议会商确定且资金来源落实后，报同级规划和自然资源主管部门审核后实施。

## （三）创建两级四点多分支的动态管理信息系统

天津市土地储备管理新系统需清晰反映天津市与滨海新区的层级关系，以及天津市政府、滨海新区政府、天津市土地整理中心、滨海新区土地发展中心等四大战略支点职能，同时囊括天津市所有进入原国土资源部土地储备机构名录内的土地储备机构管理和业务信息。通过 GIS 平台构建土地储备管理信息系统，不同层级用户具有相应数据获取权限。决策层可利用 GIS 强大的空间分析技术、灰色系统分析方法来分析土地储备地块空间配置效应，根据分析结果来布局建设用地，实现储备地块的效用最大化；与 GIS 相结合，利用模糊规划方法，设计储备数量预测方案，确定土地储备的工业、住宅及商业用地数量，实现空间结构优化；利用 GIS 工具将动态变化的土地管理信息进行存量计算和叠加分析，为土地储备决策提供依据。

## 十四、海口市土地储备创新发展思路

明确优先供应重点项目。海口储备土地应当优先供应重点项目，储备土地由市自然资源和规划主管部门依法供应。供应储备土地应当进入省级统一的土地交易市场进行交易。储备土地供应要坚持控制总量、限制增量、盘活存量的原则，实行计划管理，保证政府对土地市场的有效调控。海口市土地储备管理政策梳理见附表9。

**附表9　海口市土地储备管理政策梳理**

| 海口市 | |
| --- | --- |
| 规划管控 | 市自然资源和规划主管部门会同各相关单位，根据本市国民经济和社会发展规划、国土空间规划，结合土地储备三年滚动计划、年度土地供应计划、地方政府债务限额等因素，按照《土地储备管理办法》规定的内容，于每年第三季度编制完成下一年度土地储备计划。<br>土地储备三年滚动计划和年度土地储备计划，由市自然资源和规划主管部门报市人民政府批准并提交省自然资源和规划主管部门备案后实施 |
| 储备范围 | ①未利用的国有土地；②经依法处理后收回的各类违法用地；③土地出让等有偿使用合同约定的使用期限届满，土地使用者未申请续期或者申请续期未获批准的土地；④无土地使用权人的土地；⑤未登记土地使用权的公益设施用地、非经营性的公共设施用地和基础设施用地；⑥依法收回的闲置土地；⑦市人民政府统一征收后暂不供应的新增建设用地；⑧为实施国土空间规划进行旧 |

（续）

| 海口市 | |
|---|---|
| 储备范围 | 城区改建以及其他公共利益需要，由市人民政府决定收回的国有土地；⑨因单位撤销、迁移等原因停止使用的原划拨土地；⑩因流转价格低于基准地价20%，市人民政府行使优先收购权取得的土地；⑪市人民政府通过置换取得的土地；⑫其他经市人民政府依法批准储备的国有土地 |
| 前期开发与管护利用 | 1. 前期开发：土地储备整理中心应对储备土地进行必要的前期开发，形成建设用地条件后方可供应。储备土地的前期开发应当采取公开招标投标等公平竞争方式确定工程勘察、设计、施工和监理等单位。储备土地的前期开发应当完成地块内的道路、供水、供电、供气、排水、通讯、围挡等基础设施建设，并进行土地平整，满足必要的"通平"要求。市土地储备整理中心应对前期开发工程实施监督管理和组织验收，并报市自然资源和规划主管部门备案。<br>2. 管护利用：市土地储备整理中心可以对纳入储备的土地采取自行管护、委托管护、临时利用等方式进行管护。采取委托管护的，市土地储备整理中心可以委托属地政府、相关职能部门、园区管理机构、原土地使用权人管理，也可按政府采购相关规定确定受托管护单位，并对管护单位的工作进行监督管理 |
| 资金来源及运行 | ①市财政部门从已供应储备土地产生的土地出让收入中安排用于征地和拆迁补偿费用、土地开发费用等储备土地过程中发生的相关费用；②市财政部门从国有土地收益基金中安排用于土地储备的资金；③经市财政部门批准可用于土地储备的其他资金；④上述各项资金产生的利息收入 |
| 运作机制 | 储备土地由市自然资源和规划主管部门依法供应。供应储备土地应当进入省级统一的土地交易市场进行交易。在储备土地未供应前，经市自然资源和规划主管部门同意，市土地储备整理中心可通过出租、临时使用等方式对储备土地及地上建（构）筑物加以利用，并应当签订书面协议明确双方权利义务，利用期限一般不超过两年，且不能影响土地供应。需要在储备土地上临时搭建建（构）筑物的，应当按照有关规定报批，不得修建永久性建筑物。经依法批准临时利用储备土地用于经营性用途的，临时利用人应当缴纳临时利用费。储备土地临时利用取得的收入，应全部缴入财政账户。临时利用储备土地用于市政设施、公共服务设施等非经营性用途的，经批准可以不收取临时利用费 |
| 监督管理 | 市自然资源和规划主管部门负责监管土地储备机构、业务运行、资产管理及资金使用，定期考核，加强对市土地储备整理中心的管理与指导；及时核准上传市土地储备整理中心在土地储备监测监管系统中的信息，审核调整土地储备计划及资金需求。<br>市财政部门负责审核土地储备资金收支预决算、监督管理资金支付和收缴等工作 |
| 主要来源政策 | 《海口市土地储备办法》（2022） |

注：资料来自《海口市土地储备办法》（2022）。

## 十五、青岛市土地储备创新发展思路

青岛市土地储备管理政策梳理见附表 10。

### 附表 10　青岛市土地储备管理政策梳理

| 青岛市 | |
|---|---|
| 规划管控 | 市自然资源和规划部门会同各区（市）政府，根据国民经济和社会发展规划、国土空间规划等有关规划，结合各项规划的近期实施计划，开展土地资源潜力调查；编制土地储备"三年滚动计划"，合理确定未来 3 年土地储备规模、结构、布局、时序；结合"三年滚动计划"和城市建设需要，编制年度土地储备计划，作为当年度开展土地储备工作的依据。年度土地储备计划应与年度土地供应计划相衔接 |
| 储备范围 | 纳入政府储备的土地包括：依法收回的国有土地；收购的土地；行使优先购买权取得的土地；已办理农用地转用、征收批准手续并完成征收的土地；其他依法取得的土地 |
| 前期开发与管护利用 | 市土地储备机构应根据国土空间规划实施时序和城市建设需要，组织对储备土地进行必要的前期开发，优先实施基础设施建设，整合土地资源，提升区域升值潜力。<br>市土地储备机构应当按照政府采购有关规定，选择有实力的市场主体参与实施土地前期开发。土地前期开发应当根据详细规划，遵循成区连片的原则，统筹考虑基础设施配套有关要求，开展与储备宗地相关的道路、供水、供电、供气、排水、通信、照明、绿化、土地平整等基础设施建设，相关费用纳入土地前期开发成本。市土地储备机构应当加强对前期开发工程的监督管理，按规定组织验收或委托专业机构进行验收，并按有关规定报市自然资源和规划部门备案，同时移交相关主管部门 |
| 资金来源及运行 | 市内三区土地储备资金纳入市本级财政预算管理，按照要求实施。其他区（市）土地储备资金纳入同级财政预算管理，可以参照市内三区实施，也可以结合各自实际自行确定管理机制 |
| 运作机制 | 1. 项目设立。根据土地储备"三年滚动计划"和年度计划，由市土地储备机构或市内三区政府等作为项目实施主体，启动项目设立工作，编制项目设立方案。<br>2. 项目实施。项目实施主体可以通过招标等方式选择市场主体作为土地收储整理单位，与其签订委托协议，委托其开展土地收储整理工作。土地收储整理单位在市土地储备机构的指导下，协助有关部门实施定界测绘、地籍调查、不动产权属证书注销、土地收储、房屋征收等工作，实施有关补偿和入库前的平整、管护等工作，确保土地顺利纳入储备。土地收储整理时限原则上不超过 2 年， |

（续）

| 青岛市 | |
|---|---|
| 运作机制 | 因非土地收储整理单位自身原因导致未能按期完成的，经批准可延期1次，延期时间不超过半年。整理期满土地仍未达到入库条件的，此后产生的财务成本不予纳入土地收储整理成本。<br><br>3. 土地入库。土地达到入库条件后，统一纳入政府土地储备库实施管理。市土地储备机构对入库土地可以采取自行看管、委托看管、临时利用等方式进行管护。储备土地的临时利用，一般不超过两年，且不能影响土地供应。<br><br>4. 储备土地供应。经市政府批准后，市自然资源和规划部门组织实施市内三区储备土地供应工作；其他区（市）的储备土地供应工作根据现行审批权限按程序批准后实施。市土地储备机构使用市级土地储备资金，跨区域同市内三区以外的区（市）政府、地铁集团等有关单位共同开展的土地储备项目，土地供地方案根据现行审批权限按程序批准后，由市自然资源和规划部门统筹组织供应 |
| 监督管理 | 市自然资源和规划部门应当加强土地储备计划管理，定期对各区（市）土地储备工作情况进行调度，并向市国土空间规划委员会汇报。<br>市自然资源和规划部门、市财政部门按照各自职责，加强对土地储备资金使用情况的监督管理，确保土地储备资金专款专用，提高土地储备资金使用效率。<br>市土地储备机构应加强土地储备信息化管理，运用科技信息技术手段，实现土地储备项目的全生命周期管理，为土地储备工作重大决策提供数据支撑 |
| 主要来源政策 | 《青岛市人民政府关于进一步加强土地储备管理工作的意见》（青政发〔2021〕20号） |

注：资料来自《青岛市人民政府关于进一步加强土地储备管理工作的意见》。

## （一）"两脱钩"土地储备补偿模式

对土地储备工作机制进行调整，充分发挥土地储备工作在土地资源和土地利益分配中的基础性和平台性作用。核心是通过"两脱钩"方式解决土地储备工作中面临的问题。一方面，收储补偿费用与土地成交价格脱钩，明确了以片区综合地价为主的收储补偿方式，有利于降低不同土地之间的价格差异，避免了原用地单位的相互攀比；有利于片区基础设施和公共服务设施用地的统一收回和统一规划建设，避免配套用地建设的滞后。另一方面，土地收储整理与储备土地前期开发脱钩，完成土地收储整理的土地，统筹考虑基础设施配套有关要求，开展与储备宗地相关的道路、供水、供电、供气、排水、通讯、照明、绿化、土地平整等基础设施建设，优化土地开发条件，变"生地"为"熟地"，实现有效土地储备库存，进一步提高土地价值。

## （二）创新土地储备成本核算机制

将直接收储补偿费用、土地收储整理成本、前期土地开发成本和其他有关费用一律纳入成本范围，按照财务成本和收储管理费分别核算管理费。以土地入库为节点，做到土地入库和资金支付有效衔接，实现"钱地两清"，为"两脱钩"奠定基础。

## 十六、珠海市土地储备创新发展思路

珠海市土地储备管理政策梳理见附表11。

附表11　珠海市土地储备管理政策梳理

| | 珠海市 |
|---|---|
| 规划管控 | 市自然资源主管部门应根据珠海市国民经济和社会发展规划、国土空间规划等合理编制土地储备中长期计划，并会同财政部门根据珠海市建设发展和土地市场调控的需要，组织编制年度土地储备计划，报市政府批准。因土地市场调控政策变化或低效用地再开发等原因，确需调整年度土地储备计划的，每年中期可调整一次，按原审批程序报批 |
| 储备范围 | ①未出让（划拨）的国有建设用地；②新增建设用地；③政府依法收回的土地；④收购的土地；⑤政府依法行使优先购买权取得的土地；⑥土地使用权人协议交还或依法置换的土地；⑦国家及省规定可以储备的土地；⑧其他需要储备的土地 |
| 前期开发与管护利用 | 1. 前期开发：包括储备土地的整理、土地的拆迁清场和完成地块内的道路、供水、供电、供气、排水、通信、围挡等基础设施建设，并进行土地平整，满足必要的"通平"要求。储备土地的前期开发的具体工作可由市自然资源主管部门委托属地政府或具备相关职能的部门负责。<br>2. 管护利用：市自然资源主管部门应当按规定对储备土地进行管护，储备土地的管护措施需兼顾扬尘治理有关工作。建立储备土地巡查制度，对侵害储备土地权利的行为要做到早发现、早制止、早处理。储备中心协助开展相关工作 |
| 资金来源及运行 | ①财政拨款；②政府土地储备专项债券；③按规定计提的国有土地收益基金；④其他符合规定的资金来源 |

（续）

| 珠海市 | |
|---|---|
| 运作机制 | 土地储备的具体操作程序，按照现有具体规定执行或者由市自然资源主管部门指导储备中心另行制定实施。收购土地的补偿标准由储备中心与土地使用权人根据珠海市有关政策协商确定，经市政府批准后签订收地补偿合同。储备土地入库前，储备中心应向市不动产登记机构申请办理登记手续。储备土地登记的使用权类型统一确定为"其他（政府储备）" |
| 监督管理 | 土地储备资金实行专项管理，专用于土地储备成本，管理及使用接受财政部门、审计部门的监督。储备中心的日常经费应当与土地储备资金实行分账核算，不得相互混用 |
| 主要来源政策 | 《珠海市土地储备管理办法》（珠海市人民政府令第 132 号） |

注：资料来自《珠海市土地储备管理办法》。

以"产业第一"为抓手，提出土地储备攻坚行动，推动连片产业用地开发。城市发展不断向自然要增量，珠海近年城市开发强度已达国际警戒线 30%。2018 年原广东省国土资源厅指出：除基础设施和民生项目外，不再向珠三角地区直接下达新增建设用地计划指标；同年，自然资源部《关于健全建设用地"增存挂钩"机制的通知》提出：要逐年减少批而未供、闲置土地多和处置不力地区的新增建设用地计划安排，标志着国土开发逐步进入以存量为主的空间利用阶段。珠海正在以"产业第一"为抓手，提出土地储备攻坚行动，旨在推动连片产业用地开发。在此背景下，为挖掘土地潜力，盘活存量低效用地，2022 年 5 月，珠海发布《珠海市 6 类低效用地整治行动指引》征求意见稿，首次提出 6 类低效用地整治行动指引，包括批而未供用地、供而未建用地、建而未尽用地、旧厂房用地、开发利用低效用地和经济产出低效用地共 6 类，规模之广和力度之大都是前所未有的。例如，供而未建用地土地整备，规定对于片区闲置地，若不具备继续开发条件的，采取行政手段或协商手段收回；对有意愿继续开发建设的企业，可采取用地置换方式调整至工业园区内。以上 6 类用地基本包括了所有非高质量发展用地，将大大推动珠海产业空间拓展。

## 十七、芜湖市土地储备创新发展思路

芜湖市土地储备创新发展思路政策梳理见附表 12。

分的了解。此外，云推介会上特别安排了部分外地房企的现场视频连线环节，线上线下结合。

## 十八、郑州市土地储备创新发展思路

郑州市土地储备管理政策梳理见附表 13。

附表 13　郑州市土地储备管理政策梳理

| 郑州市 | |
|---|---|
| 储备范围 | ①市政府统一征用的土地；②土地出让、租赁期限已满被依法收回的土地；③被依法收回的荒芜、闲置的国有土地；④依法没收的土地；⑤因单位搬迁、解散、撤销、破产或其他原因调整出的原划拨的国有土地；⑥因公共利益需要或者因实施城市规划需要，市人民政府指令收购的土地；⑦经核准报废的公路、铁路、机场、矿场等应当由政府收回的土地；⑧其他依法需要储备的土地 |
| 前期开发与管护利用 | 前期开发和利用：①对地上建筑物、其他附着物进行拆迁或进行土地平整等；②将土地使用权单独或连同地上建筑物及其他附着物出租、抵押、临时改变用途；③根据城市绿化需要，进行绿地建设 |
| 资金来源及运行 | 土地储备所需资金和储备土地前期开发所需资金由市财政部门负责筹措 |
| 运作机制 | 市自然资源和规划部门负责本市土地储备工作，市土地储备机构具体实施土地储备和前期开发工作。市财政部门负责本市土地储备资金的筹措、核算和管理。发展改革、城乡建设、住房保障和房地产管理等有关部门应在各自的职责范围内，配合做好土地储备工作 |
| 收益分配 | 储备的土地经市自然资源和规划部门出让后，土地出让金由受让人全额解缴土地储备资金财政专户 |
| 监督管理 | 市财政部门开设土地储备资金财政专户，管理土地储备资金，依法接受审计部门监督。市发展改革、工业和信息化、商务、人力资源社会保障、生态环境、住房城乡建设、国资委等相关部门可对年度土地收储和年度储备用地供应提出初步需求及建议；对储备土地征收、收储、出让、划拨、供后监管等环节的实施依法履行职责，保障土地储备工作顺利开展 |
| 主要来源政策 | 《郑州市土地储备实施办法》（2020 修正，郑州市人民政府令第 237 号） |

注：资料来自《郑州市土地储备实施办法》。

## （一）统筹土地储备管理工作

一是统一土地储备机构管理。市级土地储备机构在市资源规划局领导下，统筹各开发区、县（市、区）土地储备工作，建立统一的土地储备项目库，具体实施市内五区土地储备和供应的前期准备工作。市内五区土地储备机构统一隶属区资源规划局管理，业务由市级土地储备机构管理。各开发区土地储备机构按照属地原则开展工作。二是统一土地储备计划管理。编制土地储备专项规划市资源规划局会同相关职能部门，依据国民经济和社会发展规划、国土空间规划，结合高品质推进城市建设三年行动计划，围绕市委、市政府确定的城市核心板块，轨道交通、城市快速路网和生态水系沿线等重点发展区域，对各开发区、市内五区可收储土地编制土地储备专项规划和土地储备三年滚动计划，在总量、结构、布局、时序等方面做出统筹安排，报市政府批准实施。编制年度土地储备、做地和供应计划，市资源规划局于每年第三季度，组织编制各开发区、市内五区下一年度土地储备、做地和供应计划（以下简称"三个计划"），报市政府批准实施，并与年度国有建设用地供应计划做好衔接。"三个计划"经批准后，必须严格执行，确需调整的，每年中期可调整一次。各做地主体严格按照做地计划实施，做地完成后纳入年度土地储备计划并入库管理，适时供应。做地项目原则上纳入市或区级重点项目管理，各做地主体依据市政府批复办理相关前期手续，项目不再办理立项手续。三是统一土地储备项目库管理以土地储备项目为基本管理单元，实行项目库管理。项目库实行滚动更新管理，建立项目出入库机制。市级土地储备机构负责各开发区、市内五区项目库管理，县（市）、上街区负责本行政辖区内的项目库管理。对项目库暂不供应的土地，重点做好管护和临时利用，防止资产受到侵害。

## （二）发挥做地综合效益

做地主体负责按照国土空间规划要求，落实做地区域生态、生产、生活功能，科学配置经营性用地、基础设施和公共服务用地等各类用途土地的比例和布局，做好区域资金平衡，提供优质做地产品，提升城市建设水平，实现土地资产的经济、社会、文化、生态效益。

# 后　记

　　土地储备是主张全民所有自然资源资产所有权、夯实权益监管责任、履行资产管护义务的重要制度工具，也是自然资源资产价值增值的重要程序，更是行使资产调配权利、推动资产价值变现、落实所有者权益的重要机制。新时期，我国经济发展进入新常态，已由高速增长阶段转向高质量发展阶段，立足新发展阶段，贯彻新发展理念，构建新发展格局，需要我们不断总结审视土地储备实践，从统一行使全民所有自然资源资产所有者职责出发，围绕"履行所有者职责，维护所有者权益"工作主线，土地储备面临新使命、新职能、新任务。

　　生态文明建设赋予土地储备新使命。党的十九大报告提出"建设生态文明是中华民族永续发展的千年大计"，必须按照生态的整体性、系统性及其内在规律，进行整体保护、系统修复、综合治理。土地储备过程涉及产权保护、空间规划、节约利用和治理修复等工作环节，贯彻落实习近平生态文明思想，坚持用系统性、整体性的观念统筹规划、统筹实施，为实现城市空间整体性、系统性改造更新，提供优质生态产品，提高人居环境质量，提升城市建设水平。

　　统一行使全民所有自然资源资产所有者职责赋予土地储备的新职能。储备土地的权利性质，是以国家所有权形态存在的土地实物资产，具有占有、使用、收益、处分的完整权能，是政府真正可以处置的资产，充分体现了国家所有者权益。按照统一行使全民所有自然资源资产所有者职责定位，对依法纳入土地储备的全民所有土地资产，实施统一管护、开发、利用和监管，充分实现其经济价值、社会价值和生态价值，确保国有储备土地资产"所有权人到位、所有者权益落实"，全面实现国有储备土地资产的保值增值，为经济社会高质量发展提供土地要素保障。

高质量发展赋予土地储备新任务。2021年3月，《中华人民共和国国民经济和社会发展第十四个五年规划和2035年远景目标纲要》提出，构建高质量发展的国土空间布局和支撑体系，实施城市更新行动，推进以人为核心的新型城镇化。同时，提出建设高标准市场体系，推进要素市场化配置改革。2022年4月，《中共中央　国务院关于加快建设全国统一大市场的意见》提出推动有效市场和有为政府更好地结合，统筹增量建设用地与存量建设用地，实行统一规划，强化统一管理。土地处于供给端的重要位置，储备工作必须在深化供给侧结构性改革中找准自己的定位，按照深化供给侧结构性改革的要求，着力破除低效供给，优化存量土地资源配置，扩大优质增量供给，实现供需动态平衡，为构建高质量发展的国土空间布局提供支撑。

积极探索创新，开展土地储备重大问题研究。对土地储备20多年的发展历程进行回顾，总结提炼经验，开展新形势下土地储备创新发展新机制等重大问题研究尤为重要。一方面，加强土地储备制度和法律建设等重大法理理论问题研究，提升土地储备制度的法律地位。另一方面，积极探索城乡统一的建设用地收储机制，修订后的《土地管理法》，明确允许农村集体经营性建设用地入市。集体经营性建设用地入市是否应与国有土地入市承担同样的责任，也就是"同责"，保障"净地"供应是其中一项重要内容。土地储备机构是否可接受农村集体经济组织委托，在不改变集体所有权性质的前提下组织对拟入市的集体经营性建设用地进行前期开发，为集体土地"净地"入市提供支撑需要我们在实践中不断探索。

按照"统一行使全民所有自然资源资产所有者职责"的要求，在自然资源资产管理体制下，构建新时代土地储备运行新机制需要不断健全和完善土地储备制度体系，创新土地储备管理方式，积极探索多元化融资渠道，逐步实现土地储备由重供地管理向综合性资产管理转型，由重实现土地资产经济价值向实现生态文明建设目标转型，保护国有储备土地资产不受侵害，促进储备土地资产高效配置和保值增值，维护所有者权益，需要我们在实践探索中不断完善。